LE SECRET DE LA CONSTRUCTION DE LA PYRAMIDE DE KHEOPS

LOUIS ALBERTELLI

LE SECRET DE LA CONSTRUCTION DE LA PYRAMIDE DE KHEOPS

De l'échelle des hommes à l'échelle des dieux

Champollion

ÉDITIONS DU ROCHER

Jean-Paul Bertrand
Éditeur

ISBN 2 268 01505X

Pour exécuter de grandes choses, il faut vivre
comme si on ne devait jamais mourir.

Luc de CLAPIERS
marquis de Vauvenargues
Réflexions et Maximes

À ma mère, qui nous éleva sur sa « pyramide », avec la tendresse et la ténacité dont elle ne se souvient presque plus.

À mon père, pour qui l'audace de bâtir se nourrissait, aussi, de sa seule expérience de maçon et de son instinct.

REMERCIEMENTS

J'exprime ma reconnaissance :

— à mon épouse et à mes enfants Anne et Luc, qui durent supporter cette longue réflexion passionnée me conduisant à vivre, parfois, absent parmi les miens ;

— à Jacques Georgel, ancien recteur de l'académie de La Réunion, dont les encouragements chaleureux me furent précieux tout au long de mon étude et de sa mise en forme ;

— à Michel Carayol, président de l'université de La Réunion, et à son épouse, ainsi qu'à René Torregrossa qui relirent mon manuscrit et me communiquèrent leurs observations des plus utiles ;

— à Gisèle Lam-Hime, pour son aide patiente et combien efficace dans mon cheminement hésitant ;

— à Maurice et Christine Forray, toujours présents au rendez-vous de l'heureuse amitié, à nouveau partagée lors de la visite des sites ;

— à Brigitte Moreau, conservateur au département des livres imprimés (réserve des livres rares et précieux), dont le premier accueil et la compréhension me facilitèrent la consultation des ouvrages de la Bibliothèque nationale ;

— à René Garcia, professeur de mécanique à l'INSA de Toulouse, mon camarade d'études supérieures à l'École nationale professionnelle de l'air de Cap Matifou, en 1962, qui me rappela, vingt-cinq ans plus tard, l'étendue de notre savoir d'étudiant : comment traduire, mathématiquement, ces forces exponentielles de frottement, que je supputais, secrètement, dans ma recherche d'une performante synergie ;

— enfin à ces *homo sapiens* de l'informatique, et tout particulièrement à mon ami Thierry Gauvin, qui se fit l'interprète de mes formulations compliquées, en me confirmant la durée de la réalisation de Kheops.

L.A.
16 septembre 1992

Notre couple, Alice TEXIER et moi Gino FARRONI son mari avons eu le bonheur de passer 15 à 20 jours en EGYPTE.

Nous gardons de ce séjour des souvenirs inoubliables.

Nous en avons parlé, entre nous ou avec nos amis ... de très nombreuses fois.

Souvenirs inoubliables..

GFa

PRÉAMBULE

Des hommes, tout juste sortis de la préhistoire, il y a plus de 4500 ans, ont définitivement marqué de leur intelligence et de leur savoir-faire les rives d'un des plus longs fleuves du monde. À quelques centaines de coudées du dieu Nil, ils ont élevé des pyramides et des temples aux dimensions gigantesques. La puissance évocatrice de ces monuments, qu'ils ont voulu bâtir à l'« échelle des dieux », nous laisse émerveillés et perplexes.

Certains textes et bas-reliefs, pratiquement intacts, nous éclairent sur le long message d'éternité qu'ils ont gravé dans la pierre. Et si nous percevons, à travers les siècles, les motivations spirituelles de ces œuvres stupéfiantes de grandeur et d'harmonie, nous ignorons toujours quelles technologies permirent à ces « lointains parents » de transcender leurs maigres connaissances scientifiques. Par exemple les moyens qui furent mis en œuvre pour la construction des « grandes pyramides » demeurent une énigme.

Sur ce sujet, les hypothèses et théories avancées jusqu'à ce jour n'ont pas résisté à l'épreuve des vérifications de leur fiabilité, tant au plan fonctionnel que chronologique. Les égyptologues et techniciens qui s'y sont intéressés ont successivement démontré l'infaisabilité ou l'anachronisme des techniques proposées par leurs prédécesseurs. Ce vide, cette indétermination dureront, vraisemblablement, le temps que prendra la découverte d'un ou plusieurs vestiges suffisamment explicites pour nous assurer des techniques réellement maîtrisées : l'égyptologie, encore « adolescente », a tant de chemin à parcourir, et tant de jalons manquent toujours à son cheminement.

En attendant, comme bien d'autres, j'ai été gagné par cette passion : redécouvrir les « technologies » qui permirent aux bâtisseurs des pharaons d'élever des monolithes d'une trentaine de tonnes à des dizaines de mètres d'altitude. Comment ne pas être intrigué, décontenancé, par de telles performances ?

Ayant eu la chance d'être impliqué, très directement, tout au long de ma carrière d'ingénieur des travaux publics, dans le déroulement de gros chantiers de bâtiment, j'ai assisté au fonctionnement de matériels modernes et puissants, élevant des tonnes de matériaux sur des tours qui culminaient à près de 100 mètres du sol. Ces grues, ces élévateurs, avec leurs limites de charge, malgré leur rapidité d'exécution, m'incitaient parfois à étalonner, à apprécier, plus nettement, les incroyables prouesses des bâtisseurs égyptiens de l'Antiquité.

L'interrogation principale qui en résultait me ramenait, dix ans plus tôt, dans cette zone semi-désertique des plateaux batékés, au Sud-Est du Gabon. J'eus le bonheur d'y conduire la mise en œuvre d'ouvrages plus rustiques faisant appel à la coordination des efforts de dizaines d'ouvriers et impliquant des techniques dont certains procédés et rudiments auraient bien pu s'apparenter à ceux de l'Ancien Empire égyptien.

De ces expériences diverses des chantiers, dans lesquels l'homme et ses instruments (ou ses machines) participent plus ou moins directement, plus ou moins intelligemment, à la production des forces vives d'une construction, il m'est resté une certaine idée du savoir-faire, de l'astuce des ouvriers, artisans, chefs de travaux ou maîtres d'œuvre. À des degrés divers, ces « hommes de terrain », physiquement confrontés à la transformation de la matière, m'ont sans doute inconsciemment guidé dans cette quête d'une technique pragmatique de construction de la Grande Pyramide de Kheops. N'était-ce pas la démarche pratique entreprise par ces bâtisseurs, en l'absence d'une science fondamentale suffisante ?

Après deux ou trois tentatives orientées vers la reconstitution d'une de ces « machines » dont parlait Hérodote, j'ai abouti, il y a quatre ans, à la mise au point d'une synergie qui permette d'envisager l'élévation de blocs de plusieurs dizaines de tonnes, à un niveau quelconque de la Grande Pyramide de Kheops.

Mon intention première fut de publier les seuls résultats de cette recherche technique dont l'expression mathématique et physique avait totalement pris forme vers la fin de l'année 1987.

En fait, ce sont les témoignages de deux historiens grecs de l'Antiquité qui constituèrent la base de la reconstitution proposée : un extrait du livre II des *Histoires* d'Hérodote d'Halicarnasse (Vᵉ siècle avant J.-C.) et un passage de la *Bibliothèque historique* de Diodore de Sicile (Iᵉʳ siècle avant J.-C.).

Cependant, alors que je consultais les récits de ces deux auteurs, je ne pus me limiter à la seule analyse de leurs rapports, apparemment divergents, sur les techniques de réalisation de la pyramide de Kheops. Au travers des descriptions énigmatiques des « machines » de l'un et des « terrasses » de l'autre, c'est l'Égyptien du XXVIᵉ siècle avant J.-C. qui transparaissait, plus nettement que la secrète et stupéfiante puissance de mise en œuvre des fantastiques monuments : j'en vins, ainsi, à m'intéresser à la vie sociale, aux croyances, à la science de ces bâtisseurs de Pharaon, mais aussi et surtout à leur étonnante motivation de construire des tombeaux monumentaux. Explorant plus avant les activités de ces hommes, leurs métiers, leurs pensées religieuses, leurs loisirs et leurs préoccupations, je pris clairement conscience de la « mutilation » qui consisterait à séparer ces valeurs historiques et spirituelles des procédés qu'ils avaient vraisemblablement inventés et mis en application.

Une telle déviation de mon objectif technique initial mit en lumière la conviction d'avoir échappé, progressivement, à cette exclusion de l'homme, passionnément dénoncée par Albert Camus lorsqu'il disait : « L'humanité, aujourd'hui, n'a besoin et ne se soucie que de techniques [...]. Ce qui caractérise Prométhée, au contraire, c'est qu'il ne peut séparer la machine de l'art [...]. »

De la sorte s'était concrétisée l'idée de présenter autre chose qu'une simple proposition technique, étayée de ses calculs, sur les moyens et sur le processus de construction de Kheops. Ces justifications mathématiques et physiques détaillées de l'étude initiale pouvaient constituer la vérification ultérieure d'une synergie découverte par tâtonnements successifs, à l'aide des faibles acquis technologiques alors connus.

Dans cet ordre d'idées, il m'apparut essentiel de rappeler quelles furent les aspirations spirituelles et religieuses qui animèrent les Égyptiens de l'époque pharaonique dans l'exceptionnelle entreprise de construction des monuments funéraires.

Enfin, pourquoi ces pyramides et leur temple de culte, bâtis de « pierre d'éternité », furent-ils si longtemps livrés au saccage ? Et quels facteurs, quels événements avaient généré cette étonnante perte de mémoire collective, allant jusqu'à effacer la destination même de ces monuments vénérés ?

Au regard de toutes les affabulations et spéculations intellectuelles émises à propos des pyramides, il me semblait opportun de rappeler également les quelques éléments de base de la science rudimentaire des bâtisseurs des pharaons. Cet inventaire, issu des textes et vestiges reconnus des égyptologues, met en évidence l'inanité des supputations imaginatives relatives aux technologies de ces antiques constructeurs, mais aussi la profonde démesure entre une science balbutiante et la merveilleuse maîtrise d'un savoir-faire.

Analysant les impulsions créatrices, je ne pouvais passer sous silence cette idée de progression vers une forme pyramidale : qu'elle ait été inspirée par une spiritualité symbolique ou mûrie par un pragmatisme plus « terre à terre ». Car, là encore, l'égyptologue en est réduit à des suppositions, en l'absence de message. Qui sont-ils ? Pourquoi cet anonymat des maîtres d'œuvre, maîtres maçons, charpentiers, qui livrèrent ces ouvrages « éternels », faisant dire à Ampère : « Ici l'homme fut grand, on le voit à son ombre. »

Quelle volonté, quels mobiles, s'avéraient assez puissants pour imposer un tel mutisme sur les procédés de construction de dizaines de pyramides, élevées pendant près d'un millénaire ? Pourquoi tant de mystère, alors que les seules fresques des tombeaux dévoilent les secrets de multiples corps de métier ?

Chacune de ces trois interrogations ne peut se satisfaire d'une seule réponse : un faisceau d'hypothèses doit être envisagé dans l'état actuel de nos connaissances.

De même, comment prétendre détenir « la » vérité pour ce qui concerne la réelle mise en œuvre de ces monolithes d'une trentaine de tonnes ? L'analyse des machines, des rampes ou des écluses proposées par mes prédécesseurs m'a conduit à remettre en cause leur faisabilité. Alors, comment ne pas douter aussi de la totale viabilité de la synergie que je propose ? Une réponse rassurante m'a été donnée par le calcul mathématique et physique, et par l'expérimentation. On en trouvera les preuves dans l'annexe ; elles portent sur la détermination des forces à vaincre, des dimensions et des contraintes acceptables pour le levier de halage, des forces d'équilibre des traîneaux, du nombre de leviers à mettre en œuvre et des temps d'exécution partiels et globaux de construction. Elles permettront aux scientifiques, aux techniciens, d'entreprendre la démarche indispensable de vérification des hypothèses et des calculs.

Quoi qu'il en soit de cet examen, il me paraît toujours évident que la vérité historique ne saurait être définitivement établie sur ce problème sans la mise à jour d'un vestige révélateur. Pour cette raison, toute forme d'exposé visant à expliquer techniquement comment opérèrent les bâtisseurs de Pharaon me semble un exercice déplacé. Dès lors que nous ne maîtrisons pas cette vérité historique, j'éprouverais une certaine gêne à décrire la façon dont ces constructeurs auraient pu appliquer ma synergie : ce serait leur attribuer une technologie possible, sans aucune certitude.

L'usage de la simple relation technique présente un autre inconvénient : celui d'écarter l'homme au profit de sa création. Au risque de me répéter, je ressens mal une telle exclusion, sachant quelles motivations, quelles impulsions pouvaient habiter ces constructeurs. Et que penser de cette ignorance totale de l'intelligence dans son cheminement vers la découverte ?

Afin de ne pas hypothéquer cette vérité historique et d'évoquer, au mieux, la spiritualité qui animait l'homme dans sa démarche créatrice, j'ai pensé opportun d'adopter la forme du roman.

Ainsi ai-je tenté d'imaginer ce qu'aurait pu être le projet de Kheops nouvellement investi du titre de pharaon. Quels mobiles pouvaient le conduire à la conception de cette exceptionnelle « demeure d'éternité » ? Quels maîtres d'œuvre avait-il choisis pour relever le divin défi de la construction d'un tombeau monumental ?

Autant que les connaissances acquises me le permettaient, j'ai essayé de « m'accrocher » à la réalité des faits : certaines pierres de ma reconstitution sont à leur place d'origine ; d'autres ont dû être dégrossies et ajustées pour combler les vides que l'on connaît. Suivant le cas, il en va ainsi des noms des maîtres d'œuvre et artisans, de certains rites d'implantation et de fondation du monument, des activités des ateliers, des approvisionnements en matériaux, du déroulement supposé des chantiers et des procédés divers de réalisation.

Je souhaite que l'homme ait trouvé une place suffisante dans cette tentative de restitution. Car c'est l'esprit dans lequel il a œuvré, ses tâtonnements en quête de l'idée géniale permettant de vaincre des forces gigantesques de pesanteur, qu'il me semblait essentiel de souligner.

Que les dieux me pardonnent d'avoir dû faire le choix d'un inventeur parmi trois maîtres d'œuvre ayant vraisemblablement participé à l'édification de la Grande Pyramide de Kheops. Ils me rendront grâce, au moins, de les avoir étroitement associés à la naissance de l'idée créatrice. Ils me tiendront sans doute rigueur d'avoir trahi le surnaturel, en dévoilant comment, à l'échelle des hommes, peuvent s'expliquer les prouesses de ces constructeurs.

En romançant, pour ne pas écarter l'homme et son esprit, je n'ai cependant pas abandonné la rigueur du raisonnement et du chiffre, objet de mon étude première : ainsi, lors des tentatives diverses entreprises sur maquette ou en vraie grandeur par Hemyonou, chef des travaux de la nécropole, les résultats qu'il obtient d'instinct, par tâtonnement, peuvent être vérifiés à l'aide des calculs produits dans les annexes techniques. Cela est valable, non seulement à propos des forces physiques et des matériaux utilisés, mais aussi à propos du facteur temps.

En effet, s'il est un élément essentiel qui mérite une considération particulière, c'est bien la durée probable de construction de la Grande Pyramide. Entre les propositions d'Hérodote d'Halicarnasse, de Pline l'Ancien, faisant état d'un délai de travaux de vingt ans, et celles de Diodore de Sicile et d'autres qui mentionnent plus de vingt ans, une indétermination se superpose à celles déjà évoquées.

Il ne paraît pas raisonnable de proposer un procédé quelconque d'édification de ce monument sans se préoccuper de l'incidence qui en résulte sur son temps d'exécution : le pharaon ne pouvait espérer vivre et régner cent ans, dans l'attente de la livraison de sa « demeure d'éternité ».

Dans ce sens, la synergie de mise en œuvre des monolithes se révélant satisfaisante à l'épreuve du calcul des forces et des contraintes, il importait de procéder à son organisation, suivant les différentes phases de construction de la pyramide : il s'agissait de déterminer l'ordonnancement possible des moyens d'élévation des blocs, ainsi que les séquences de fonctionnement des leviers de halage, en vue d'approcher un temps de réalisation global du vénérable ouvrage. La simulation mise au point, pratiquée d'une assise à la suivante, a fait l'objet d'un traitement sur ordinateur aboutissant à un délai proche de 25 ans. Ce chiffre est très voisin du délai le plus court annoncé par les auteurs de l'Antiquité ; il constitue une confirmation de la cohérence de ma proposition, au regard de la durée de règne présumée de Kheops (de 23 à 63 ans, selon le papyrus de Turin ou selon Manethon, historien égyptien du IIIe siècle avant J.-C.).

Ainsi, cette « échelle des dieux », dressée contre le ciel comme un long défi à la « barbe du temps », m'inspira bien plus qu'une profonde curiosité de technicien.

Et sur ces pierres rendues muettes, par spiritualité ou par bêtise, le « cœur de Rê » continue d'esquisser son éternelle et mouvante écriture d'ombre et de lumière contant l'Histoire de l'homme ou sa légende.

CHAPITRE PREMIER

UNE VIE POUR S'ÉLEVER VERS L'ÉTERNITÉ

« Pharaon est parti... Pharaon nous a quittés... » Ainsi se propageait, de chalands en felouques, la nouvelle de la disparition du dieu vivant. D'une rive à l'autre du fleuve millénaire qui continuait de pousser des eaux lourdes et tranquilles, bateliers, pêcheurs, ouvriers de tous bords, découvraient et répercutaient le cri d'un peuple clamant le départ de son roi. Ainsi depuis Mennofer [1], jusqu'aux villes septentrionales du Delta et jusqu'aux confins de la

Nota bene : Le *Dictionnaire de la civilisation égyptienne* par Georges POSENER, rédigé en collaboration avec Serge SAUNERON et Jean YOYOTTE (Éditeur Fernand Nathan), a été très souvent considéré comme un ouvrage de référence. Il se trouvera désigné par les abréviations (D.C.E.) dans plusieurs notes qui suivront.

1. Mennofer ou Memphis : agglomération de basse Égypte où Ménès, premier pharaon qui fédéra les royaumes de basse et haute Égypte, construisit, vers 3100 avant J.-C., le fort du Mur blanc, contrôlant ainsi la « vie des Deux Terres ». De nombreux rois résideront dans cette région et notamment dans ce qui devint une ville grandissant autour du temple Ptah, dieu des techniques et des artisans. Mennofer deviendra Memphis dans la bouche des Grecs. D'après le D.C.E.

haute Égypte, au-delà de la première cataracte, à travers *nomes*[2] et villages les plus reculés, se diffusait l'événement tragique. Les formulations étaient différentes suivant la spiritualité des messagers : « Pharaon va rejoindre sa demeure d'éternité »... « Pharaon est passé à son *Ka*[3] » ou, encore plus poétiquement, « Pharaon va rejoindre le cercle des étoiles impérissables[4] ».

Les premières plaintes s'étaient élevées du palais de Mennofer. Les pleureuses professionnelles rendaient le ciel témoin de leur douleur, élevant leurs bras, hurlant, se griffant le visage ou se frappant la tête et la poitrine. Elles relayaient et amplifiaient les manifestations de chagrin et de désespoir de la famille et des proches du défunt. Tandis que les funérailles s'organisaient avec célérité dans la demeure royale, des messagers avaient été dépêchés pour répandre la nouvelle au plus vite sur l'ensemble du royaume. Il fallait permettre à tous les administrés, aux prêtres et initiés des temples des différentes provinces, d'invoquer les dieux tutélaires en faveur de Pharaon. C'est ainsi que devait se préparer son voyage vers l'ouest, vers les paradis cosmiques où le conduirait sa nef

2. Mot grec désignant les grandes circonscriptions administratives du territoire égyptien de l'Antiquité. Les *nomes* furent aménagés en fonction de l'irrigation. Ils furent désignés généralement par le nom des enseignes (totem ou « drapeau » élevé sur une hampe) des tribus indépendantes avant l'unification du royaume : nome du taureau, du serpent ou de l'oryx (D.C.E.).

3. Manifestation des énergies vitales autant dans la fonction conservatrice que dans la fonction créatrice. Usage du terme *Ka* à propos des morts : « passer à son *ka* » veut dire mourir et les statuettes représentant le défunt enfermées dans les tombeaux sont des « statues de *ka* » (D.C.E.).

4. Dans les textes des pyramides, qui relatent notamment le voyage du pharaon vers les paradis cosmiques, celui-ci emprunte divers cheminements pour rejoindre les dieux du ciel, représentés par les étoiles. L'une des interprétations sur les moyens d'accès au cercle des étoiles est cette échelle gigantesque qui joint le ciel et la terre, matérialisée par des faisceaux de rayons obliques du soleil filtrant au travers des nuages. Par extrapolation, la pyramide en serait une représentation.

solaire [5]. Guidés par les chefs religieux, la population de cette Égypte de la IIIe dynastie s'apprêtait à participer aux suppliques et incantations magiques destinées à détourner les esprits maléfiques de la voie royale, de la course céleste de Pharaon vers l'au-delà.

Sur les quais et sur les berges du Nil, dans les ports du grand canal parallèle[6] dans lequel s'étirait une file ininterrompue de chalands de transport, la vie continuait son cours au rythme imperturbable du fleuve nourricier.

Cependant les échoppes où les hommes se restauraient de poissons salés, de raifort, d'oignons et de pain, ne vivaient plus cette ambiance bruyante coutumière, émaillée de cris, de rires et de mélopées. De petits groupes commentaient la nouvelle avec la tristesse et la gravité des gens du peuple qui ressentent profondément le poids de l'incertitude des jours à venir. Les joueurs de serpent [7] avaient déserté l'ombre des acacias centenaires pour s'informer de cette soudaine disparition.

Le monarque qui venait de s'éteindre sera surnommé « le Juste » pendant des générations. Il avait poursuivi l'organisation économique du pays pour renforcer son unité en digne descendant de

5. Pour les Égyptiens de l'Antiquité, d'après les textes, le soleil voyage sur sa barque de jour, puis sur sa barque de la nuit. Des savants ont pensé que les barques solaires, que l'on retrouve enterrées dans certaines nécropoles, devaient permettre au défunt de s'identifier à Rê en voyageant dans les espaces célestes, la pyramide ayant favorisé cette ascension. D'autres interprétations sont aussi avancées : barques pour se promener dans l'autre monde, barques-catafalques perpétuant, par leur présence, la vertu des rites d'enterrement (D.C.E.).

6. Il s'agit du grand canal de Memphis dont la partie amont se situait près de Deirout en moyenne Égypte et qui irriguait, parallèlement à la rive ouest du Nil, une bande de terre longue de plus de 200 km. Dans la région du Fayoum, cette voie d'eau avait aussi la fonction de permettre l'approvisionnement, en matériaux de construction, des grande nécropoles royales, par l'intermédiaire des ports qui ont été identifiés à l'est de plusieurs complexes funéraires : des vestiges de ces ports ont été retrouvés à Gizeh et à Saqqara. (D'après G. Goyon : *Les Ports des pyramides et le Grand Canal de Memphis*, 1971.)

7. Jeu qui serait l'ancêtre du jeu de l'oie (D.C.E.).

Ménès [8]. Avant de quitter sa terre pour accéder à son destin céleste, il s'était attaché à conforter l'union de ses deux royaumes de haute et de basse Égypte, leur assurant une prospérité qui préserverait son peuple des années de famine : les silos et entrepôts royaux regorgeaient de céréales, viandes, poissons boucanés, tandis que les pièces de lin ou de papyrus ne manqueraient plus pendant des lunes et des lunes.

La renommée de ce pharaon bienfaiteur, du nom de Djeser, qui régna au XXVIIIe siècle avant J.-C., devait rester, malgré le temps, étroitement associée à celle de son vizir et grand prêtre Imhotep : outre leurs actions bénéfiques dans les domaines économique, administratif, ils avaient imaginé et réalisé une autre oeuvre gigantesque : le premier grand complexe funéraire de l'Égypte ancienne. Bien des siècles plus tard, pendant le Nouvel Empire, des pèlerins viendront se recueillir dans cette nécropole toute proche de Mennofer, à Saqqara. Ils y vénéreront les dieux de l'Ouest et Djeser le « justifié [9] » en les priant de leur accorder longue vie. Car c'est bien en ce lieu que deux hommes, un monarque et son chancelier, se sont élevés parmi les dieux, édifiant cet ensemble monumental qui marquera pendant plus d'un millénaire l'architecture des sépultures royales.

Jamais auparavant, l'originalité de la conception des volumes n'avait atteint un tel degré de perfection ni une telle ampleur dans la maîtrise des formes géométriques. L'innovation créatrice s'y exprima en outre, pleinement, dans le choix de la matière : l'utilisation généralisée de la pierre assura en effet au complexe funéraire de Saqqara la pérennité qui faisait tant défaut à de nombreux tombeaux des époques précédentes. C'est sans doute à ce moment-là que commença réellement à se concrétiser l'idée d'une « demeure d'éternité » pour le roi défunt : son enveloppe momifiée devait reprendre vie pour vaquer à ses occupations quotidiennes, dans le cadre indestructible de ses « appartements de pierre ». Alors

8. Voir Mennofer note 1.

9. Lors du jugement des morts, la sentence favorable de Maât, déesse de la vérité et de la justice, permet au défunt qui a mené une vie exemplaire d'être « justifié » ou qualifié « juste de voix ». Il peut alors accéder aux paradis. Certains rois ont ainsi rejoint le « cercle des étoiles impérissables » en étant divinisés par les générations suivantes qui les ont vénérés et adorés à l'égal des dieux.

que les maisons et même les palais étaient principalement édifiés en briques d'argile séchée, le pharaon manifestait ainsi son inébranlable foi en la vie dans l'au-delà.

Quelles sont les caractéristiques de cette nécropole originale ? 15 hectares délimités par une enceinte de pierre bastionnée, dépassant 10 mètres de hauteur ; en son centre, un tombeau en gradins, de forme pyramidale, à base approximativement carrée de 63 mètres de côté servant d'assise à 5 autres degrés qui élèvent l'édifice à près de 60 mètres de haut ; un temple funéraire nord qui lui était accolé ; une allée de colonnades marquant l'entrée de la nécropole ; une grande cour prévue pour la célébration du jubilé *Heb-Sed* [10] ; des chapelles, attribuées respectivement à une divinité particulière, encadrant partiellement la cour précitée ; deux édifices assez semblables dont les façades à colonnes devaient dépasser 12 mètres de hauteur, proches de la pyramide à degrés, implantés dans la partie orientale de l'enceinte, destinés vraisemblablement au séjour du pharaon et à la réception de ses sujets ; enfin, le *serdab* [11] adossé à l'assise nord de la pyramide, chambre close qui contenait, lors de sa découverte, l'impressionnante statue de Djeser dont le regard figé était orienté vers des trous pratiqués dans la paroi nord de la cellule.

Cette grandiose nécropole de pierre, considérée, rappelons-le,

---

10. La cour dite du *Heb-sed* avait pour fonction de permettre le déroulement des fêtes du jubilé, célébrées après 30 années de règne et comportant la réédition du couronnement. D'après Jean-Philippe Lauer, qui a assuré la majeure partie de la reconstitution du complexe funéraire de Djeser, le roi devait accomplir, en présence de hauts dignitaires et de sa famille, une course rituelle entre les deux bornes implantées dans la cour du *Heb-Sed* : la borne nord et la borne sud, symbolisant respectivement les limites des royaumes de basse et de haute Égypte. Ainsi se trouvaient confirmés les fonctions et les pouvoirs de Pharaon. (D'après *The Pyramids of Sakkarah* de J.-Ph. LAUER, p. 7.)

11. Le *serdab*, chambre inaccessible, contenait en général une ou plusieurs statues représentant le défunt. Le *serdab* de la pyramide de Djeser a sa face nord percée de deux trous cylindriques. Ces ouvertures étaient censées permettre à la statue de Djeser de communiquer avec l'extérieur. C'est aussi le cas dans certaines tombes privées où le *serdab* communique, par d'étroits soupiraux, avec la chapelle qui lui est annexée. Les vivants apportaient vivres et boissons dans la chapelle et y brûlaient de l'encens en l'honneur du défunt : la communication des prières et des odeurs de l'encens pouvait donc matériellement s'établir entre le *serdab* et la chapelle. Voir aussi p. 62

comme la première du genre dans l'histoire de l'Antiquité égyptienne, a fait l'objet d'une réhabilitation de ses principales composantes. Un travail de fourmi, principalement dirigé par Jean-Philippe Lauer, architecte, se poursuit depuis des décennies. Il consiste en la reconstitution d'un puzzle de monolithes dont le gigantisme et la difficulté sont à la mesure des ouvrages et des outrages qu'ils ont subis.

Essayer de comprendre les mobiles qui ont pu animer un roi, son chancelier, un peuple, dans cette grandiose aventure spirituelle apparaît une première démarche naturelle. Elle implique, notamment, de rompre momentanément nos attaches actuelles pour « embarquer » vers ces horizons antiques peuplés de dieux, associés à la vie quotidienne des Égyptiens d'alors : c'est à ce prix que l'on peut espérer réussir un voyage aussi long à travers les siècles.

Après Djeser et Imhotep, durant un millénaire, des dynasties de pharaons élèveront encore des tombeaux gigantesques, imités dans cette entreprise funéraire par leurs contemporains les plus aisés. Une telle célébration de la mort, matérialisée dans la pierre, pourrait témoigner d'une préoccupation morbide. Et pourtant « comprendre la joie de vivre des anciens Égyptiens est capital pour l'intelligence de leur attitude à l'égard de la mort [...] c'est au contraire leur amour de la vie qui leur enjoignait de perpétuer ses joies après la mort ». Cette précision de M. Berbrier [12] concentre en elle-même tous les principes essentiels qui mobilisaient l'attention d'un peuple dans sa perception de la vie terrestre et de la vie éternelle dans l'au-delà. Déjà à l'époque des toutes premières dynasties, l'idée de pouvoir prolonger les plaisirs après la mort se trouvait clairement mise en pratique. Charechem, un roi de la IIe dynastie, avait établi sa demeure funèbre dans un bâtiment mesurant 67 mètres de long, 16 mètres de large, et comprenant 58 pièces dont les murs étaient très agrémentés de peinture. Ce *mastaba* [13] était conçu comme un véritable appartement dans lequel le défunt

---

12. M. BERBRIER, *Les Bâtisseurs de Pharaon - La Confrérie de Deir el-Medineh*, Éditions du Rocher, 1986.

13. Tombeaux de l'Ancien Empire réservés en général aux nobles ou aux dignitaires. La surface rectangulaire du tombeau et la légère inclinaison de ses murs lui a donné son nom arabe actuel, qui signifie banquette.

retrouverait, dans l'au-delà, le confort dont il jouissait durant son passage sur terre.

Lors de la découverte de la tombe du vizir Schlemmerere, par Émery, la visite de celle-ci lui réserva une surprise de taille : une sorte de salle à manger de son « appartement » funèbre comportait une table sur laquelle le couvert était mis et qui était chargée de coupes, assiettes d'ardoise et d'albâtre. Ces dernières contenaient poissons, légumes, colombes rôties, une entrecôte de bœuf entière, des pains, des pâtisseries et des fruits, toutes ces victuailles étant parfaitement identifiables malgré leur état de dessication.

Dans des galeries souterraines de la pyramide de Djeser, proches des salles mortuaires, on trouva tout un mobilier et pas moins de 35 000 vases de pierre destinés à assurer le confort quotidien du *ka* royal et de son « enveloppe » durant des siècles et des siècles.

Ainsi, des centaines de tombeaux ont été conçus comme de véritables demeures équipées et approvisionnées en mobilier, ustensiles, vivres appréciés par la personne durant sa vie. Lorsque la place manquait ou par crainte de leur détérioration ou de leur épuisement dans le temps, les objets chers, les victuailles ont fait l'objet d'une représentation symbolique miniature ou graphique. Les murs des *mastabas* et de certaines pyramides sont, pour cela, d'authentiques répertoires des éléments essentiels qui agrémentaient le passage sur terre de leur propriétaire : banquets, scènes de chasse ou de pêche où il se trouve représenté avec ses proches, offrandes de ses sujets ou serviteurs. En vue d'assurer, vraisemblablement, une indéfectible continuité d'approvisionnement de la tombe pour l'éternité, des scènes artisanales assurent le défunt de la fabrication de certains ustensiles et denrées diverses quotidiennement affectionnées par celui-ci durant sa vie : ainsi se trouvent maintes fois détaillées, dans plusieurs tombes, différentes étapes de confection du pain, de la bière, des vases en pierre. On y trouve, également figurés, l'élevage des abeilles et la récolte du miel, qui jouait un grand rôle dans l'alimentation et dans l'élaboration des recettes pharmaceutiques. Un livre entier ne suffirait pas pour énumérer les représentations de ces activités laborieuses, indispensables à la survie et aux nécessités de confort lors du séjour dans l'éternité.

Rien de ce qui a procuré le plaisir et le bien, ici-bas, ne doit être oublié ou rejeté dans l'au-delà. Les scènes de moments importants liés aux activités ludiques ou professionnelles composent également l'environnement nécessaire à l'évolution du *ka*. Celui-ci ne doit pas seulement animer de son énergie créatrice l'enveloppe originelle constituée par la momie du maître du tombeau, il est aussi la mémoire des grands événements de sa vie passée, retrouvant sur les parois de l'appartement funéraire des gravures et peintures qui retracent des étapes essentielles de la vie et de la mort ; ainsi nous pouvons voir : Ti, maître d'œuvre, intendant de plusieurs pyramides, et administrateur de territoires agricoles, observant avec son épouse des paysans qui travaillent en chantant, au son de la flûte ; Mererouka, vizir, présidant un tribunal et assistant au châtiment des intendants coupables de négligences ou malversations (ceux-ci reçoivent une bastonnade sous l'œil intransigeant du maître du tombeau) ; la scène des funérailles du même Mererouka, dont le sarcophage est conduit par un cortège de pleureuses vers le sépulcre.

Les quelques exemples précédents, parmi des centaines d'autres, illustrent cette volonté des Égyptiens d'assurer leur survie dans l'au-delà, en se constituant, de leur vivant, une habitation d'éternité pouvant contenir le maximum de biens, services et souvenirs aidant à prolonger la vie terrestre. Des différences considérables existaient entre les tombes sommaires des pauvres gens et les tombeaux fastueux des pharaons, hauts dignitaires, ou même ceux, plus modestes, des fonctionnaires et maîtres artisans de rang élevé. La satisfaction des exigences de la foi et des rites mettait ainsi en évidence la situation sociale du propriétaire d'une « demeure d'éternité ». On a découvert, par contre, à proximité de certains villages, de nombreuses sépultures constituées d'un simple trou creusé dans le sable où gisait une momie desséchée de troisième catégorie [14], dépourvue de cercueil, accompagnée de quelques vases de pierre et de bijoux sans valeur.

Ainsi la différence de niveau de vie des individus ne pouvait-elle

---

14. Hérodote dans ses *Histoires* explique ainsi les différentes classes d'embaumement prévues par les techniciens de l'Antiquité : « Lorsqu'on leur apporte le cadavre, les embaumeurs montrent à leur clients des modèles de momies en bois peint, fort bien imitées. Le plus précieux, leur expliquent-ils, reproduit l'embaumement d'Osiris ; ils en montrent ensuite un deuxième modèle, moins soigné que le précédent et moins cher, puis un troisième, le moins coûteux de tous. Puis ils s'informent du choix des parents, qui se retirent après être convenus du prix. »

que s'accentuer en s'« éternisant » lors du passage de la vie terrestre vers l'autre vie. En effet, dès le Moyen Empire et pendant les dynasties qui suivirent, l'idée de s'assurer une dispense des corvées, pendant la vie dans l'au-delà, s'était en outre affirmée nettement, comme l'attestent certains textes du Livre des morts [15] et les nombreuses statuettes retrouvées dans les tombeaux des pharaons et personnages de la haute société : persuadés que leur *ka* devrait s'acquitter de tâches quotidiennes dans l'autre monde, ceux-ci avaient coutume de prévoir de s'en affranchir, en demandant que leur enterrement se fasse en compagnie de figurines représentant leurs meilleurs serviteurs. Ces statuettes, nommées *shaouabtis* ou *oushebtis* (traduit par « répondants »), devaient donc, symboliquement, représenter l'énergie et la compétence domestique préservant le défunt maître des basses besognes journalières. Les prières gravées sur ces figurines assurent, notamment, que ces serviteurs devaient s'acquitter avec zèle de toutes les tâches commandées : « Ô ce shaouabti ! Si un tel est requis pour faire une des corvées qui se font là-bas [...] Présent ! diras-tu [16] ! »

Comment ne pas s'interroger sur ce qu'en pensaient alors les serviteurs eux-mêmes, qui n'avaient donc aucun espoir d'améliorer leur condition dans l'autre monde. À moins que, n'ayant pas les moyens de réaliser une « demeure d'éternité familiale », ils aient été contraints de « suivre » leur maître, profitant ainsi d'un appartement funéraire sûr, leur garantissant, malgré la servitude, une vie éternelle. Cela explique peut-être les contrats écrits, de bons et loyaux services, gravés sur chacun de ces *shaouabtis*.

Ainsi, les Égyptiens croyaient continuer de jouir, dans l'au-delà, des biens, activités et plaisirs qu'ils avaient connus leur vie durant. Ils trouvaient en leur religion tous les principes autorisant l'accomplissement de ces aspirations les plus chères. Osiris, cet humain

15. Dès le Nouvel Empire, un livre sur papyrus ou sur cuir est généralement déposé dans la tombe du défunt. Ces manuscrits ont été retrouvés en grand nombre dans des coffrets ou des sarcophages, ou insérés dans les bandelettes de la momie. Ce sont des recueils d'incantations magiques destinées à assurer, par leur lecture ou leur simple présence, une existence heureuse et protégée des maléfices. Ils contiennent toute une énumération de « recettes » pour triompher des embûches et dangers qui existent dans l'autre monde. (D.C.E.)

16. Extrait du Livre des morts, formule VI.

La pyramide à degrés de Djeser, construite par accrétions successives du massif tabulaire initial (*mastaba*) dans le sens horizontal et vertical.

Conçu par Imhotep « grand prêtre d'Heliopolis, constructeur sculpteur... », ce tombeau est la première pyramide en pierre de l'Ancien Empire.

Psychostasie : Livre des morts de Hounefer

Le cœur du défunt déposé sur un des plateaux de la balance est comparé au poids de la plume de Maât, déesse de la vérité et de la justice.
Conduit par Anubis devant ses juges, le défunt assiste à la pesée tandis que Thot (dieu des scribes) note le résultat sous l'œil de la « Dévorante ».
Si le jugement est favorable, le défunt sera admis dans les « paradis de l'au-delà » pour y mener une nouvelle vie. Dans le cas contraire, son corps sera livré à la « Dévorante ».

mort et ressuscité grâce à l'amour, la piété et la persévérance de sa femme, représentait le symbole de la résurrection possible pour les hommes. La croyance en cette vie retrouvée explique à elle seule l'acharnement des Égyptiens de l'Antiquité à se ménager, dans l'au-delà, le prolongement de leur vie terrestre[17]. La légende d'Osiris, quelles que soient les versions qui en sont données, permet de dégager plusieurs enseignements qui furent fondamentaux dans la perception du bien et du mal, de la vie et de la mort chez les anciens Égyptiens. L'homme porte en soi les forces du bien ou du mal, mais l'« être perpétuellement bon » — c'était l'une des « épithètes » attribuées à Osiris — a la possibilité de s'élever vers les dieux et d'accéder à la vie éternelle. La mort en soi n'est donc qu'une étape transitoire faite d'un désarroi passager, comparable à celui que nous éprouvons lorsque le vent souffle la flamme de la seule chandelle qui nous permet d'évoluer dans la nuit. Cette extinction peut être de courte durée si l'on s'est préparé à une telle éventualité et si l'on peut de nouveau communiquer une flamme à cette bougie éteinte. Le plus grave, c'est la « seconde mort », celle qui risque d'anéantir l'être à jamais s'il ne passe pas l'épreuve du tribunal de l'au-delà.

C'est à cet instant que les dieux lui demanderont des comptes sur la manière dont il a mené son existence... Ceux qui auront failli à leurs devoirs sacrés d'être humain seront la proie de la Dévorante, monstre hybride, et retourneront dans le cycle naturel. Les autres seront proclamés « justes de voix » et pénétreront dans divers paradis où ils goûteront les joies d'existences nouvelles. Ainsi peut se résumer cette possibilité de résurrection, qui s'appuie essentiellement sur l'observance d'une morale sur laquelle sont fondés les principes de la religion égyptienne. Mais là ne s'arrête pas la comparaison. Si la flamme de la sagesse, de la droiture, de la clairvoyance, peut à nouveau être communiquée à la bougie parce que

17. Seth assassina son frère Osiris et voulut faire disparaître son corps. La veuve, Isis, retrouva le cadavre et le cacha. Mais Seth, ayant redécouvert le corps de sa victime, fit preuve d'un acharnement forcené ; il le découpa et en dispersa les différents morceaux à travers l'Égypte. Guidée par son amour et sa foi, Isis entreprit une quête qui lui permit de réunir la totalité des parties du corps de son époux. Aidée des dieux, elle réussit à redonner le souffle de vie à ce cadavre reconstitué. De son mari ressuscité, elle conçut même un enfant, Horus, qui vengea son père.

les dieux en ont jugé de la sorte, encore faut-il avoir conservé intacte cette bougie qui doit porter la lumière nouvelle. Et c'est alors qu'intervient un second principe, tout aussi important, découlant de la légende osirienne, qui conditionne le prolongement de la vie terrestre : le maintien du corps intact, prêt à recevoir un second souffle de vie éternelle. Dans ce domaine, aucun autre peuple de l'Antiquité n'a consacré autant d'attention et d'efforts à préserver l'état de conservation du corps abandonné par ses forces vitales. Comme Isis le fit pour Osiris, les anciens Égyptiens ne doutaient pas de pouvoir rassembler entre eux les éléments essentiels qui constituent l'être animé et pensaient favoriser ainsi une « seconde vie », proche de la première, grâce aux dieux et aux rituels. Ainsi, les énergies vitales et créatrices, constituées par le *ka*, pouvaient idéalement réintégrer le corps du défunt en se retrouvant en lui, comme par le passé. Le cadavre devait donc garder son enveloppe intacte, de manière durable, pour ne pas dire perpétuelle. Un grave problème physiologique était ainsi posé. Pour assurer une parfaite ressemblance avec le visage de l'être vivant, des masques mortuaires, faits de matériaux indestructibles lorsque les moyens le permettaient, étaient préalablement modelés sur la face du défunt, avant que la pratique de l'embaumement, la meilleure fût-elle, n'en change les formes charnelles. Les techniques de momification assuraient, enfin, la plus ou moins bonne protection du corps vidé de son cerveau, de ses viscères et humeurs diverses [18].

Voilà, sans doute, les motivations essentielles qui inspirèrent un peuple ancien dans son attitude face à la mort et dans ses tentatives de survie dans l'au-delà. C'est, du moins, ce qui permet de trouver un sens à cette très sérieuse préoccupation de l'Égyptien de l'Antiquité de construire, de son vivant, un tombeau qui réponde aux impératifs de sa « seconde vie », laquelle serait comme le prolongement de sa vie terrestre.

---

18. La technique de l'embaumement des cadavres comporte une phase précisément décrite par Hérodote : « D'abord, avec un crochet de fer, ils extraient le cerveau par les narines ; mais il n'en retirent ainsi qu'une partie ; ils dissolvent le reste avec certaines drogues. Ensuite, à l'aide d'une pierre coupante d'Éthiopie, ils pratiquent une incision le long du flanc et vident le corps de tous ses viscères ; dans l'intérieur ainsi nettoyé, ils font passer du vin de palmier et pulvérisent des substances aromatiques ; puis ils emplissent le ventre de pure myrrhe broyée, de cassis et des autres aromates connus, à l'exception de l'encens ; enfin ils le recousent. » (D.C.E.)

Les croyances et les rites ne doivent cependant pas conduire à cette conclusion hâtive : l'Égyptien de cette époque, qui se préparait ainsi consciencieusement à une mort inévitable, pouvait donc sereinement la voir approcher. La foi ne suffisait point à étouffer le sentiment d'angoisse et de profond chagrin qu'inspirait le passage de vie à trépas. De nombreux textes apportent des témoignages poignants d'incantations magiques pour éloigner cette « ravisseuse » insatiable : « Disparais, ô celle qui vient dans les ténèbres, qui entre furtivement [...] Es-tu venue pour mettre en cet enfant l'apaisement de la mort ? Je ne te permettrai pas de le mettre [...] [19]. »

D'autres écrits font part du désespoir de quitter cette terre :

« J'étais un jeune enfant qui fut enlevé par violence ; mes années furent abrégées alors que j'étais parmi les petits. Je fus arraché brusquement à ma toute jeunesse, comme un homme qu'emporte le sommeil [...] J'avais une foule d'amis, mais pas un ne peut me défendre [...] Tous les gens de ma ville se répandaient en gémissements, voyant ce qui m'arrivait ; tous mes amis se lamentaient ; mon père, ma mère suppliaient la mort, mes frères étaient prostrés [...] [19]. »

Et de nombreux textes expriment des souhaits fervents adressés aux divinités pour obtenir la faveur d'une longue et douce vie terrestre : « Ô tous les dieux de l'ouest de Memphis, et les dieux qui règnent sur la terre sacrée, Osiris, Isis, et les Grands Esprits de l'ouest de l'Ankhtoui, donnez-moi un bon temps de vie pour servir vos *kas*, et puissé-je recevoir une riche sépulture après une belle vieillesse [...] [20]. »

Cette manifestation fervente d'un attachement puissant à la vie n'est pas sans rappeler, sous des formes différentes, les aspirations intimes qui hantent naturellement et généralement l'esprit de l'homme, quelles que soient ses convictions. Que l'on croie en Dieu, aux progrès de la médecine, une de nos préoccupations, et non des moindres, n'est-elle pas de prolonger le « passage » sur terre ?

---

19. Définition de la mort. (D.C.E.)

20. Graffiti hiératique d'un touriste sous Ramsès II, qui visita le complexe funéraire de Saqqara (d'après note 31 de : *The Pyramids of Sakkarah*, par J.-Ph. Lauer, Édition Imprimerie de l'Institut français d'archéologie orientale, 1977).

Dans le port fluvial proche de la nécropole, les haleurs, manœuvrant avec la dextérité des gestes renouvelés, firent rapidement accoster le chaland qui véhiculait la « dernière pierre » : un monolithe de granite oblong pesant de 3 à 4 tonnes. L'équipage de l'embarcation avait déjà complètement dénoué les cordes d'arrimage du traîneau sur lequel reposait le bloc, alors qu'un groupe de manœuvres du port apprêtait les éléments de la rampe devant assurer le débarquement.

Depuis les carrières d'Éléphantine, plusieurs jours avaient été nécessaires pour véhiculer cette pesante charge sur le Nil, puis dans le grand canal de Memphis, parallèlement au fleuve. Il s'agissait de la dernière pierre de la tombe du pharaon. Ce volume de granite devait être descendu au fond du grand puits, profond d'environ 54 coudées [21], pour y obturer le plafond du caveau, également constitué de poutres de granite de belle taille. Ainsi, sur le plateau désert de Saqqara, la mise en place de ce bouchon de pierre scellerait, pour le pharaon et pour Imhotep, maître d'œuvre de la nécropole gigantesque, l'acte final symbolique d'une collaboration terrestre de plusieurs décennies.

Cependant la tâche du grand architecte Imhotep n'était pas pour autant terminée : suspendue aux cordages, cette pierre cannelée, qui viendrait s'encastrer dans le dernier orifice circulaire du tombeau de son roi, ne pouvait marquer un aboutissement. Le dieu vivant, Djeser, « plus divin que le corps des dieux », ne l'avait pas quitté. Il savait, mieux que tout autre, pour avoir assisté à la cérémonie d'« ouverture de la bouche [22] » de la momie de son illustre compagnon, que celui-ci continuerait d'inspirer ses pensées et ses actions : « Le roi n'est pas parti mort, il est parti

21. La coudée équivaut à 0,523 mètre.

22. « Cette antique cérémonie donnait ou rendait à un être vivant le plein usage de l'organe par lequel chacun boit, mange et ordonne aux gens et aux choses. On l'accomplissait dans les salles d'or (c'est-à-dire les ateliers d'art et les laboratoires d'embaumement), sur les statues et les momies. On la refaisait sur le mort en bière et sur une image de bois noircie, le jour des funérailles [...] » (D.C.E.). Grâce aux incantations et à de multiples manipulations effectuées sur le corps du défunt, le maître de la cérémonie (prêtre en général) parvenait à réintégrer l'âme qui avait déserté ce corps au moment de la mort.

vivant [23] », se répétait-il, avec la foi intense qui accompagne les grandes douleurs. Djeser, ce souverain exceptionnel qui n'avait cessé de l'encourager et de le soutenir, lui avait permis de se révéler, de s'épanouir et de s'élever aux plus hautes fonctions de l'État. Fabricant de vases de pierre et sculpteur, Imhotep, servi par son intelligence, avait accédé aux fonctions de scribe, puis de maître d'œuvre, alliant l'habileté du geste à celle de l'esprit. Il avait acquis, en outre, des connaissances rituelles et magiques faisant de lui un guérisseur dont la renommée se propagea bien vite dans les *nomes* et bien au-delà des frontières de l'Égypte. Nommé grand prêtre d'Héliopolis, noble héréditaire, administrateur du grand palais, il reçut enfin du pharaon le titre suprême de chancelier du roi de basse Égypte, faisant de lui le second personnage du royaume [24]. Sa science de grand maître d'œuvre, exploitée par son génie de l'innovation, lui avait permis d'imaginer, en accord avec son souverain, le projet d'une nécropole grandiose par ses dimensions, perpétuant dans la pierre un message d'éternité, sans doute le premier ainsi adressé aux dieux.

Car c'était bien l'une des motivations essentielles de la composition architecturale générale de ce complexe gigantesque implanté rituellement à Saqqara. Le pharaon, le dieu vivant, en y régénérant son énergie spirituelle et créatrice, resterait l'interprète de son peuple et intercéderait en sa faveur auprès des dieux de l'au-delà qu'il devait rejoindre [25] au bout de son voyage céleste. De la sorte s'amplifiait sa mission de messager divin protecteur de ses sujets. Réciproquement, la parole des dieux et leur bénédiction seraient plus clairement perçues et transmises

23. Phrase consacrée des Textes des pyramides que l'on trouve en tête de ceux-ci et qui met en évidence la croyance infaillible en la résurrection et le caractère divin du pharaon.

24. Lors des fouilles du Service des antiquités, il fut découvert, dans l'enceinte de la pyramide de Djeser, le socle d'une des statues de ce pharaon sur lequel se trouvent gravés son nom, Neteri-Khet, et celui d'Imhotep suivi notamment des titres et charges précités.

25. Comme indiqué en note 4, c'est en quelque sorte l'esprit de Pharaon (l'*akh*) qui monte vers le ciel habité par les dieux.

aux hommes par le dieu-roi, dont les « manifestations terrestres [26] » de spiritualité continueraient de prodiguer leur énergie et leur protection dans sa « demeure d'éternité » ou dans les lieux qui lui étaient chers.

C'est peut-être à ce moment précis où la « dernière pierre » vint parachever l'isolement du tombeau de son roi bien-aimé, que germa, dans l'esprit inventif d'Imhotep, une idée nouvelle : il fallait transcender la conception habituelle de la sépulture royale ; celle profondément orientée vers la notion de continuation de la vie terrestre après la mort. Il fallait doubler cette idée du principe essentiel de transfert et de communication du dieu-roi vers les espaces célestes, vers le cosmos. Ainsi s'accomplirait, pleinement, la mission sacrée du pharaon. En favorisant l'ascension vers le ciel de l'Horus [27] Djeser « le Juste », c'est tout un peuple fidèle qui pourrait communier, plus étroitement, plus profondément avec

---

26. Il s'agit d'une expression qui marque la difficulté de traduire la notion d'âme que nous connaissons dans la religion chrétienne. « De son vivant, les forces spirituelles d'un Égyptien comprenaient deux principes distincts : l'*Akh* et le *Ka* [...] Les textes nous disent que "Si le corps appartient à la terre, l'*Akh* appartient au ciel [...]" Dans certains contextes, *Akh* s'applique aux "esprits", génies intermédiaires entre les dieux et les humains [...] »

Le *Ka*, comme indiqué en note 3, peut désigner la puissance de la création ainsi que les forces vitales qui animent un individu vivant ou mort. Le *Ka* peut être accru matériellement par des aliments, des attributions en nature visant à augmenter la puissance des offrandes au défunt.

Une troisième notion, représentée par le *Ba*, évoque un aspect plus précis de ce que nous appelons l'âme humaine. « [...] c'est la partie spirituelle de l'individu qui, après la mort, retrouve son individualité et peut errer à son gré. Les papyrus religieux figurent le *Ba* sous forme d'un oiseau à tête humaine, qui peut s'attarder au voisinage du corps défunt, dans la chambre funéraire, mais préfère souvent se promener au grand air, retrouver les lieux où le mort aimait jadis s'arrêter, l'étang où il se délassait des fatigues du jour, l'arbre à l'ombre duquel il prenait le frais... Le *Ba* est, si l'on veut une formule simple, l'âme itinérante d'un être vivant, capable d'action matérielle. » (D.C.E.)

27. « Initialement, Horus fut sans doute un grand dieu du ciel, comme l'oiseau splendide qui révélait son apparence : le faucon [...] patron des souverains unificateurs de la haute et de la basse Égypte, comme le dieu royal par excellence. Après leur victoire, à l'aube de la première dynastie, Horus devient le dieu Faucon protecteur du roi et, dans une certaine mesure, le pharaon lui-même. » (D.C.E.)

Rê [28], maître de l'univers, et les autres dieux : le pharaon, image resplendissante du dieu Soleil sur terre, ne devait-il pas rejoindre la source primordiale de lumière divine pour mieux « éclairer » ses sujets ?

« C'est alors que, pour la première fois en Égypte, naquit sans doute dans l'imagination féconde d'Imhotep l'idée d'un monument en gradins, sorte d'escalier gigantesque dressé vers le ciel pour faciliter l'ascension de l'âme du roi vers son père Rê, le soleil », propose J.-Ph. Lauer, dans son étude détaillée intitulée *The Pyramids of Sakkarah*. Ce document résume notamment la reconstitution probable, étayée par de patientes recherches et déductions, des démarches successives d'Imhotep, son illustre confrère, architecte de l'Antiquité.

Dès lors, ce cheminement de la pensée spirituelle de l'un des plus grands bâtisseurs de l'Ancien Empire devait s'imposer à la conception des sépultures royales, pendant plusieurs siècles.

---

28. Le dieu Soleil dont la métropole fut Onou ou Heliopolis a été sans doute adoré dès les temps les plus anciens. « À la IIe dynastie le nom royal de *Nebiré*, "Rê est mon maître", montre que l'on commence à se prévaloir de son appui, et la construction des pyramides, monuments essentiellement solaires, révélera peu après l'extension des croyances d'Héliopolis au domaine funéraire, mais ce n'est qu'à partir de Khephren que les rois deviendront, formellement, "fils de Rê". » (D.C.E.)

CHAPITRE II

« LE TEMPS EMPORTE TOUT, L'ESPRIT COMME LE RESTE »

Virgile

Pendant près d'un millénaire, avec des variantes dans la forme, les matériaux, et quelques discontinuités dans le temps, les pharaons, princes et princesses d'Égypte feront élever leurs tombeaux vers le ciel en mobilisant, à certaines époques, des centaines de milliers d'hommes. Ils ne se doutaient vraisemblablement pas que leurs aspirations spirituelles d'alors, concrétisées par ces gigantesques dents de pierre, avides de lumière solaire, se perdraient dans un long moment d'obscurité.

En outre, comment auraient-ils pu imaginer, en croyant en l'éternité, que leurs motivations essentielles se trouveraient totalement oubliées et dénaturées durant plusieurs générations, qui leur substitueraient de multiples interprétations aussi fantaisistes les unes que les autres ?

Ils avaient conçu et fait réaliser leurs demeures posthumes pour prolonger éternellement leur vie dans l'au-delà, persuadés qu'ils étaient de la netteté et de la pérennité du message qu'ils laissaient : « [...] un homme agit pour celui qui l'a précédé en souhaitant que ses actes seront prolongés par un autre qui viendra après lui » dit le papyrus de Leningrad. Cette profession de foi sur la continuité d'action des hommes se révélera caduque lorsque ceux-ci se seront détournés des enseignements spirituels des prêtres du pharaon et de leurs applications. Alors, comme après une marée qui s'est retirée, les pyramides resteront ces navires échoués, abandonnés de leur pilote et de leur équipage. Lorsqu'elles ne seront pas totalement ensablées, elles recevront la visite de pillards dont le principal objectif était de tirer le meilleur parti possible de ces épaves des sables.

La disparition d'un culte attentif les laissera, durant des siècles, en proie à ces « requins du désert » qui les dépouilleront, autant qu'ils le pourront, de leurs équipements précieux ou matériellement utilisables. Cette profanation lucrative n'épargnera pas les momies, enveloppes et réceptacles de l'énergie éternelle.

L'acharnement à violer ces « demeures d'éternité » des pharaons se manifestera, entre autres, par la destruction de leur revêtement de pierre. On sait, par différents récits anciens d'auteurs arabes, que le parement de certaines pyramides était gravé de hiéroglyphes. Le physicien Abd Allatif de Bagdad [1] disait, à propos de la couverture de calcaire fin des deux grandes pyramides du plateau de Gizeh : « Ces pierres sont revêtues d'écritures dans cet ancien caractère dont on ignore aujourd'hui la valeur. Je n'ai rencontré dans toute l'Égypte personne qui fût au fait de ce caractère. Ces inscriptions sont en si grand nombre que, si l'on voulait copier sur du papier celles seulement que l'on voit sur la surface de ces deux pyramides, on emplirait plus de dix mille pages [...]. » D'autres voyageurs et écrivains tels que Maçoudi et Ibn Hankal [2] confirment l'existence de textes gravés sur les dalles de revêtement de ces monuments. Enfin, W. F. Petrie [3], qui étudia la pyramide de Meïdoum à la fin du siècle dernier, remarquait : « Le désert est labouré de pistes qui partent dans toutes les directions. Tout habitant de Meïdoum qui se

1. *Relation de l'Égypte,* par Abd ALLATIF, traduit par Sylvestre de SACY et enrichi de notes historiques.

2. Après l'historien Maçoudi au Xe siècle après J.-C., « Ibn Hankal, quelques années plus tard, atteste que les faces extérieures des grandes pyramides étaient remplies d'écritures dans un caractère qu'il nomme grec-syriaque ». (Sylvestre de SACY.)

3. William Flinders PETRIE : archéologue ayant publié plusieurs ouvrages, notamment *Pyramids and Temples of Gizeh*, 1883, après de nombreuses découvertes de tombes royales à la fin du XIXe siècle, ainsi que *Arts et Métiers de l'ancienne Égypte*, 1912.

respecte veut, à sa mort, avoir une tombe faite du revêtement de la pyramide. Des tailleurs de pierre habiles vivent là, connaissant la manière de débiter, avec l'aide d'un marteau seulement, un bloc de 6 tonnes en longs morceaux réguliers, ce que je leur ai vu faire en un quart d'heure de temps. »

Il est dès lors aisé d'imaginer le désastre qui a frappé ce patrimoine culturel inscrit sur la pierre. Que de connaissances nouvelles sur les activités quotidiennes, les croyances, les événements importants de l'Égypte antique ont ainsi disparu, taillées en pièces par les outils rudimentaires de profanateurs inconscients ou sans scrupules ! N'est-ce pas de cette façon que volèrent sans doute en éclats et se dispersèrent des informations précieuses sur les procédés et moyens de construction de ces tombeaux cyclopéens ?

Une telle dégradation par l'homme d'un patrimoine exceptionnel commença très tôt. En 1395, le seigneur d'Anglure, baron champenois en pèlerinage vers les lieux saints, relate déjà la destruction précoce du revêtement de pierre d'une pyramide du plateau de Gizeh. À cette occasion, il livre une interprétation surprenante de la destination de ces constructions monumentales. Ainsi rapporte-t-il que, depuis plus de mille ans, on avait commencé à « [...] "écorcher" et découvrir ces greniers [...] ». Le pèlerin précise en outre, toujours suivant ses renseignements de voyage, que ces « greniers » auraient été construits par Joseph, gouverneur du royaume d'Égypte, à la demande du pharaon. Il raconte enfin qu'il avait pu observer sur la face de l'un d'eux, à mi-hauteur, « certains ouvriers maçons qui, à force, démolissaient les grosses pierres taillées qui font la couverture desdits greniers et les laissaient dévaler en aval [...] ».

Comment expliquer de tels errements sur la destination de ces constructions gigantesques vouées aux déprédations successives ?

Deux facteurs décisifs contribuèrent, en quelques siècles, à cette perte de mémoire collective, qui concerne tout particulièrement les motivations spirituelles originelles de l'édification de ces monuments : le changement de l'expression écrite par l'abandon des hiéroglyphes pendant l'époque copte et la fermeture des temples qui lui est contemporaine et qui fut imposée, dès 384 après J.-C., en vue de favoriser le développement du christianisme. Dès lors s'égarèrent ou furent déformées dans le cours du temps la tradition écrite et la tradition orale de l'Égypte des pharaons, traitant des démarches religieuses et rituelles de conception et d'utilisation de ces immenses sépultures pyramidales. Avec la conquête arabe, le renforcement du monothéisme et les changements du langage finirent par effacer totalement les quelques survivances obstinées permettant d'éclairer ce puissant élan de foi païenne qui éleva vers le ciel ces dents cyclopéennes.

L'oubli, l'ignorance profonde, encouragèrent donc l'imagination et la curiosité cupide. D'après l'historien arabe Maçoudi, le calife Al-Mamoun ben Haroun al-Rachid [4] aurait voulu absolument pénétrer dans une pyramide pour savoir ce qu'elle contenait. Il comptait bien y trouver quelque trésor caché. Il décida donc de s'attaquer à la pyramide de Kheops, la plus grande de toutes. Cette tentative lui coûta une somme énorme. N'ayant pas découvert l'entrée secrète du monument, il entreprit des travaux de percement qui lui permirent d'ouvrir une brèche d'environ une dizaine de mètres de profondeur, au bout de laquelle il aurait découvert un bassin en émeraudes contenant 1 000 dinars en or. Ce trésor, relativement limité, aurait tout juste suffi à le dédommager du prix payé pour la main-d'œuvre participant au pillage.

Kaisi, autre écrivain arabe, du XIIe siècle, donne une version toute différente de la découverte du calife Al-Mamoun : il aurait trouvé, dans une chambre carrée, une grande statue de pierre verte équipée d'un couvercle, dans laquelle se trouvait le cadavre d'un homme revêtu d'une cuirasse d'or incrustée de pierreries. Sur sa poitrine était posée une épée aux précieuses décorations.

Les divers auteurs arabes qui parlent de la tentative du calife Al-Mamoun ne réussissent pas à s'entendre sur le résultat des découvertes de ce pillard de haute volée. On dit même qu'il aurait été précédé dans sa quête de trésor par des indigènes tout aussi cupides que lui.

Toujours au XIIe siècle, Ibrahim ibn Wasif Châh, dans son *Histoire de l'Égypte et de ses merveilles*, laisse libre cours à sa fantaisie : il attribue à Sourid l'érection des pyramides ; celles-ci auraient servi de refuge lors du déluge, auraient renfermé des richesses et toutes les connaissances, gravées sur les revêtements de pierre des murs et des plafonds. Ce récit apparaît aujourd'hui crédible en ce

4. Calife abasside de Bagdad, né à Rey, en Iran (766-809).

qui concerne l'existence probable de richesses, représentées par les objets précieux pouvant accompagner le mobilier funéraire du pharaon défunt. Il en est de même des écritures que l'on a retrouvé dans certaines pyramides telles que celle d'Ounas. On ne peut admettre, d'après nos connaissances actuelles, qu'elles aient pu servir d'abri durant le déluge, alors que ce cataclysme s'est produit antérieurement à leur édification.

Par ailleurs, la conception des aménagements internes des pyramides les rend inaptes à cette fonction : exceptée la Grande Pyramide, dont la chambre royale se trouve située à un niveau d'environ 43 mètres au-dessus de la base du monument, les autres pyramides offrent des refuges intérieurs peu élevés ou souterrains, qui auraient été bien vite inondés lors d'une montée des eaux. À moins que Ibn Wasif Châh, persistant dans son ignorance de la chronologie, n'ait plutôt envisagé un refuge sur les faces mêmes de ces monuments ?

Un livre très volumineux pourrait être consacré aux interprétations imaginatives des voyageurs et écrivains qui, durant des siècles, sont venus « frotter leur tête » contre ces immenses sépultures si abondamment pourvues de messages incompréhensibles gravés dans la pierre.

Le gigantisme de ces constructions, leurs étranges inscriptions intraduisibles, attisèrent le feu d'inventions dont la fantaisie et la démesure n'avaient d'égal que la méconnaissance totale d'autres textes de l'Antiquité. Il y était mentionné, bien avant que ces « pèlerins inspirés » ne livrent leurs interprétations rocambolesques sur l'utilisation des pyramides, que celles-ci étaient bien destinées à la sépulture des pharaons : les voyageurs grecs qui se succédèrent avant notre ère laissèrent notamment des témoignages écrits, recueillis auprès de leurs contemporains égyptiens, sur le caractère funéraire des monuments pyramidaux.

Hérodote d'Halicarnasse, après un long périple qu'il entreprit dans le bassin méditerranéen, au cours du ve siècle avant J.-C., visita l'Égypte. Le pays subissait alors la domination perse. L'historien grec décrit, dans le détail, la pyramide édifiée par Kheops pour sa sépulture, ainsi que les deux autres pyramides du plateau de Gizeh qu'il considère aussi comme les tombeaux des pharaons successeurs de Kheops.

Diodore de Sicile, autre historien grec, du Ier siècle avant J.-C., précise : « Quoique ces deux rois (Kheops et Khephren) eussent fait construire ces pyramides pour leur servir de sépulture, aucun des deux n'y a pourtant été enseveli [...]. » Il explique par ailleurs les raisons de leur défection, dans la « demeure d'éternité » qu'ils s'étaient fait bâtir au prix de grands sacrifices de leur peuple [5].

Strabon [6], comme ses contemporains, attribue aussi une destination funéraire à ce complexe. L'ensemble des pyramides du plateau de Gizeh représentait alors pour les Grecs l'une des sept merveilles du monde et leur admiration ne se limitait pas à l'art. La science des Égyptiens les intéressait.

Les voyageurs de l'Antiquité, qui ont puisé leurs renseignements et observations plusieurs siècles avant l'abandon de la pratique des hiéroglyphes et de la religion pharaonique, avaient alors la possibilité de recueillir des données proches de la vérité sur les motivations rituelles qui favorisèrent la réalisation de ces gigantesques tombeaux : des prêtres avaient notamment renseigné Hérodote lors de sa visite en Égypte. Il faut cependant signaler que des inexactitudes existent dans les relations faites par certains de ces auteurs grecs. Ainsi a-t-il été vérifié que le même Hérodote s'est trompé plusieurs fois, soit parce qu'il avait été induit en erreur par ses interlocuteurs égyptiens, soit parce que des confusions ou des oublis avaient troublé ses images de voyage relatées quelque temps après sa visite de l'Égypte, « semble-t-il, en faisant appel à des souvenirs plutôt qu'en se référant à des notes prises sur place [7] ». Si certaines affirmations de cet auteur se sont révélées erronées, prin-

---

5. Diodore de Sicile précise en effet : « Car les peuples, irrités des travaux insupportables auxquels ils avaient été condamnés et des autres violences de ces deux rois, jurèrent qu'ils tireraient leur corps de ces monuments pour les mettre en pièces. Les deux rois, qui en furent informés avant leur mort, recommandèrent à leurs amis de déposer leur corps dans des lieux sûrs et secrets. » DIODORE de Sicile : *in* coll. « La Bibliothèque historique », Paris, 1865.

Il est à noter que les avis sont divers sur le comportement des pharaons de l'Ancien Empire vis-à-vis de leur peuple. De nombreux historiens modernes ont défendu l'idée que le peuple s'était soumis aux durs travaux de construction des tombeaux parce qu'il croyait que sa destinée était liée à celle du pharaon, vivant et mort.

6. Géographe grec du Ier siècle avant J.-C., auteur de la *Géographie*.

7. D'après les commentaires de E. LEGRAND dans sa traduction des *Histoires* d'HÉRODOTE, livre II, « Euterpe ».

cipalement dans les détails de son récit, celui-ci conserve un fond de vérité indéniable. Des concordances nombreuses ont pu être établies en bien des points, par comparaison avec les observations rapportées par ses confrères dans les siècles qui ont suivi. C'est ainsi que l'idée d'identification des pyramides à des sépultures monumentales était acquise pour les auteurs grecs qui avaient mené leur enquête en Égypte.

L'ignorance totale des ouvrages publiés par ces ancêtres du reportage qui officiaient avant notre ère ne pouvait que favoriser les affabulations diverses et séculaires sur la destination des pyramides. Celles que nous avons citées en exemple ne constituent qu'un faible échantillonnage de suppositions scabreuses. Et les siècles qui suivirent ne freinèrent pas les élans de l'imagination créative, malgré les progrès des échanges entre les pays.

Bien plus tard, malgré les données nouvelles qui affluèrent avec la naissance de l'égyptologie, il se produisit également une débauche d'improvisations et de supputations. Une nébuleuse d'hypothèses et de postulats branlants a continué de flotter, comme un halo, au-dessus de cette jeune science qui faisait ses premiers pas avec l'expédition d'Égypte du général Bonaparte, en 1799 [8]. L'énorme quantité de renseignements scientifiques et culturels rapportés et communiqués au monde par l'académie des savants français associée à cette aventure, clarifia certaines idées, ouvrit des horizons nouveaux aux chercheurs, mais donna un regain aux spéculations intellectuelles. Certaines ne résistèrent cependant pas longtemps à l'étude des textes des hiéroglyphes.

En effet, lorsque, à l'âge de 32 ans, Jean-François Champollion décrypte enfin cette écriture ancienne qu'il étudiait depuis l'âge de 16 ans, il vient d'inventer la « voie royale » qui doit conduire l'égyptologie vers des progrès rapides et sûrs. Durant 15 mois, il suit l'application, en Égypte même, de l'alphabet et de la grammaire qu'il vient de mettre au point (principalement à l'aide de la

8. L'expédition d'Égypte donna lieu à la publication d'une œuvre immense, à laquelle participèrent de nombreux savants qui furent des acteurs de cette campagne guerrière et scientifique. *Description de l'Égypte* représenta, dès son édition, avec ses 9 volumes de textes et ses 12 volumes de planches, un ouvrage de référence pour l'égyptologie naissante.

traduction comparée du texte trilingue de la pierre de Rosette [9]). C'est une expérience concluante qui confirme toute la valeur de sa découverte : « Notre alphabet est bon : il s'applique avec un égal succès d'abord aux monuments égyptiens du temps des Romains et des Lagides, et ensuite, ce qui devient d'un bien plus grand intérêt, aux inscriptions de tous les temples, palais et tombeaux des époques pharaoniques », écrit-il au secrétaire perpétuel de l'Académie. Dès lors, les textes des monuments, *ostraca* [10] et papyrus livrent leurs secrets et des théories fumeuses sont ainsi balayées par le vent de l'« Histoire vraie », celle racontée par les antiques Égyptiens : des recoupements multiples confortent ce cheminement vers l'authenticité.

Cependant tout n'est pas mis à jour, tout n'est pas écrit, bien des ouvrages ont disparu, nous l'avons vu, sous la griffe des hommes et du temps. Aussi, plus d'un siècle et demi après cette découverte capitale, les archéologues, à qui leur illustre ancêtre a légué la clé de la traduction des idéogrammes et des phonogrammes, continuent de dénouer ou de renouer les fils emmêlés ou rompus de l'écheveau de plusieurs dynasties de pharaons, accroché à plus de trois mille ans d'histoire.

Il n'est pas étonnant, face à cette immensité de l'espace-temps s'offrant à l'exploration des chercheurs, que des « nébuleuses » subsistent : « Toute science enferme au fond d'elle le doute, comme une mère enceinte étreint un enfant mort », pensait Émile Verhaeren. Combien ces paroles peuvent trouver de résonance dans les tentatives hasardeuses destinées à reconstituer certaines activités dont les Égyptiens de l'Antiquité conservent encore les secrets. Pour que l'égyptologie évolue vers « une image plus

9. Pierre-François-Xavier Bouchard, officier du génie, découvrit en août 1799 une stèle curieuse remployée dans la maçonnerie d'un vieux mur, au fort Saint-Julien près de Rosette (port situé à 70 km d'Alexandrie). Cette stèle portait une copie d'un décret de Ptolémée (vers 196 avant J.-C.), inscrit en hiéroglyphes, en démotique et en grec. Vingt-trois ans plus tard, c'est sur ce texte que Champollion put mener à bien le déchiffrement de l'écriture égyptienne (D.C.E.).

10. *Ostraca* (singulier : *ostracon*) : ce sont les éclats de pierre et de poterie gravés de dessins ou d'écritures. Ces vestiges multiples, retrouvés lors des fouilles, témoignent souvent d'un art spontané, principalement exercé par les Égyptiens qui ne pouvaient disposer de papyrus, support manufacturé plus onéreux (D.C.E.).

complète de la réalité », des hypothèques encore pesantes restent à lever.

Parmi celles-ci figurent, en bonne place, la science, les moyens, les technologies diverses utilisés pour la construction des grandes pyramides. Ce sera l'objet même de la présente étude. Mais, avant d'en aborder le détail, nous nous proposons de rappeler certaines interprétations qui ont alimenté la « pyramidologie », réservoir de révélations merveilleuses sur la prescience du monde pharaonique.

Les interprétations moyenâgeuses sur la destination des pyramides n'ont pas résisté à l'épreuve de la traduction des textes funéraires : Textes des pyramides, Livre des morts [11]. Cependant, pour l'un de nos contemporains, François-Xavier Hery, la Grande Pyramide de Kheops ne devrait pas représenter le tombeau de ce pharaon, mais un monument religieux dédié à la vie, un lieu de culte et d'initiation... Ainsi se trouve ranimé le « doute », tant il est vrai que des fils conducteurs manquent lors de l'examen des aménagements intérieurs de cet édifice.

Ce fut d'ailleurs invariablement sur la Grande Pyramide de Kheops que se concentrèrent jusqu'alors les plus nombreuses spéculations intellectuelles, les théories les plus scabreuses, comme si cet ouvrage cyclopéen méritait des élucubrations à la mesure de ses proportions.

En 1936, G. Barbarin [12] voyait en elle un puits de science qui recelait avec précision les grandes formules de l'univers et les « dates marquantes » de l'histoire de l'humanité. Ainsi déduisait-il celles-ci de l'architecture interne du monument : « L'intersection de la ligne du sol, prolongée du premier passage ascendant avec la ligne axiale des passages d'entrée et descendant, donne la date de l'exode d'Israël, le 4 avril 1486 avant J.-C. [...] Dans un ordre d'idées assez différent, le 29 mai 1928, commencement de la crise économique, se trouve indiqué par le début du deuxième passage bas [...]. » Son appétit d'événements prédéterminés lui fit prêter à

11. Les Textes des pyramides sont gravés sur les murs des couloirs des pyramides de Pepi Ier, Merenre et Pepi II. Ces textes représentent trois versions des formules funéraires. Le Livre des morts, comme indiqué en note 15 du ch. I, est principalement un recueil d'incantations magiques, utilisé plus tard, dès le Nouvel Empire, dans les tombeaux pour protéger les défunts.

12. G. Barbarin : *Le Mystère de la Grande Pyramide*.

la « vieille dame » des prophéties qui ne se réalisèrent jamais au-delà de la date de publication de son livre.

D'autres avant lui, tels que Piazzi-Smith, professeur d'astronomie à l'académie d'Édimbourg, l'abbé Moreux, directeur de l'observatoire de Bourges, réussirent à « soutirer » du taciturne monument des renseignements mathématiques et physiques de première importance. Entre autres, le premier déduisit, des dimensions de la Grande Pyramide, la distance de la terre au soleil, tandis que le religieux recalcula le nombre π, qu'il obtint en divisant le périmètre de la base de la pyramide par deux fois la hauteur de celle-ci. Il aboutit au chiffre : 3,14159. Autant dire que cette approche satisfaisante de la valeur de π s'était faite à l'aide de mensurations qui grossissaient passablement le volume et le poids réel de la « vénérable antiquité » ; une telle exagération ne fut pas pardonnée à notre abbé. Les connaissances qu'il attribuait par ailleurs à ses concepteurs égyptiens : longueur du rayon polaire de la terre, distance de parcours de la terre sur son orbite pendant vingt-quatre heures, durée du cycle de précession de la terre, etc., manquaient tout autant d'une quelconque crédibilité.

De la sorte, quelles qu'en soient les circonvolutions intermédiaires indispensables, d'autres coïncidences mathématiques furent mises en évidence par des auteurs passionnés de relations et de nombres pouvant être reconnus dans les caractéristiques de la Grande Pyramide.

La complexité des calculs transitoires ne constitue plus un obstacle lorsque l'on veut, à tout prix, démontrer les connaissances insoupçonnées des Égyptiens de l'Antiquité : rapports de divine harmonie, unité de chaleur de la pyramide par rapport à la température moyenne de la surface de la terre, nombre d'or et bien d'autres relations mathématiques, physiques, astronomiques, astrologiques... Plus encore, la présence d'une très faible radioactivité de certaines parties de la pyramide — ce qui constitue un phénomène naturel normal pour certaines roches [13] la composant — déclencha une nouvelle vague de supputations sur le génie scientifique ignoré de quelques mages, prêtres et autres savants du IIIe millénaire avant

---

13. Le granite, naturellement radioactif, est une des roches utilisées dans certaines structures de la Grande Pyramide, notamment celles devant supporter des contraintes importantes.

J.-C. : ceux-ci auraient détenu un savoir ésotérique sur la fission nucléaire de l'atome, grâce auquel ils auraient pratiqué certaines expériences, dans ces sanctuaires que constituaient les pyramides...

Il est ainsi permis de constater, tout au long des siècles, que les générations produisent, inévitablement, leur pesant de visionnaires aux imaginations débordantes et fertiles. Ainsi, le halo de l'égyptologie sera-t-il vraisemblablement traversé encore de bien d'autres lucioles aux trajectoires aussi folles que fugaces.

Quelles furent les connaissances scientifiques et techniques réelles des Égyptiens des IIIe et IVe dynasties, alors qu'ils élevèrent ces « escaliers vers le ciel », pour que leur dieu-roi puisse y accéder, accompagné des deux divinités du firmament, Rê et Horus ?

Quelles applications pratiques pouvaient-ils déduire de leurs sciences fondamentales pour atteindre l'objectif qu'ils s'étaient fixé ?

Dresser vers le ciel une gigantesque pyramide facilitant la concentration de l'énergie divine sur la demeure d'éternité du pharaon ; pétrifier symboliquement les rayons obliques du soleil empruntant une trouée de nuage pour matérialiser un cheminement incliné vers la voûte céleste : l'une ou l'autre de ces idées pouvait-elle s'appuyer sur des acquis technologiques suffisamment puissants et répondre à la spiritualité exprimée ?

Lorsqu'on aborde une telle question, il apparaît opportun de dresser un inventaire préalable des éléments scientifiques qui étaient en possession des scribes et des prêtres de cette époque. Car ce sont eux, avec les architectes et maîtres artisans professionnels, qui formaient les équipes de conception, de maîtrise d'œuvre des chantiers de construction des pyramides. Ces lettrés et ces hommes de l'art détenaient les bases théoriques et le savoir-faire nécessaires à la réalisation des ouvrages. Ainsi, comme nous le verrons, les mathématiques, en premier lieu, furent utilisées au niveau des études et de la mise en œuvre des différentes pyramides. Des documents écrits et graphiques avaient, sans aucun doute, été établis pour définir les volumes de chaque édifice, de chaque ouvrage. Il est, en outre, logique que les architectes aient bénéficié des recherches et de l'expérience de leurs prédécesseurs et notamment d'Imhotep, le génial précurseur. Enfin, il apparaît tout aussi logique, au regard des courts délais d'exécution, qu'une planification et une organisation aient été mises en pratique. Dans ce sens, il n'est pas déraisonnable d'imaginer qu'un prince héritier, futur pharaon, devait élaborer le projet de sa pyramide sans attendre que son père « passe à son *Ka* ». Car, en fait, les temps d'approvisionnement des matériaux et ceux de réalisation des ouvrages se révélaient relativement longs par rapport au temps de règne de chaque pharaon : d'après Hérodote, l'édification de la Grande Pyramide de Kheops aurait duré vingt ans ; alors que, depuis la vallée du Nil et le canal de dérivation, sa chaussée d'accès aurait préalablement nécessité dix années de labeur. Hérodote précise en outre que Kheops régna cinquante années. On remarque combien de tels délais de réalisation pouvaient constituer un pari sur l'avenir, puisque cette « demeure d'éternité » était conçue pour accueillir le pharaon en temps opportun, c'est-à-dire lors de son départ, imprévisible, vers l'au-delà. Si pour Kheops ce pari semble avoir été tenu, d'après les renseignements rapportés par notre voyageur de l'Antiquité, il n'est pas évident qu'il en ait été de même pour d'autres Horus, dont la longévité de règne se serait révélée inférieure au temps de mise en œuvre de leur gigantesque tombeau. Une hypothèse est avancée à ce sujet en ce qui concerne la pyramide rhomboïdale de Dahshour, supposée édifiée par le roi Snefrou. Celle-ci aurait fait l'objet d'une diminution d'angle d'inclinaison de sa partie supérieure, en cours de travaux, en vue de restreindre son volume et son temps de réalisation. Une telle éventualité accréditerait l'idée d'une précipitation de son achèvement imposée par la maladie grave ou la mort subite du pharaon ou d'un membre de la famille royale.

Pour en revenir aux études techniques nécessaires et notamment aux plans indispensables à la définition du tombeau royal, les scribes et architectes pratiquèrent, à leur façon, le dessin de définition des ouvrages à édifier. Les premiers documents pharaoniques connus (entre 3000 et 2500 avant J.-C.) montraient déjà un graphisme représentatif de ce qui est vu et de ce qui ne l'est pas. Plus tard les plans sur papyrus ou ceux peints sur la pierre des tombes de Ramsès IV et Ramsès IX (Nouvel Empire : 1552-1070 avant J.-C.) se rapprocheront beaucoup plus des tracés classiques que nous pratiquons au XXe siècle. Un principe technique semble cependant avoir prédominé, quelle que soit l'époque : le rabattement sur un plan de certaines composantes du projet qui ne peuvent être vues qu'en élévation (porches, pylones, etc.). Les bases géo-

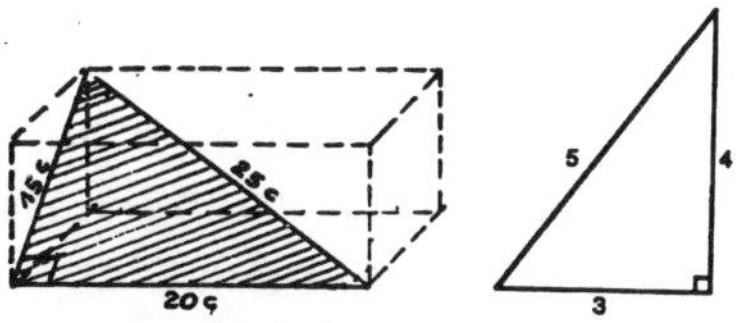

Le triangle égyptien

(appelé ultérieurement par les Grecs « triangle de Pythagore ») sera utilisé pour tracer les angles droits des monuments.
Les dimensions adoptées pour déterminer le volume de la chambre royale de la pyramide de Kheops résultent de l'application du triangle égyptien : en effet, le triangle rectangle diagonal, ayant pour plus petit côté la diagonale d'un des murs pignons et pour deuxième côté de l'angle droit le plus grand côté de la chambre, a ses côtés proportionnels à 3, 4 et 5.

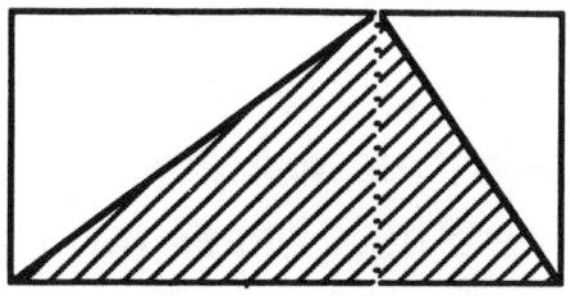

Calcul de la surface du triangle

La surface d'un triangle était déduite de la surface du rectangle dont un côté est la base du triangle et dont le côté opposé passe par le sommet de l'angle correspondant à cette base. Il suffisait de calculer ensuite la moitié de la surface du rectangle ainsi défini.

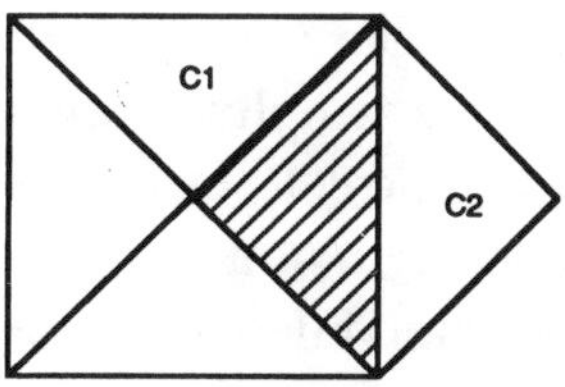

Une des propriétés de la pyramide de Kheops

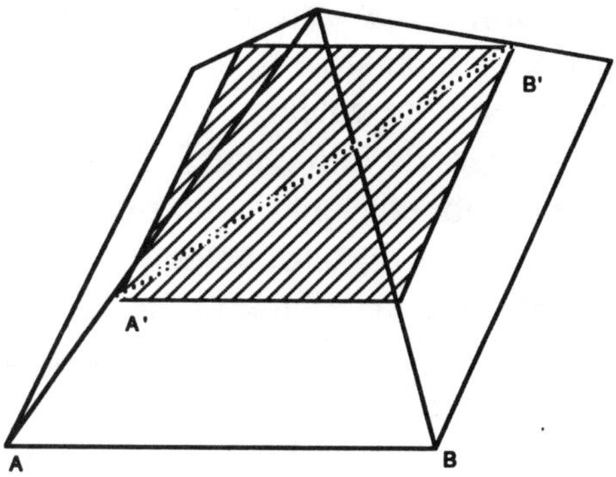

Les Égyptiens avaient remarqué que si un carré C1 a pour côté la diagonale d'un autre carré C2, la surface du premier carré est le double de celle du deuxième.
Cette relation fut appliquée, très vraisemblablement, dans la détermination du niveau où se trouve situé le fond de la chambre sépulcrale de Kheops (au tiers de la hauteur totale de la pyramide) :
On vérifie, en effet, que la section carrée générée par un plan de coupe horizontal passant par ce niveau est égale à la moitié de la surface de la base de la pyramide. La diagonale A'B' de cette section est égale au côté AB de la base.

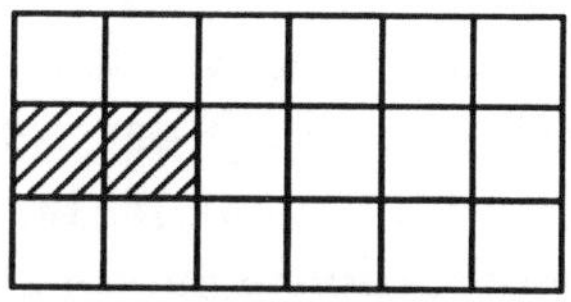

Calcul de la surface d'un rectangle

par duplications successives comme cela se pratiquait en arithmétique lorsqu'on voulait multiplier deux nombres.

métriques utilisées dans les tracés sont simples, directement applicables : construction de l'angle droit, très exactement à partir de la construction des côtés, mesurant 3, 4 et 5 unités, du triangle appelé « triangle sacré » ou « triangle égyptien » (et plus tard « triangle de Pythagore ») ; détermination de la surface du carré et du rectangle grâce à la méthode de duplication d'une surface unité ; calcul de la surface d'un triangle, considérée comme la demi-surface du rectangle ayant pour premier côté l'un des côtés de ce triangle et pour second côté la hauteur relative au premier côté. Il est, par contre, moins évident que les mêmes mécanismes de raisonnement, déjà utilisés pour le calcul des surfaces, visant à multiplier un élément unité ou à déduire un autre élément de son multiple, aient pu conduire les savants égyptiens à quantifier les volumes relativement complexes qu'ils réalisaient. En effet, d'après le petit nombre de documents de caractère mathématique retrouvés (essentiellement : quatre papyrus, un manuscrit sur rouleau de cuir et deux tablettes de bois), il apparaît hasardeux de déduire que les maîtres d'œuvre d'alors connaissaient, dès la construction des premières pyramides, la formule de calcul de leur volume (surface de la base multipliée par le tiers de la hauteur). L'association de formules simples, empiriques, aboutissant à un résultat mathématique correct, avait dû faire l'objet de tâtonnements successifs vers une précision de plus en plus grande. Sans doute, les bâtisseurs appréhendaient-ils une méthode approchée leur permettant d'évaluer, pratiquement, les quantités de matériaux à mettre en œuvre dans un monument funéraire de ce type. La première pyramide à degrés de Djeser peut constituer l'exemple même d'une décomposition possible du volume d'une pyramide en autant de parallélépipèdes qu'il y a d'assises ; et il est probable que l'estimation quantitative fut ainsi réalisée, assise par assise, pour les autres pyramides.

L'utilisation partielle ou totale de la circonférence, dans son application à la construction des premiers tombeaux pyramidaux, semble assez naturellement se limiter à des reports de longueurs ou à la division en deux parties égales d'un segment (à l'aide d'un cordeau tendu et de deux piquets fixes). Par ailleurs, l'estimation de la surface du cercle, utilisant une formule approchée consistant à élever au carré les 8/9 de la mesure du diamètre, reste une recette empirique qui ignore le nombre π. Et pourtant, est-ce par pure coïncidence que l'on approche assez précisément la valeur de ce nombre en divisant le demi-périmètre de la base de la Grande Pyramide par sa hauteur ?

L'arithmétique égyptienne se trouve également mise à contribution lors de la définition de différentes quantités, tels les décomptes des unités, dimensions, surfaces, volumes, poids, temps, coûts, dont les scribes faisaient un usage quotidien pour organiser et gérer l'édification de ces gigantesques constructions. De la sorte furent quantifiées toutes les activités d'approvisionnement du chantier en matériaux, outils et divers matériels de travaux, équipements et vivres destinés à la multitude d'ouvriers. Dans cet exercice, les inscriptions gravées, peintes ou écrites que nous connaissons montrent que les scribes, comme les maîtres d'œuvre, usèrent d'une arithmétique très rudimentaire. Pour comptabiliser ces quantités et coûts caractérisant la logistique des grands travaux funéraires, ils utilisèrent un système de nombres entiers, constitué de signes différents pour les unités, dizaines, centaines, milliers, etc. Les seules opérations que livrent ces inscriptions se limitent à des additions, des soustractions, des duplications : les divisions étant réalisées en utilisant la méthode inverse de celle utilisée pour les multiplications par duplication. Cette arithmétique des nombres n'est pas sans rappeler sensiblement l'expression des chiffres romains (qui a dû s'en inspirer) et de certaines opérations qui s'y rapportent, telles que l'addition des unités et des puissances de dix de même valeur. C'était donc l'addition des duplications successives qui conduisait au résultat de la multiplication. Ainsi, par exemple, pour multiplier entre eux les nombres 7 et 17 ou 11 et 9, les écrits de l'époque montrent qu'il était fait usage de tables de doublement des valeurs de la sorte :

1	17	1	9
2	34	2	18
4	68	4	36
7 x 17 =	119	8	72
		11 x 9 =	99

On conçoit bien les limites pratiques de ce système et les calculs laborieux qui devaient en résulter pour des nombres dépassant le million d'unités.

La division d'un nombre entier par un autre nombre entier se faisait, nous l'avons dit, par la méthode inverse. Lorsque le quotient n'était pas un nombre entier, on recourait au fractionnement du reste de la division en utilisant de préférence une décomposition en fractions simples dont le numérateur était l'unité comme : $\frac{1}{2}$, $\frac{1}{5}$, $\frac{1}{7}$, etc.

Ces maigres éléments mathématiques, reflétés par les textes de l'époque pharaonique, suffisaient-ils aux maîtres d'œuvre, chefs de travaux, scribes et prêtres, pour concevoir et faire réaliser ces monuments funéraires gigantesques, dans lesquels la perfection des formes et l'ampleur des forces de cohésion mises en œuvre étonnent toujours les architectes et ingénieurs de notre XXe siècle ?

Il est raisonnable de penser qu'à cette époque l'« homo faber » devait encore bénéficier d'un avantage certain sur l'« homo sapiens » : les techniques de construction employées alors par les bâtisseurs devaient vraisemblablement marquer une avance considérable par rapport à une science fondamentale impuissante à expliquer la plupart des éléments mathématiques et physiques. Et c'est pourtant avec une technologie rudimentaire, perfectionnée de génération en génération avec pragmatisme, que ces Égyptiens du IIIe millénaire avant J.-C. élevèrent vers le ciel du plateau de Gizeh des monolithes de plusieurs dizaines de tonnes, ceux qui constituent, notamment, le plafond de la chambre royale et l'entrée de la Grande Pyramide.

L'arithmétique et la géométrie, dans leur expression simpliste, ont cependant laissé des traces multiples sur les pierres. Sur des monolithes de construction ou sur des *ostraca* découverts à proximité des tombeaux, on peut lire des inscriptions comptables, des dessins géométriques élémentaires, des dates de mise en œuvre. Ainsi prenons-nous connaissance des décomptes de fournitures et vêtements venant des entrepôts du roi, de la répartition quantitative entre les ouvriers des rations de poissons, viande, céréales, légumes, dattes, bière, pains, etc. De véritables procès-verbaux de distribution de vivres et équipements étaient ainsi dressés, chiffres à l'appui, par les scribes qui assuraient la paie en nature de la main-d'œuvre de la nécropole royale. Hérodote précise à ce sujet dans son rapport de voyage, à propos de la pyramide de Kheops : « Il est noté sur la pyramide en caractères égyptiens ce qu'il en coûta pour fournir aux ouvriers de la *syrmaïa* des oignons et de l'ail ; pour autant que je me rappelle bien ce qu'a dit l'interprète qui me faisait lecture de l'inscription, la somme montait à seize cents talents d'argent [...] [14]. »

Un autre domaine de la science était consciencieusement exploité quand il s'agissait de situer et d'orienter certains monuments par rapport à des repères terrestres ou célestes. On en comprend aisément les motivations lorsqu'on mesure l'importance du culte solaire et des croyances astrales dans la pensée religieuse, dès les premières dynasties. Aussi les prêtres et certains autres initiés possédaient-ils non seulement le savoir des pratiques rituelles, mais aussi la connaissance des éléments de l'astronomie indispensables à l'implantation des tombeaux et des temples. Les tombes sont systématiquement édifiées sur la rive ouest du Nil, celui-ci marquant la ligne de partage entre le domaine des morts, celui du soleil couchant, et celui des vivants. Et lors de cérémonies nocturnes, ponctuées d'un sacrifice animal, il était déterminé, le soir jugé propice, l'orientation d'un axe principal de ces sépultures, par l'alignement de deux piquets dans la direction de l'étoile polaire. Cette référence astrale n'était pas la seule.

Les savants égyptiens savaient retrouver dans le ciel au moins cinq « astres qui ignorent le repos », qu'ils avaient baptisés de noms caractéristiques. La planète Mars était « l'Horus rouge ». Les constellations d'étoiles, groupées différemment de celles que nous connaissons, avaient aussi leur dénomination propre, comme « la jambe de bœuf » pour la Grande Ourse. Ainsi reconnaissaient-ils, à leur manière, le Cygne, Cassiopée, Orion. Enfin, d'après de nombreux textes des hiéroglyphes, Sothis (Sirius) représentait un repère notoire dans le temps [15].

En résumé, suivant les données actuelles, il est raisonnable de supposer que les prêtres et architectes participant à l'édification des premières pyramides utilisèrent quelques résultats d'observations célestes qu'ils commençaient à maîtriser, pour assurer une orientation assez précise et identique de ces monuments funéraires. Le Nil

---

14. *Histoire,* livre II, « Euterpe », d'HÉRODOTE, traduit du grec par Pierre HENRY, Paris, Larcher, 1980.

— *Syrmaïa* : ce serait, d'après certaines traductions, « une plante potagère ressemblant à du persil » ou bien un « aliment composé de graisse et de miel », ou encore du raifort.

— *Talents d'argent* : le talent est une unité de poids proche de 26 kg.

15. D'après le D.C.E.

constituait un axe capital, par la direction et le sens privilégiés de son cours, du sud vers le nord. Le sud représentait alors « le commencement du monde », vers lequel les Égyptiens s'orientaient en lui faisant face. De ce principe fondamental peut s'expliquer l'idée directrice d'orientation sud-nord des édifices et leurs implantations successives en direction du sud [16]. On comprend, de plus, « [...] le fait que toutes les pyramides égyptiennes de l'Ancien Empire sont orientées de telle sorte que leur nord coïncide avec un lieu saint (sacré) ou une autre pyramide appartenant à un ancêtre particulièrement vénéré : Kheops fut orientée sur le site de Khêm (Letopolis-Aussim) » comme le rappelle l'archéologue G. Goyon [17]. D'où la nécessité de déterminer, avec un maximum de précision, une direction nord pratiquement constante. Pour cela, la position de l'étoile polaire, la plus brillante de la constellation du Dragon, observée la nuit, au moment prévu lors de la cérémonie rituelle d'implantation, devait constituer, durant l'Ancien Empire, le point de repère céleste. Celui-ci pouvait être alors aligné avec un lieu sacré de rattachement, choisi au nord de la nouvelle construction funéraire envisagée.

Déjà, à la fin du XIXe siècle, Mariette [18] avait noté : « Toutes les pyramides sont orientées, c'est-à-dire que leurs deux côtés, est et ouest, prennent la direction nord-sud. La pyramide à degrés dévie seule de 4° 35' vers l'est, soit par suite de négligence des constructeurs, soit parce que, à l'époque très reculée à laquelle elle remonte, une orientation à peu près exacte avait été regardée comme suffisante, soit enfin parce qu'à cette même époque on ne savait tracer une méridienne qu'approximativement. »

---

16. Le Livre des morts, grâce à ses inscriptions, nous fait découvrir la règle qui régit, en général, l'implantation chronologique des pyramides le long de la rive ouest du Nil. Comme l'indique O. Neuber « [...] le plus ancien des pharaons avait dû bâtir sa pyramide au nord : ses successeurs, eux, avaient bâti vers le sud. C'est là une certitude pour les égyptologues. Ainsi que nous l'avons pu observer jusque dans les détails, l'évolution de l'histoire égyptienne se déroule toujours du nord vers le sud ». Cela n'est pas toujours le cas, comme le prouvent, entre autres, les récentes découvertes de Tanis, berceau de la XXIe dynastie, où P. Montet a retrouvé des sépultures de rois de cette dynastie.

17. G. Goyon, *Le Secret des bâtisseurs de grandes pyramides*, Paris, 1977.

18. Mariette, *Les Mastabas de l'Ancien Empire*, publié d'après le manuscrit de l'auteur par G. Maspéro, F.Vieweg éditeur, 1889.

Nous pencherons plutôt pour cette dernière hypothèse. Nous verrons, lors de la description du processus de construction, la technologie utilisée pour les visées d'implantation. D'après les textes et graphiques découverts dans les tombes, concernant de très importantes représentations astronomiques et astrologiques, seuls certains initiés, prêtres, maîtres d'œuvre, devaient posséder les données astronomiques indispensables à l'orientation et au calcul de la date de fondation d'un édifice, pour le mettre en parfaite harmonie avec les puissances du ciel et de la terre.

Par contre, la mise au point du calendrier égyptien, comportant une année de 365 jours divisée en 12 mois de 30 jours, ne date vraisemblablement pas du règne de Djeser, ni de celui de Kheops : le flou évident qui pèse toujours sur les datations des périodes des premières dynasties résulte notamment du manque de documents faisant référence à des événements astraux, mais aussi et sans doute de l'état rudimentaire de l'astronomie de cette époque. Cette indétermination qui accompagne la mesure du temps il y a plus de 4 000 ans explique certaines divergences notoires d'appréciation, déjà révélées par l'étude de textes d'auteurs des cinq derniers siècles avant notre ère. Ainsi, selon Hérodote, Kheops régna cinquante ans alors que Manethon, prêtre savant du IIIe siècle avant J.-C., indique un règne de soixante-trois ans. Or dans le papyrus donnant la liste des rois, actuellement conservé au musée de Turin, la durée du règne de Kheops est évaluée à vingt-trois ans. On mesure là, de façon caractéristique, l'incertitude qui peut exister sur la datation des événements de cette époque. De telles différences d'appréciation, que l'on retrouve dans bien d'autres cas, n'étonnent plus les égyptologues.

La présente énumération, non exhaustive, des connaissances scientifiques fondamentales probablement mises en application par les bâtisseurs de l'époque pharaonique des quatre premières dynasties a été volontairement réduite : l'objectif était de dégager les principaux éléments mathématiques et physiques susceptibles d'aider les concepteurs égyptiens d'alors dans leur démarche pragmatique d'organisation et de réalisation de ces immenses chantiers funéraires.

Ce résumé des faibles moyens d'une science antique, issue du crépuscule de la préhistoire, devrait inciter les imaginations débordantes à plus de prudence et de retenue dans leurs tentatives d'explication des moyens de construction des grandes pyramides.

Car il y a 4 500 ans, les maîtres d'œuvre et les artisans égyptiens furent, plus vraisemblablement, des créateurs maîtrisant des techniques rudimentaires leur permettant de donner une forme simple à la matière construite. Guidés, non par des acquis scientifiques abstraits, mais plutôt par des connaissances pratiques, éprouvées, enseignées dans les ateliers royaux et dans les temples, ils furent sans doute les découvreurs instinctifs de technologies et de procédés simples, toujours adaptés à l'échelle de l'homme...

Si astucieusement adaptés, si performants que nous avons du mal à les imaginer au travers des grandioses réalisations qu'ils ont générées.

CHAPITRE III

L'ÉTERNITÉ COMMENCE À SAQQARA

Ainsi, une force de créativité qui fera loi pendant trois millénaires conduira les bâtisseurs égyptiens à concevoir et réaliser des édifices funéraires et religieux dont la grandeur et la parfaite harmonie n'ont cessé d'émerveiller et d'interpeller les imaginations. Les écrits qu'ils nous ont laissés confirment bien les motivations d'ordre spirituel insufflant à ces hommes un grisant parfum d'éternité. Pour répondre à cette évolution spirituelle et conceptuelle, et pour atteindre des objectifs nouveaux, les artisans et maîtres d'œuvre surent faire progresser leur technologie ; en quelques dizaines d'années, avec pragmatisme, ils passèrent de la construction des sépultures thinites, essentiellement bâties en infrastructure, à l'édification des ensembles funéraires monumentaux des pharaons de l'Ancien Empire. Et ils accomplirent ces ouvrages titanesques en gardant, involontairement peut-être, le secret des puissants moyens qu'ils utilisèrent. Auraient-ils voulu nous laisser pour héritage la sensation troublante que les dieux, eux-mêmes, avaient contribué à la définition et à la réalisation de ces gigantesques sculptures de pierre, qu'ils auraient pleinement réussi. Les difficultés évidentes de mise en œuvre que laissent supposer les forces en jeu, la perfection des finitions, la pureté des formes, la grandeur et la sérénité qui s'en dégagent, nous poussent, en effet, à élever nos regards. Au-dessus de la fourmillière de ces milliers d'hommes s'activant sur les flancs de la pyramide, la déesse Maât, Harmonie du cosmos, Thot et Ptah, dieux des secrets de la création, n'étaient-ils pas, alors, les guides vénérés des pensées et des gestes de ces artisans travaillant pour un art sacré, voué à l'éternité de la pierre ? C'est, sans doute, parce que ce souffle divin les anima avec une telle puissance qu'ils acceptèrent généralement le modeste anonymat de leur condition humaine.

On trouve très peu de ruines des habitations, très souvent insuffisamment conservées pour permettre une restitution fidèle de leur élévation. Des générations d'Égyptiens construisirent leur demeure terrestre en matériaux périssables : briques d'argile séchée naturellement, bois et joncs composaient l'essentiel de la matière d'une maison. Celle-ci semblait conçue pour abriter un homme durant sa vie, sans autre prétention de durée. Les tombeaux, en revanche, devaient non seulement préserver les dépouilles mortelles, mais également maintenir intactes les forces de résurrection assurant la vie éternelle. La conception et la mise en œuvre de ces sépultures imposaient donc d'atteindre, sans défaillance, cet objectif d'éternité espéré par le défunt, après le passage favorable de l'« examen de sa vie » devant le tribunal de l'au-delà[1].

Ce principe d'immortalité, affirmé dès les premières dynasties pharaoniques, fut le ferment logique de cette créativité orientée vers la recherche d'une architecture symbolique et inaltérable.

En ce qui concerne la quête d'un volume, nous avons déjà évoqué l'image idéale de la forme pyramidale, représentation figée des faisceaux lumineux provenant de la voûte céleste, gigantesque échelle de lumière lancée par les dieux entre ciel et terre. Une autre interprétation peut être avancée : celle qui confère à cette forme un pouvoir de concentration d'énergie, comme un immense capteur solaire dont toute la surface constituerait un réceptacle exceptionnel de l'énergie divine. La pyramide n'est-elle pas en effet le seul volume, avec le cône, à ne pas générer d'ombre sous éclairage zénithal ?

Ces tentatives d'explication, d'ordre spirituel, fondées sur le culte solaire et la communication avec les divinités, peuvent être battues en brèche au profit d'une analogie plus « terre à terre », s'appuyant concrètement sur la volumétrie des premières tombes

1. Voir note 9 ch. I.

Rê perce de ses traits la voile de sa barque de jour :
il lance alors vers la terre un immense escalier lumineux qui évoque la forme pyramidale

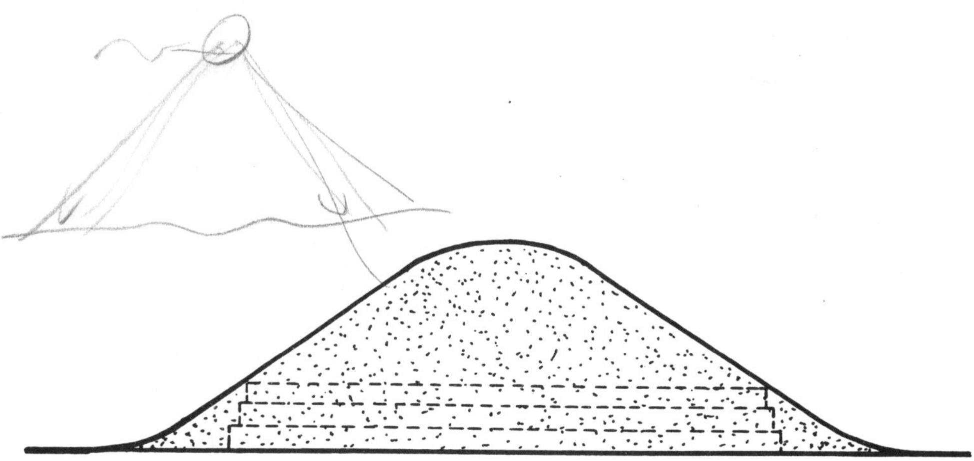

Lorsque le *mastaba* se trouve recouvert de sable, c'est une forme pyramidale approximative qui apparaît.

royales : le tertre fait de sable ou de terre qui recouvre la sépulture prédynastique préfigure déjà un tronc de cône ou de pyramide, dont les faces sont inclinées suivant l'angle de talus naturel. À cette époque, on bâtissait des tombes dont la superstructure en forme de tronc de pyramide comportait une assise en terre recouverte de briques, afin de la préserver de l'érosion éolienne ou pluviale. Ce massif tabulaire, nommé *mastaba*, aura plusieurs variantes portant sur son volume et ses dimensions, tandis que ses faces, disposées en gradins, seront obtenues grâce à un retrait des briques appareillées en lits horizontaux ou concaves. Si ces monuments étaient généralement bâtis de brique séchée naturellement, ils pouvaient comporter aussi certains ouvrages en pierre devant répondre à des contraintes particulières de résistance. Plus tard, certains *mastabas* seront totalement édifiés en pierre.

Quels que soient leur forme et les matériaux qui les composaient, il est important de noter que les premiers *mastabas* répondaient tous, généralement, à une organisation d'ensemble unique dont les principes essentiels se perpétueront, en grande partie, dans la conception des complexes pyramidaux. On retrouve ainsi :

— un édicule extérieur bordant une des rues de la nécropole et ouvert à tout venant : la chapelle où les parents s'assemblaient pour les cérémonies funèbres et le culte périodique (ce sera le temple de culte adossé à la pyramide). Cette chapelle [2] sera ultérieurement intégrée au *mastaba* ;

— un couloir descendant ou, beaucoup plus souvent, un puits vertical rectangulaire s'ouvrant à un endroit secret de l'édicule extérieur, généralement comblé de pierraille (on emprunte aussi une circulation descendante dans presque toutes les pyramides) ;

— au bout du couloir ou au fond du puits, le caveau, inaccessible : car aucun œil humain ne doit revoir la momie après sa mise en place dans le *mastaba* (dans les tombeaux pyramidaux, le caveau se trouve remplacé par une chambre funéraire protégée).

Ainsi, cette distribution type du *mastaba* se trouve-t-elle reproduite dans toutes les tombes privées ne servant qu'une fois. En réalité, avant la IIIe dynastie, il n'existe pas de différence de conception générale entre le tombeau d'un roi et celui d'un haut dignitaire.

2. Cette chapelle sera souvent reliée au *serdab* par d'étroits soupiraux, voir note 11 ch. I. p 25

Le *mastaba* doit remplir sa fonction de « demeure d'éternité ». Il doit être prioritairement réalisé durant la vie terrestre, si l'on désire s'assurer un « avenir » dans l'au-delà. À cette époque, la construction du gros œuvre d'un tel ouvrage s'apparente à du terrassement et à de la maçonnerie, notamment lors de la réalisation de la superstructure de l'édifice en briques d'argile séchée. Quelques linteaux, encadrements de portes et dalles de plafond en pierre de taille sont incorporés en effet dans cet appareillage de briques, pour protéger les vides soumis à des charges et poussées qu'il faut pouvoir reprendre ; par ailleurs, les descenderies ou les chambres mortuaires peuvent opportunément avoir des parements en pierre, résistant aux chocs accidentels, lors notamment du transport du mobilier funéraire.

Cette innovation timide, introduisant ponctuellement la pierre dans les tombes réalisées avant le règne de Djeser, est cependant marquée par une tentative exceptionnelle relevée lors de la découverte du cénotaphe de Khasekhemoui, dernier pharaon de la IIe dynastie : le vaste monument, édifié à Abydos, comporte une chambre centrale de 5,25 mètres de long sur 3 mètres de large, dont les murs sont entièrement constitués d'une maçonnerie de blocs de calcaire appareillés.

Quoi qu'il en soit, la mise en œuvre restreinte de ces éléments en pierre ne présente pas de grosses difficultés de pose, du fait de leur poids limité et de la faible hauteur de la maçonnerie en superstructure. Le gros de l'effort humain était accompli dans les travaux de terrassement en galeries et en puits.

Cependant, avec ces conceptions architecturale et structurelle externes des *mastabas*, des inconvénients majeurs apparaissent bien vite aux constructeurs et aux commanditaires de ces sépultures : sur leur site d'implantation, les tombeaux sont soumis à des agressions spécifiques, générées par le climat et la géologie. La plupart subissent les assauts des vents du désert et se trouvent périodiquement recouverts de monticules de sable. Il arrive alors qu'ils disparaissent totalement sous la marée sableuse, lorsqu'ils se trouvent livrés trop longtemps à ces phénomènes naturels. De cet aspect négatif, les bâtisseurs tirent des observations et en déduisent des remèdes : sur ces troncs de pyramides, émergeant tout juste au-dessus du terrain naturel, les faces à redans favorisent l'ancrage des dépôts éoliens et leur terrasse supérieure se charge également d'un monticule pulvérulent. À terme, lorsque l'ensemble de l'ouvrage est recouvert d'un manteau et d'un capuchon de sable, c'est une forme pyramidale qui apparaît, approximativement, aux yeux des concepteurs de nécropoles.

Cette silhouette, ainsi modelée par les couches successives du sable aggloméré sur le *mastaba* initial, représente le volume final, invariablement sculpté par des éléments naturels, et par la volonté des dieux Khnoum et Ptah.

Ces signes divins ne méritent-ils pas d'être pris en compte par ces hommes de l'art ? D'où cette idée que le volume achevé d'une pyramide peut leur permettre d'éviter ce remodelage intempestif du vent et du sable, conduisant à un effacement total de la tombe du défunt et à son oubli par les vivants.

Afin d'éviter cette défaillance de la mémoire, la chapelle jouxtant le *mastaba* était un lieu de culte accessible pour les proches du disparu. Cette pièce d'accueil leur permettait de célébrer les fêtes rituelles et les banquets qui perpétuaient le souvenir du défunt bien-aimé en évoquant son nom lors de prières et incantations d'usage. Ce dernier, grâce à ces délicates attentions constituées d'offrandes et de souhaits chaleureux, pouvait espérer nourrir son *Ka* [3] sur cette terre.

Par contre, l'ensevelissement de la tombe elle-même devait être considéré comme une seconde mort de celui qui ne recevait plus la visite de ses proches et dont le nom n'était plus rituellement prononcé. Le principe même de contribution au culte de l'immortalité se trouvait ainsi totalement remis en cause lorsque disparaissait le *mastaba* sous un monticule de sable accumulé par les vents.

En prolongeant le volume primitif du *mastaba*, jusqu'à ce qu'il épouse la forme pyramidale complète que suggérait grossièrement sa couverture de sable, une parade physique, non négligeable, pouvait être apportée à ce risque d'enfouissement : l'édifice funéraire ainsi conçu, tout en gagnant de la hauteur, voyait disparaître cette terrasse supérieure propice à des dépôts sableux successifs. De plus, ses faces, inclinées convenablement, devaient s'opposer à de tels amas. Seuls les gradins constituaient des plans d'accrochage. C'est pourquoi, en général, ils furent recouverts de dalles

3. *Ka* et *Ba* : voir note 26.

Un *mastaba* recouvert de sable, ou l'oubli par les vivants et la « seconde mort » pour le défunt

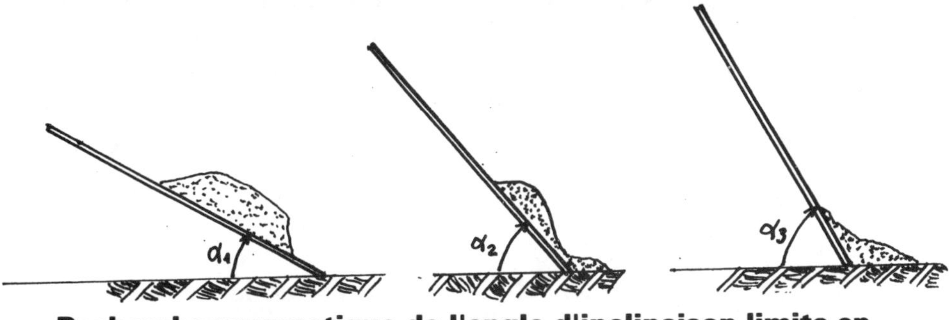

Recherche pragmatique de l'angle d'inclinaison limite en dessous duquel l'ensablement se produit

Sur une dalle de pierre polie (représentant le parement des faces de la pyramide), un tas de sable d'origine éolienne (sable fin) est déposé. En faisant varier l'inclinaison de la dalle de pierre de α_1 à α_2, on atteint un angle limite α_2 (voisin de 40°) auquel se produit le décrochage partiel du sable. Cet angle est l'angle de glissement propre au sable éolien sur la pierre polie.

Pour un angle α 3, supérieur à α_2, tout l'amas de sable glisse sous l'effet de sa pesanteur, évitant l'ensablement immédiat de la paroi en pierre. Les constructeurs égyptiens de l'Ancien Empire adoptèrent un angle de l'ordre de 43° (pyramide de Dahshour), puis 52° (pyramide de Gizeh) pour l'inclinaison des faces des pyramides, essayant ainsi de réduire les risques d'amas de sable sur celles-ci.

lisses, suivant l'évolution logique d'une technique de construction pyramidale progressant grâce à l'expérience pratique. Il n'est donc pas exclu qu'une démarche empirique ait conduit les maîtres d'œuvre égyptiens à la détermination de l'inclinaison optimum qu'il faudrait donner aux faces de la pyramide pour provoquer le glissement des amas de sable éolien. Si, de nos jours, un tel problème nous était posé, nous y répondrions assez facilement, nos connaissances expérimentales dans le domaine de la géotechnique permettant d'approcher, par le calcul, cette inclinaison optimum. En fait, il s'agit là d'un phénomène de glissement faisant intervenir le cœfficient de frottement externe du sable sur une paroi inclinée plus ou moins rugueuse. Une méthode expérimentale rudimentaire reproduirait assez sûrement le fait physique, tout en mesurant les effets obtenus par une variation d'un ou deux facteurs : il suffit, notamment, d'incliner progressivement, à partir de la position horizontale, une dalle de pierre polie chargée d'un tas de sable très fin. Lorsque celui-ci est totalement soumis au glissement gravitaire, alors se trouve atteint l'angle d'inclinaison minimum, dit de « glissement » ou de « frottement » du sable sur la surface de pierre considérée. Cette expérience simple conduit à déterminer une inclinaison dont la tangente de 0,814 correspond à un angle d'environ 39°. Cet angle de glissement du sable sur une surface de pierre polie devra être augmenté pour une surface rugueuse. Ce pouvait être le cas du dallage de parement d'une pyramide, avec ses joints et les engravures des hiéroglyphes qui y étaient vraisemblablement inscrits. Dans cette hypothèse, c'est plus sûrement un angle de glissement bien supérieur à 40° qui devait être adopté pour assurer la coulée de la couche de sable en contact avec la surface gravée du dallage. Cette manipulation élémentaire pourrait justifier l'angle d'inclinaison habituel des faces des pyramides. Ce dernier est toujours plus élevé que la limite précitée (en général, 52° environ).

Cependant, une trop forte pente aurait conduit à un volume de pyramide plus important (de par la hauteur plus élevée du monument). Il en aurait résulté un investissement d'autant plus important en matériaux et moyens de mise en œuvre, grevant alors lourdement le coût et le délai d'exécution de la « demeure d'éternité » du pharaon.

À partir de la IVe dynastie, les concepteurs adoptèrent généralement une inclinaison comprise entre 51° et 54°, pour la plupart des pyramides. En adoptant ces valeurs, ils avaient vraisemblablement approché l'angle qui se déduit du triangle égyptien (« triangle sacré ») ayant ses côtés composés respectivement de 3, 4 et 5 unités : en effet la valeur 4/3 de la tangente du plus grand angle aigu de ce triangle correspond à une inclinaison de 53° 8' (proche de l'angle d'inclinaison des faces de la pyramide de Khephren...). La pyramide de Dahshour constitue alors une exception, avec un angle de 43°.

Un autre inconvénient majeur, de nature structurelle, inquiétera les Égyptiens des premières dynasties : ils constateront les dégradations, accentuées dans le temps, de leurs *mastabas* faits de briques crues séchées au soleil. Ce matériau, exposé aux éléments naturels, ne résiste pas sans défaillances notoires aux effets, souvent conjugués, du soleil, de la pluie et des vents de sable : il se fend, s'effrite et finit par retourner au limon originel après quelques dizaines d'années. Les *mastabas* de brique crue les mieux conservés actuellement sont ceux mis à jour après déblaiement du sable protecteur qui les recouvrait. C'est toujours guidés par leur souci de pérennité et leur pragmatisme que les concepteurs de l'Ancien Empire ont probablement commencé à promouvoir, lorsqu'ils le pouvaient, l'emploi généralisé de la pierre de taille, « matériau d'éternité », pour la construction des superstructures de leurs tombeaux.

On assiste ainsi, au cours de la IIIe dynastie, à une révolution dans l'art de bâtir les sépultures. La pierre supplante la brique alors même qu'apparaît cette distinction entre le monument funéraire pyramidal, réservé au pharaon et aux membres de sa famille, et le *mastaba* des hauts dignitaires de la cour, des responsables de travaux et autres Égyptiens ayant les moyens de construire un tel tombeau.

Pour faire face aux nouvelles conceptions de forme et de matière, dictées par cette aspiration croissante à s'assurer une « demeure d'éternité », les constructeurs se trouveront confrontés à la nécessité de mettre au point des techniques et technologies tout aussi innovantes. Une véritable industrie de la construction de tombeaux monumentaux en pierre apparaîtra, ainsi, lors de cette IIIe dynastie et se poursuivra jusqu'à la XIIe dynastie, soit pendant environ dix siècles.

La période d'activité la plus intense, la plus faste par les dimensions des imposantes pyramides alors érigées, se situera entre la IVe et la VIe dynastie. Des pyramides en pierre ou en brique crue, plus modestes, seront édifiées durant les dynasties suivantes.

Quels furent donc ces défis nouveaux relevés par les maîtres d'œuvre et artisans du pharaon, dès la IVe dynastie ? Quelles compétences, quelles connaissances leur permirent-elles de donner un sens concret à l'idée symbolique de cette forme pyramidale probablement suggérée par les éléments spirituels ou naturels déjà évoqués ?

Nous verrons, lors du processus de construction de la Grande Pyramide, qu'ils usèrent, en fait, de faibles acquis scientifiques. Par contre, leur grande expérience des chantiers les conduisit, progressivement, à la mise au point et à l'amélioration de machines simples et d'outils de plus en plus performants. Ils aboutirent ainsi, dès la IIIe dynastie, après l'achèvement de la pyramide de Djeser, à une maîtrise évidente des techniques de transport et de mise en œuvre de ces montagnes de pierre. Ainsi, au commencement de la IVe dynastie, sous le règne de Snefrou, les perfectionnements apportés à leur technologie la rendront si étonnamment puissante qu'elle s'acquittera de la mise en place de monolithes de plusieurs dizaines de tonnes.

Une telle réalisation exigerait, de nos jours, des machines exceptionnelles, conçues pour s'adapter au transport et à la mise en place précise des énormes volumes de pierre. Le niveau de nos connaissances technologiques réduirait considérablement les phases de l'expérimentation de ces machines.

Pour les savants égyptiens du pharaon, la démarche ne pouvait être qu'expérimentale, faute de bases théoriques suffisantes. À l'origine, il existait un savoir-faire issu de l'initiation et de l'astuce propre à chaque artisan. L'apprentissage technique rituel et le génie particulier de certains élus, inspirés par les dieux tutélaires, faisaient de leur mains le prolongement de leur esprit guidé par des impulsions divines. La création finale reflétait donc, quoi qu'il en fût, la lumière d'une imagination surnaturelle dont le rayonnement avait heureusement influencé l'artisan ou l'artiste. Ainsi, très souvent, le nom de celui-ci ne se retrouve pas attaché à son œuvre, sans doute par humilité et effacement devant l'intervention des dieux bienfaisants.

L'anonymat qui en résulte accroît, aujourd'hui, le mystère de cette perfection et de cette harmonie aux formes gigantesques. En faisant fi des connaissances scientifiques fondamentales, puisque les maîtres d'œuvre égyptiens n'en possédaient alors pratiquement pas, comment ne pas accepter l'inspiration divine ? Cet homme de l'art, choisi par les dieux pour être le vecteur de leur esprit et de leur volonté, était-il toujours méconnu, ignoré ? Et ces effluves d'éternité de l'art nous parviennent-elles d'une civilisation ayant volontairement oublié ses artisans ? Nous savons, par les écrits et les représentations de plusieurs tombeaux, quelle fut la place de choix réservée à ses créateurs par cette société vouée au culte de la vie dans l'au-delà.

Imhotep, initialement « sculpteur, fabricant de vases de pierre », devint aussi « chancelier du roi de basse Égypte, le premier après le roi de haute Égypte, administrateur du grand palais, noble héréditaire, grand prêtre d'Heliopolis ».

Ti, maître d'œuvre, vécut à la cour royale à la fin de la Ve dynastie, avec les fonctions d'intendant de plusieurs pyramides et temples funéraires, d'administrateur de vastes territoires agricoles, de chef des coiffeurs du pharaon et préposé à ses parures de tête.

Le maître royal des maçons, Debeheni, qui officiait pendant la IVe dynastie, celle des grandes pyramides du plateau de Gizeh, était si grandement considéré que l'emplacement de sa tombe avait été choisi par le pharaon Mykerinos en personne [4].

Cependant, excepté ces distinctions que les égyptologues ont pu relever sur des stèles, des fresques gravées ou peintes, il existe très peu d'écrits sur les architectes et artisans qui ont participé à l'édification des pyramides et des temples. En général, des autobiographies inscrites sur les parois de chapelles funéraires retracent, parfois dans le détail, les activités du personnage défunt, entre autres sa participation à des missions de construction d'édifices, à des expéditions d'approvisionnement liées à l'acte de bâtir. Des peintures ou gravures décomposant diverses phases de travaux artisanaux (potiers, charpentiers, carriers, briquetiers, sculpteurs, métallurgistes, orfèvres, etc.) illustrent le plus souvent les textes. Mais il est notable que ces scènes, définissant des activités profes-

4. A. Roccati, *La Littérature historique sous l'Ancien Empire égyptien*, Paris, 1982.

sionnelles chères au défunt, se limitent surtout à des industries de préfabrication, des métiers de second œuvre ou à de l'artisanat de décoration.

Il nous faut donc bien constater, après un inventaire des recherches entreprises à ce sujet, que les maîtres d'œuvre égyptiens des premières dynasties n'ont pas laissé de récits ou de représentations graphiques sur leurs divers procédés de construction. Étant donné, également, la quasi-absence de fresques ou de textes des dynasties suivantes sur le détail d'exécution du gros œuvre des édifices religieux ou funéraires, il est permis de supposer que ces constructeurs, initiés par les prêtres et guidés par les dieux, ont volontairement fait école de silence. On peut en effet s'interroger sur cette singulière mise au secret de la puissante technologie qui autorisa les bâtisseurs égyptiens à réaliser des prouesses surhumaines. L'indétermination la plus grande subsiste sur les procédés d'élévation à pied d'œuvre et sur les techniques d'appareillage des lourds monolithes composant ces constructions monumentales. Une incertitude tout aussi sérieuse pèse sur les diverses hypothèses émises à ce sujet, dans la mesure où elles sont basées sur les faibles indices archéologiques disponibles. Cette ignorance singulière pourrait trouver une explication dans la thèse évoquée précédemment : les constructeurs du pharaon n'auraient consenti à représenter ou à décrire leurs connaissances techniques et technologiques que dans le cadre d'un enseignement exclusif, dispensé aux seuls initiés admis dans les ateliers royaux du « Domaine perpétuel [5] » ou dans les ateliers du temple. Nous retrouvons ce caractère d'initiation élitiste et sacrée dans la confession d'un maître artisan : « Je connais le mystère du Verbe divin, l'ordonnancement des rites religieux, tout rite magique [...] Je suis un homme expert en sa création, élevé par ce qu'il connaît [6]. »

Cette protection affirmée du savoir ésotérique ne trouvait-elle pas

5. Dès l'Ancien Empire, les ateliers du « domaine perpétuel » rassemblent des sculpteurs, des fabricants de vases, des orfèvres, des joailliers, des menuisiers. Chaque corps de métier se trouve regroupé en « équipages », par référence au chantier naval qui est à l'origine des confréries d'artisans, l'industrie de fabrication des barques étant une des premières, dès l'origine des dynasties. Ces ateliers participent à la construction et à l'entretien des nécropole royales.

6. Extrait de la stèle C14 du Louvre.

sa pleine justification et son application lors de la conception et de la réalisation des édifices funéraires et des temples ? Il apparaît en effet évident, à la lecture d'autres textes, que de telles activités créatrices se nourrissaient des aptitudes spirituelles de leur créateur, dans la communication qu'il devait établir avec les forces divines, en vue de leur concentration bénéfique sur l'œuvre envisagée. On retrouve ce caractère mystique de la création artistique lors du déroulement des cérémonies rituelles, accompagnées de sacrifices d'animaux, précédant l'implantation d'une pyramide ou d'un temple, les prêtres procédant alors à la constitution des dépôts de fondation [7].

Une autre hypothèse mettant en jeu des forces surnaturelles pourrait être avancée. Au pays des pharaons, la pratique de la magie et des oracles, toujours présente dans la vie quotidienne, était considérée comme une activité reconnue jusqu'au sein de la cour royale. Le souverain et ses bâtisseurs pouvaient concevoir la crainte qu'une relation écrite ou graphique des procédés de mise en œuvre des énormes blocs de pierre de structure ne puisse servir de support à l'exercice de forces maléfiques, mettant en péril la construction elle-même ou son utilisation spirituelle à venir. Tant d'inscriptions relevées sur des statuettes représentatives témoignent combien la sorcellerie était pratiquée dans des buts hostiles par le biais de l'envoûtement.

À ces tentatives d'explication d'ordre ésotérique ou occulte, concernant ce grand vide dans l'histoire des techniques de construction des monuments, peut être opposée une déduction moins imaginative, issue de la réalité des faits. C'est alors que l'inconscience, la cupidité et la bêtise humaine entrent en jeu.

Nous avons déjà eu l'occasion de nous interroger sur la disparition d'une masse d'informations précieuses qui se trouvaient, très probablement, gravées sur le revêtement extérieur des pyramides de Gizeh. L'ensemble de ces écritures, tel qu'il est évalué, pour les

7. Lors de la cérémonie de fondation d'un édifice, suivant un rituel consacré pour son implantation, il était de règle de déposer dans le terrassement de fondation, ou dans une niche appropriée ménagée dans la fondation elle-même, des objets divers tels que matériaux entrant dans la composition de l'ouvrage, maquettes miniaturisées d'outils ayant servi à la construction, plaquettes d'or ou de faïence portant le nom du roi auquel était destiné l'édifice, etc. (D.C.E.)

deux plus grandes pyramides, par le physicien arabe Abd Allatif, aurait nécessité, rappelons-le, « plus de dix mille pages » pour recopier toutes leurs inscriptions.

Notons que c'est un scientifique qui s'exprime. Il a pu quantifier, avec suffisamment de précision, la surface unitaire occupée par ces écritures gravées sur la pierre et celle, correspondante, nécessaire pour les recopier sur du papier.

Des pages de pierre furent ainsi vraisemblablement éparpillées par un vent de saccage sévissant des siècles durant, laisant à nu les gradins de ces pyramides.

De la sorte, une véritable « bibliothèque lithographique » a disparu. Il n'est donc pas exclu que des informations techniques de première importance, telles que les technologies de transport, d'implantation, de manipulation, d'élévation, d'appareillage des monolithes, aient ainsi été arrachées des gigantesques tombeaux. Hérodote avait bien noté, sur l'une des faces de la pyramide de Kheops, la traduction de certains hiéroglyphes faisant état des coûts de la construction en vivres et en argent. Les renseignements fournis par les constructeurs avaient pu s'étendre à d'autres éléments de mise en œuvre que ce seul décompte d'approvisionnement en nourriture des ouvriers établi par un « scribe comptable » soucieux de dévoiler un chiffre record. Il est, en effet, probable que des « scribes-architectes » ont aussi témoigné des méthodes de réalisation de l'ouvrage ou de l'importance des équipements de chantier mis en action pour bâtir la pyramide : son tracé, sa fondation, certaines de ses phases d'exécution pouvaient avoir donné lieu à une définition écrite ou graphique sur cet immense champ d'inscriptions ornant les faces inclinées du monument.

L'acceptation de cette dernière hypothèse implique le rejet des précédentes, selon lesquelles les architectes auraient volontairement refusé de divulguer les arcanes de leur science. Elle n'expliquerait cependant pas complètement cette absence notoire de documentation sur la réalisation des pyramides. Car, en fait, si la plupart d'entre elles ont été dépouillées de leur revêtement (lorsqu'elles en possédaient un), pourquoi ne retrouverait-on pas ces renseignements de mise en œuvre peints ou gravés sur les parois de leurs chambres intérieures, pareillement aux scènes de métiers représentées dans les *mastabas* ?

Les hypothèses précédentes ne fournissent que des explications probables à cette absence totale d'information sur les « machines », les « terrasses », ou sur d'autres technologies qui permirent d'apporter des réponses techniques performantes à l'édification des gigantesques monuments.

Le problème de leur construction n'en est pas moins entier. Et face à ce vide persistant sur les moyens techniques utilisés, une démarche s'est imposée à moi : entreprendre une analyse de détail sur ce que pouvaient être le cheminement et les spécificités de la réalisation de la première pyramide en pierre, celle de l'Horus Djeser. Pouvait-elle révéler quelques indices intéressants sur certains procédés utilisés pour son édification, bien que les monolithes qui la constituent soient de taille relativement modeste ?

Au moment où le génial Imhotep embrassa l'idée d'un « gigantesque escalier » de pierre qui favoriserait l'ascension de l'âme du roi bien-aimé vers son père Rê, l'avenir de la forme pyramidale des tombeaux royaux se trouvait ainsi esquissé pour près de mille ans. Car c'est bien à Saqqara qu'apparut la première pyramide, celle à degrés de l'Horus Neteri-Khet, plus connu sous le nom de Djeser. D'après les recherches effectuées par l'architecte J.-Ph. Lauer[8], c'est par approches successives que se dessina, peu à peu, dans l'esprit inventif du maître d'œuvre, l'idée du tombeau pyramidal. Différents indices, relevés sur la construction considérée, permettent de conforter cette affirmation. Il y a, notamment, cette superposition de couches de matériaux de diverses qualités composant le gros œuvre de la pyramide à degrés, et cette multiplication de puits et galeries, indépendants du puits central contenant le caveau royal. L'hétérogénéité de certains matériaux et leur juxtaposition permirent donc à J.-Ph. Lauer d'imaginer une composition échelonnée de l'exécution de l'édifice, résumée dans cet ordre :

— construction d'un *mastaba* initial constitué d'un massif tabulaire carré de 63 mètres de côté, d'environ 8 mètres de haut, bâti sur le puits funéraire royal ;

— extension de ce *mastaba* vers l'est, pour y incorporer des puits et

8. Architecte égyptologue qui restaure depuis 1926 la nécropole de Saqqara (ou Sakkarah). Son livre intitulé *Les Pyramides de Sakkarah* propose notamment une reconstitution des démarches successives qui ont conduit à l'édification de la pyramide de Djeser.

galeries vraisemblablement destinés aux tombes d'autres membres de la famille royale ;
— élévation d'une pyramide comportant quatre degrés, pratiquement centrée sur le *mastaba* modifié ;
— surélévation de deux degrés de ce dernier volume, jusqu'à une hauteur proche de 60 mètres, en translatant parallèlement un des axes de la base qui atteindra la dimension rectangulaire actuelle (approximativement 109 m x 125 m).

La forme définitive de la pyramide fut ainsi atteinte par accrétions successives horizontales et verticales, consécutives à une improvisation manifeste ; celle-ci fut vraisemblablement motivée par un changement de programme et par la recherche d'un volume représentant des proportions satisfaisantes au regard des objectifs spirituels et esthétiques.

Cette analyse détaillée des étapes de la construction du tombeau de Djeser, bien qu'elle résulte d'observations *in situ* (examen structurel du gros œuvre du monument), n'est pas admise par certains égyptologues, qui réfutent ce tâtonnement indigne du génial Imhotep. Un tel jugement de valeur est trop subjectif pour être retenu, et la restitution ci-dessus, proposée par J.-Ph. Lauer et déduite de constatations évidentes livrées par les fouilles, nous paraît, en conséquence, la seule acceptable. Elle traduit en outre, assez vraisemblablement, la réponse d'un maître d'œuvre du pharaon soumis à des sollicitations échelonnées dans le temps le conduisant à adapter ou rectifier sensiblement la conception initiale de son ouvrage. Ces ajustements de volume, intervenant pendant ou après la réalisation d'une phase de construction, pouvaient être générés par d'imprévisibles contingences d'utilisation du tombeau ou par la volonté d'innovation du concepteur lui-même.

En bref, l'analyse des structures rapportées composant cette première pyramide en pierre reflète, assez clairement, le tâtonnement et la recherche d'une forme à la fois fonctionnelle et symbolique.

Dans cet ordre d'idées, les accrétions successives horizontales et verticales de cette sépulture ne manquent pas de rappeler le travail des vents qui modèlent progressivement les dunes du désert en amassant le sable au droit d'un relief. Ce phénomène naturel, déjà évoqué, fut peut-être une source d'inspiration pour Imhotep, sur le site désertique de Saqqara.

En quoi la pyramide de Djeser devait-elle être considérée comme un édifice funéraire exceptionnel par les Égyptiens de cette IIIe dynastie ? Et quels enseignements ce monument peut-il apporter sur la progression des technologies de construction des monuments qui seront réalisés ultérieurement ?

L'utilisation généralisée de la pierre dans l'ensemble de cette structure est déjà une innovation en soi pour cette époque. Elle aura de multiples incidences sur les activités laborieuses afférentes à la construction. La nécropole de Saqqara, avec ses pyramides, ses temples, leurs annexes, son enceinte, représente une quantité de pierre approchant le volume de 500 000 m³ pour la totalité de ces superstructures (celles de l'Arc de Triomphe peuvent être évaluées à 18 000 m³). Ce matériau, extrait des carrières de calcaire proches, notamment celles exploitées sur la rive orientale du Nil, à Tourah, devait être débité et mis en œuvre à une cadence relativement grande. Ce fut donc une véritable industrie de production de la pierre de taille qui dut être organisée pour approvisionner ce complexe funéraire exceptionnel.

En outre, toute une chaîne de moyens de manutention, de transport sur terre et sur l'eau, de levage, fut mise en œuvre tout au long du parcours des monolithes, depuis leur extraction jusqu'à leur appareillage final dans les différents édifices.

La pierre calcaire affleure en abondance, un peu partout sur la rive droite du fleuve éternel, depuis Memphis jusqu'à Iounyt, au sud de Thèbes. Le calcaire le plus fin et le plus blanc était extrait dans la carrière de Ro-Aou près de Helouan. L'artisanat du traitement de la pierre de maçonnerie a donc dû adapter ses techniques aux vastes champs d'exploitation des carrières, pour débiter avec un rendement accéléré les monolithes, et pour répondre aux exigences nouvelles. Il est raisonnable de penser que des progrès importants transformèrent inévitablement les conceptions de l'extraction. Le débit en grande masse nécessita, probablement, la mise au point de méthodes et d'instruments plus perfectionnés.

Dans cet élan nouveau vers le gigantisme et la pérennité, les maîtres bâtisseurs durent, tout aussi logiquement, faire l'expérience de procédés de manutention qui permettaient de manœuvrer, d'ajuster, avec une assez bonne précision, des blocs toujours plus gros : les poutres en granite d'Assouan qui composent le caveau de la pyramide de Djeser sont des indices significatifs de ce défi.

Ainsi, les vestiges livrés par les fouilles révèlent que les ouvriers

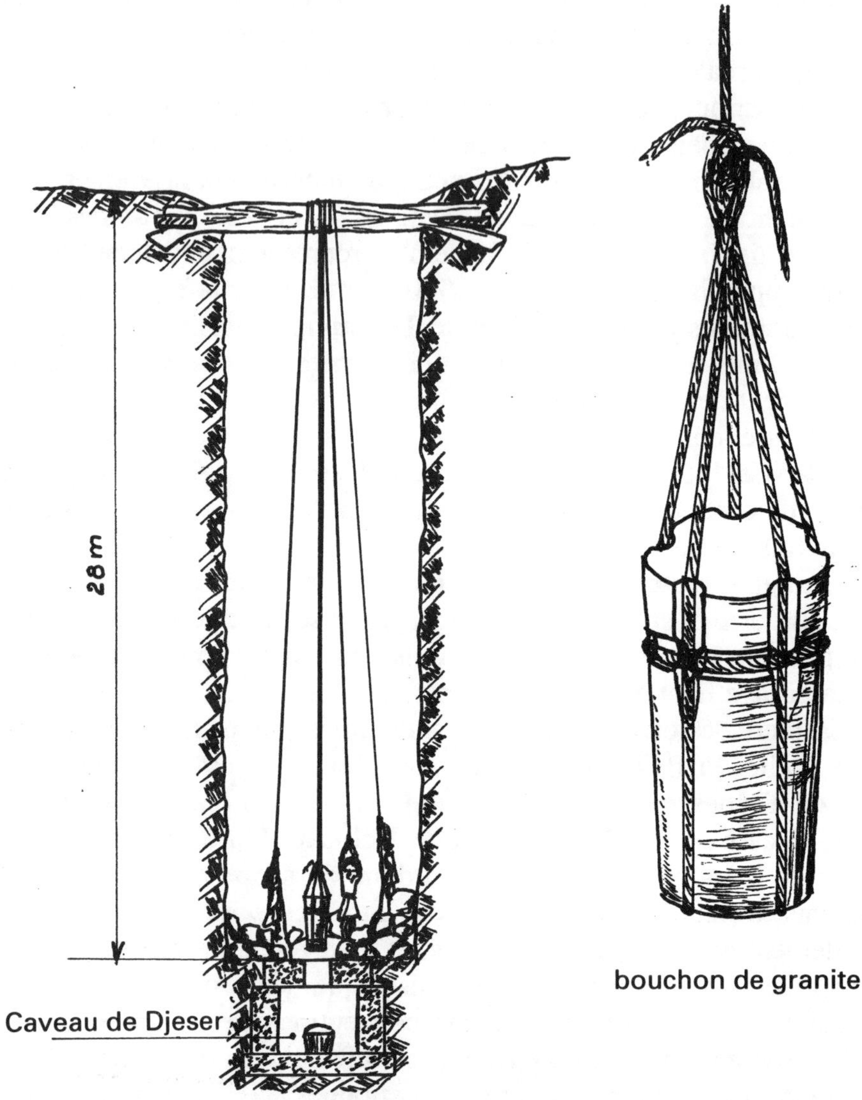

Usage de la poulie fixe

J.-Ph. Lauer signale l'usage de poulies fixes dans la construction de la pyramide de Djeser, notamment en partie haute du puits funéraire de ce pharaon.

Le croquis ci-dessus montre une reconstitution de la manœuvre qui a dû permettre aux bâtisseurs de maîtriser la force de rappel, le bouchon de granite d'un poids voisin de 3,5 tonnes destiné à obturer le caveau de Djeser : le rondin encastré, 28 mètres plus haut, fait office de poulie fixe.

de ce complexe funéraire ont fréquemment fait usage de poulies fixes et de cordages pour descendre les lourds monolithes intégrés dans la construction. Dans la galerie à escalier de descente vers le tombeau de l'enceinte sud, apparaissent encore des bois de manœuvre encastrés en partie haute de la maçonnerie et dans le roc. Ces poutres de bois dur, vieilles de près de 5 000 ans, positionnées transversalement, à des distances et hauteurs variables, ont très probablement servi de poulies fixes de rappel, dans les halages de charges diverses déplacées à l'aide de cordages. « Notons également un rondin portant nettement les traces du glissement de cordages, qui se trouve encore en place au-dessus de l'orifice du caveau de granite de ce tombeau [...] » précise J.-Ph. Lauer, à propos du tombeau des Canopes, dans son ouvrage *Le Problème des pyramides d'Égypte*.

Enfin, on a également retrouvé, lors du déblaiement du grand puits du tombeau de l'enceinte sud, d'autres rondins en bois de sycomore et d'acacia, de dimensions respectables, sans doute utilisés dans la manutention des blocs de pierre. En s'aidant de telles pièces de bois, les constructeurs du pharaon ont appréhendé, pratiquement, les forces considérables de frottement qui peuvent être développées à l'aide d'une poulie fixe. Ils en firent d'ailleurs une application directe dans le puits funéraire de 28 mètres de profondeur, lors de la descente des poutres de couverture du caveau royal et de l'énorme bouchon de granite de 2 mètres de haut et de 1 mètre de diamètre qui obture son accès. Ce bloc, de près de 3,5 tonnes, présente, dans sa partie supérieure, des gorges latérales rayonnantes et une gorge périphérique destinées au logement des cordes d'attache, pour éviter un glissement de celles-ci sur la pierre. Leur dégagement s'en trouvait par ailleurs facilité après mise en place du bouchon dans l'orifice du plafond de la chambre mortuaire.

Suivant le poids du monolithe, en faisant varier le nombre de spires d'enroulement du cordage de descente autour de la poutre en bois servant de poulie fixe, les bâtisseurs maîtrisaient la force de rappel modeste s'opposant à la descente brutale d'une charge de plusieurs tonnes. Ils utilisèrent ainsi, empiriquement, les forces de frottement exponentielles générées par une corde enroulée sur le bois d'une poulie fixe. Dans le cas de la descente du bouchon de granite précité, deux tours et demi de corde autour de la poulie fixe auraient engendré un frottement tel qu'une force de rappel limitée à moins de 130 kg aurait été suffisante pour retenir ce monolithe de 3,5 tonnes. De la sorte, trois hommes, tirant sur la corde au fond du puits, pouvaient aisément assurer la descente progressive du bouchon jusqu'à sa présentation et son encastrement dans l'orifice du tombeau.

Cette augmentation exponentielle des forces de frottement, en fonction du nombre de tours de corde autour d'une poulie fixe, fait de nos jours l'objet d'une formule mathématique approchée, dans laquelle la force de rappel est fonction du cœfficient de frottement des matériaux en contact et de l'angle d'enroulement de la corde. Les Égyptiens, qui ne possédaient assurément pas une telle expression théorique des forces, pouvaient couramment éprouver un tel phénomène physique : les mariniers du dieu Nil usaient depuis longtemps de la poulie fixe lorsqu'ils enroulaient, de plusieurs tours, les cordages sur les plots d'amarrage destinés à immobiliser les navires lors des accostages.

Pourquoi marquer autant d'insistance sur le principe élémentaire d'utilisation de la poulie fixe pour transmettre une force de rappel ? Car nous voilà encore bien éloignés d'une solution réelle aux divers problèmes de construction des pyramides du plateau de Gizeh. Les chantiers de ces immenses tombeaux cristallisaient un tout autre défi que celui de maîtriser la descente de lourds monolithes. Il s'agissait, dans ce cas particulier, non pas de retenir un bloc gigantesque dans son mouvement descendant, mais d'élever l'énorme volume de pierre vers des hauteurs encore jamais atteintes. Ainsi avaient été appareillés des monolithes de 20 à 30 tonnes à des dizaines de mètres d'altitude.

Nous apprécierons cependant combien cette poulie fixe, avec le handicap de ses énormes forces de frottement, constituait un organe indispensable de la synergie, étonnante de puissance, vraisemblablement utilisée par les constructeurs de Kheops. Nous vérifierons alors que l'organisation ingénieuse de plusieurs machines simples, connues du temps d'Imhotep, permettait, en effet, d'aboutir au développement de ces forces « divines » ; celles dont témoignent, entre autres, dans la Grande Pyramide, les blocs de granite d'une trentaine de tonnes coiffant la chambre funéraire royale située 43 mètres au-dessus de la base du monument.

Quelles expériences, quelles démarches instinctives ont guidé ces maîtres d'œuvre en quête de prouesses techniques ? Et par

La face nord de la pyramide de Kheops et son entrée

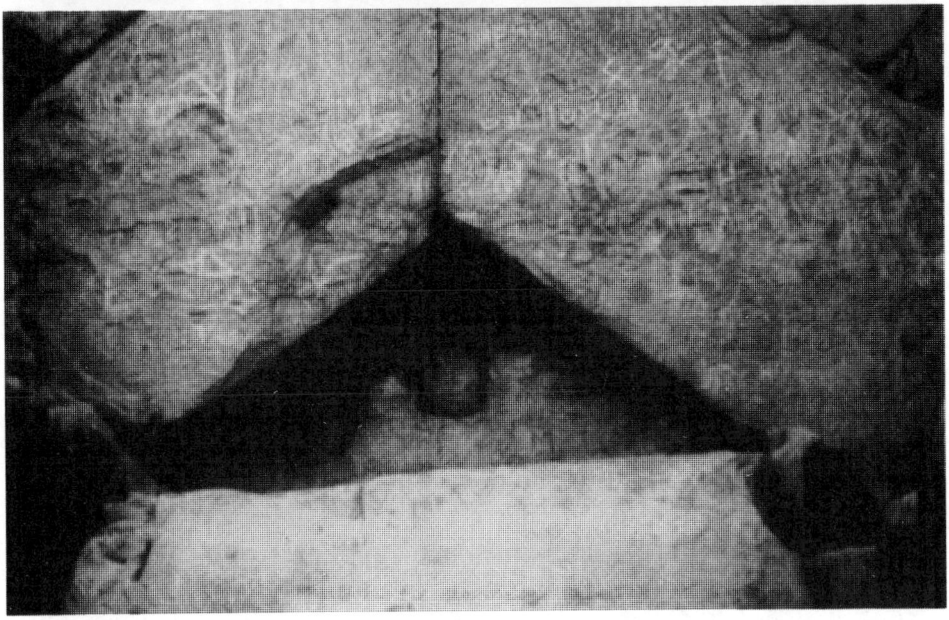

Entrée de la pyramide de Kheops

Un des deux linteaux à chevrons et le linteau horizontal. Les éléments de linteau ont des poids respectifs compris entre 10 et 20 tonnes et se trouvent situés à une altitude de plus de 16 mètres du sol.

quel dieu ont-ils été inspirés dans la conception de ces « machines, faites de courts morceaux de bois », citées par Hérodote dans le livre II de ses *Histoires* ?

Enfin, comment ces machines-là ont-elles pu s'affranchir d'un travail titanesque dans un délai compatible avec le règne d'un divin roi ? Car le pharaon, dieu sur terre, n'en était pas moins homme. Et la durée de son passage sur notre planète était aussi assujettie aux aléas du destin : une maladie, un accident, un revers guerrier ou politique pouvait abréger sa vie. Le temps de construction de sa pyramide représentait donc un pari audacieux, directement conditionné par les moyens de réalisation de sa sépulture.

La dimension notable de ce facteur temporel a pourtant été bien souvent ignorée. Dans diverses tentatives d'explication des technologies performantes susceptibles d'avoir été appliquées pour édifier ces gigantesques monuments funéraires, il est courant de constater que certains auteurs ont éludé, volontairement ou non, cette question essentielle.

Depuis l'expédition d'Égypte, voilà près de deux siècles, le monde de l'égyptologie a vu s'échafauder de multiples théories tentant de répondre à la constante interrogation de notre civilisation sur les procédés de construction des pyramides.

Au-delà des élucubrations et affabulations désordonnées, déjà évoquées à ce sujet, sont apparues des propositions plus ou moins raisonnables, des essais de reconstitution s'appuyant sur des indices et des vestiges reconnus. Archéologue, technicien ou profane, chacun a tenté d'expliquer à l'aide de ses connaissances, en fonction de sa formation, de ses idées personnelles, comment les bâtisseurs de pyramides avaient pu vaincre les énormes forces de pesanteur potentiellement accumulées dans ces monuments. C'est à cet exercice difficile, où l'imagination doit suppléer partiellement à certaines lacunes de l'histoire et de l'archéologie, qu'il importe de se soumettre, dans l'état actuel de nos connaissances. C'est encore à la frontière du fait réel et du fait construit et supposé que se tient l'antique secret de ces constructeurs égyptiens, qui œuvrèrent à l'échelle des dieux, plus de 26 siècles avant J.-C.

CHAPITRE IV

LE PROJET DU PHARAON

Tant il est vrai que l'Histoire
n'est que l'effort désespéré des hommes
pour donner corps aux plus clairvoyants
de leurs rêves

Albert CAMUS, *Ni victimes ni bourreaux*

En succédant à son père, Snefrou, Kheops sait, depuis des lunes, où il implantera son complexe funéraire. Dès l'origine, l'idée grandiose qu'il conçoit pour son tombeau pyramidal lui suggère de nombreuses réflexions. Sur le site envisagé, les facilités d'accès et d'exploitation lui apparaissent essentielles pour favoriser la conception monumentale qu'il souhaite. Aussi, à plusieurs reprises, lors de ses voyages sur le Nil ou pendant ses journées de chasse et de pêche sur les berges du grand fleuve, ses regards se portent sur ce vaste promontoire rocheux dominant la rive occidentale. Kheops remarque alors, pendant les plus généreuses libations du dieu Hâpy [1], lorsque les eaux s'élèvent à plus

1. Considéré en général à l'époque pharaonique comme le dieu qui animait le grand fleuve Nil et qui décidait de l'abondance de ses crues et donc de la richesse qui en résultait pour l'Égypte. La crue était considérée comme la « venue de Hâpy », pour lequel des cérémonies d'offrande rituelles étaient organisées sur le fleuve, afin d'inciter le dieu nourricier à étendre ses eaux puissantes sur la terre.

de 12 coudées (6,30 m) au-dessus de leur niveau le plus bas, que le plateau de Gizeh surplombe encore très nettement le fleuve-dieu. Il observe surtout, au-dessus des bosquets de hautes tiges de papyrus, par-dessus leur ombelle, ces bancs de calcaire aux strates régulières, clairement dessinées sur le front supérieur du plateau. Comme un signe, il suit parfois dans le ciel la course finale du faucon ou de l'aigle rejoignant son refuge enchâssé dans les plis calcaires de la falaise. Alors, combien de fois se surprend-il à rêver que cette immense table de pierre pourrait aussi devenir le refuge d'un autre faucon ? L'altitude du plateau, la perspective avantageuse qu'il offrirait à une pyramide, lorsqu'elle serait vue de la vallée, lui semblent des atouts incontestables, s'ajoutant à la proximité du canal parallèle au Nil. En effet, Kheops n'ignore pas l'importance des moyens d'approvisionnement nécessaires pour le fonctionnement d'un chantier aussi gigantesque. Les énormes potentialités déployées pour le transport des matériaux indispensables à l'édification des pyramides de Meïdoum et de Dahshour l'ont impressionné. Il a eu le loisir, lors de ses visites, d'apprécier la logistique considérable mise en pratique par Snefrou pour organiser les liaisons entre le Nil et les sites considérés.

Aussi, bien avant la mort de son père, Kheops dépêche des équipes d'arpenteurs, de carriers, chargées d'explorer, sur le terrain, les difficultés éventuelles de fonctionnement de son futur chantier.

Des facilités évidentes d'extraction du calcaire se confirment sur le plateau de Gizeh, dès les premiers sondages. La consistance géologique des bancs, apparents sur le front est, est vérifiée en plusieurs points et révèle un délitage aisé des blocs sur les premières couches. La texture grossière, souvent irrégulière, de cette pierre semble cependant exclure toute possibilité de surfaçage et de polissage pour en faire des blocs de parement. Par contre, sa cohésion et son homogénéité sont jugées acceptables pour la production de blocs équarris, pouvant constituer le matériau essentiel de la structure du gros œuvre du futur monument. Enfin, il s'avère que des carrières à ciel ouvert pourraient être exploitées, tout particulièrement au sud-est du plateau. Celles-ci, d'après les évaluations, devraient permettre de pourvoir largement à la totalité des besoins en monolithes de remplissage de plusieurs pyramides dont les dimensions seraient celles de la plus grande déjà construite par Snefrou.

La proximité immédiate de cette carrière de calcaire, facilement exploitable, devient alors le fer de lance d'une conception que Kheops souhaite gigantesque et exceptionnelle dans le projet de son futur complexe funéraire.

Ces premiers indices encourageants incitent le jeune prince à s'assurer aussi de l'oracle favorable des prêtres de Ptah [2] : les gardiens du temple de Memphis avaient déjà guidé Snefrou dans l'implantation de ses pyramides. Kheops juge donc nécessaire de recueillir leurs conseils et leurs éventuelles réserves, en vue de ménager les plus grandes chances de communication entre le futur tombeau et les dieux du ciel et de la terre. En cela, le site de Gizeh leur semble offrir des conditions très favorables. L'image de ce promontoire, s'élevant à une quarantaine de coudées au-dessus des eaux, se trouve mise en relief par l'inondation annuelle provoquée par Hâpy. Ainsi pourrait apparaître, périodiquement, aux yeux de certains initiés, le symbole de la terre émergeant des eaux originelles, la « butte primordiale » sur laquelle la divinité créatrice s'était établie pour construire le monde et d'où avait éclos l'œuf mystérieux laissant jaillir le soleil vers les cieux.

Cette évocation cosmogonique n'échappe pas aux prêtres de Memphis. Le plateau de Gizeh a d'ailleurs été le lieu d'accueil de plusieurs sépultures des précédentes dynasties. Il leur faut cependant trouver un lieu sacré, tout proche, sur lequel pourrait être aligné l'axe nord-sud de la future « demeure d'éternité » projetée par Kheops. C'est là une condition essentielle qui doit garantir à celle-ci les meilleures conditions d'échange avec des forces spirituelles bénéfiques préexistantes. Des prêtres astrologues déterminent ainsi la possibilité d'un alignement préférentiel de la pyramide sur le grand sanctuaire d'Horus déjà implanté à Khêm [3]. C'est donc sous des auspices favorables que peut être envisagée cette implantation sur le plateau de Gizeh.

---

2. Dieu de la ville de Memphis, figuré sous forme humaine. Il fut considéré comme le créateur du monde. La tradition lui attribuait l'invention des techniques et en cela il était le patron des artisans (D.C.E.).

3. Letopolis, actuellement Aussim, située dans le *nome* de la Cuisse à environ 50 km au nord de Memphis, sur la rive ouest du Nil ; cette implantation est indiquée par G. GOYON, dans son ouvrage *Le Secret des bâtisseurs des grandes pyramides*, Paris, 1977.

Par contre, sur le plan de la logistique, le problème d'accès au sommet de ce plateau rocheux reste posé. Il faut vérifier qu'une communication pourra être établie, de façon viable, entre le port d'accueil des chalands d'approvisionnement dans la vallée et le plateau d'assise de la future pyramide. La dénivelée totale approximative de 80 coudées (42 m environ), évaluée par les arpenteurs dépêchés par Kheops, se trouverait accentuée par un brusque escarpement rocheux d'une quarantaine de coudées, suivi d'une pente montante uniforme vers le plateau. Une distance de près de 1 300 coudées (680 m) séparerait ce dernier du futur port d'accueil.

Les différentes investigations, bien que grossières, permettent cependant aux techniciens d'envisager la possibilité d'édification d'une rampe, accessible par des traîneaux, moyennant une vérification ultérieure. Cette prospection préalable, positive tant sur le plan spirituel que technique, conforte le jeune prince dans le choix du plateau de Gizeh pour édifier sa future nécropole. Il lui reste, alors, à définir les moyens adaptés à la réalisation du projet ambitieux dont il rêve : un tombeau pyramidal dont les dimensions et la conception surpasseront de très loin les réalisations les plus grandioses mises en œuvre par Snefrou.

En effet, lorsqu'il rêve, toujours plus souvent, toujours plus nettement à cette nécropole hors du commun, Kheops vit dans l'ombre d'un roi parvenu au faîte de sa gloire. Il doute de pouvoir, un jour, soutenir la comparaison avec ce pharaon qui défendit vaillamment les frontières égyptiennes de Nubie et de Libye, qui organisa le système efficace de défense des nomes frontaliers, fit bâtir deux pyramides et réussit à mettre en place un véritable gouvernement, instituant pour la première fois la fonction de ministre. Cette réussite, son père la doit, non seulement à son action intelligente et généreuse, mais également à un exceptionnel don de communication. Sa familiarité naturelle transforme ses collaborateurs en amis dévoués. Alors qu'il pourrait les traiter comme des sujets mortels : n'est-il pas le pharaon, le dieu vivant sur la terre, l'Horus protégé de Rê ?

Aussi, lorsque ce souverain vénéré « passe à son *Ka* », lorsque s'achève la cérémonie d'ouverture de la bouche, consacrant l'ultime réunion du corps et de l'âme pour l'éternité, Kheops pense qu'il ne pourra approcher la gloire terrestre qui fut celle de Snefrou, le « bon roi ».

Plus que jamais, le nouveau pharaon nourrit la conviction profonde qu'il faut ménager, en priorité, les meilleures conditions lui permettant d'accéder un jour, comme son père, au cercle des « étoiles impérissables ». Et si sa vie sur terre ne doit pas être aussi brillante, aussi exemplaire, du moins pense-t-il compenser cette infériorité en se rapprochant plus sûrement des dieux : son destin ne sera pas terrestre, mais divin.

Son érudition le porte alors vers Thot, maître des paroles divines, patron des secrets de la connaissance, guide de toute action. Il s'est déjà intéressé, très tôt, passionnément, à la recherche du « nombre de cryptes du temple de ce dieu des sciences [4] », car les prêtres de Memphis lui ont dit que des secrets du savoir s'y trouvaient cachés. Faute de découvrir les arcanes d'une puissance magique l'autorisant à s'élever au plus près des dieux, il a imaginé cette gigantesque échelle de pierre dressée vers eux ; mais, pour réaliser ce rêve fantastique, il craint ne pouvoir compter sur le seul pouvoir surnaturel. Il doit mobiliser l'intelligence humaine.

Son oncle Khaesnofrou, grand prêtre de Ptah, savant renommé, lui a déjà prodigué ses conseils lors de sa prospection pour le choix d'un site. C'est lui que Kheops prévoit de désigner comme maître d'œuvre suprême pour concevoir l'étude générale de sa nécropole royale. Étant donné l'âge de ce savant et la durée prévisible des travaux, il lui adjoindra un autre maître d'œuvre de talent, qui a déjà participé à la réalisation de tombes royales : Hemyonou [5], fils de Kanefer. Ce dernier, oncle de Kheops, fut d'abord chef des travaux, avant d'assurer les hautes fonctions de vizir sous le règne de Snefrou. Son fils Hemyonou, fidèle à une tradition établie chez les artisans égyptiens d'alors, a aussi embrassé le métier initial du père ; il a forgé son expérience en dirigeant une partie de la l'édification d'une des pyramides de Snefrou. Hemyonou s'est, de plus, initié aux mystères du temple ; il possède donc une expérience religieuse qui marque sa formation à la fois spirituelle et technique. La pra-

4. Voir note 5 ch. IX.

5. Une tombe au nom d'Eïmeï mentionne en parlant du défunt qu'il fut « chargé du soin de tous les bâtiments du roi Schoufou ». À travers les siècles, les déformations du langage et les interprétations d'Hérodote et de Manethon, qui appelaient Kheops Souphis Ier ou Khoufou, on a reconnu que Schoufou était aussi une des dénominations de Kheops. Ce qui fait de Eïmeï ou Hemyonou l'un des bâtisseurs possibles du complexe funéraire de Gizeh.

tique qu'il a acquise dans l'organisation et la réalisation de chantiers monumentaux sera un atout précieux au sein de l'équipe de maîtrise d'œuvre dirigée par Khaesnofrou. C'est, en effet, à Hemyonou que reviendra la responsabilité particulière des moyens de mise en œuvre, de coordination et de gestion de toutes les activités de construction de la future nécropole, tandis que Khaesnofrou en assurera la conception dans ses moindres détails. Cette répartition judicieuse et claire des tâches du projet, au niveau le plus élevé, est un élément positif : elle prend en compte la réalité des compétences et des expériences vécues.

Les deux hommes se connaissent lorsque Kheops les réunit, pour la première fois, dans son palais. Khaesnofrou a notamment assuré une partie de la formation spirituelle et technique d'Hemyonou dans le temple de Memphis.

Ils sont là, devant lui, couchés, face contre terre, les bras tendus en avant, les mains à plat sur le sol, à 10 coudées de son trône. Le roi distingue, au bas des marches du podium, deux robes de lin blanc identiques, toutes simples. La chevelure nattée, d'un noir corbeau, de Hemyonou constraste avec le crâne rasé de Khaesnofrou. Ce dernier apparaît frêle, filiforme. À ses côtés, la masse corpulente de son compagnon laisse échapper des expirations bruyantes, exprimant toute la difficulté de respiration d'un homme peu habitué à cette position ventrale.

D'une voix solennelle, qui résonne dans la grande salle, Kheops leur dit :

« Je vous ai réunis, ce jour, pour vous parler des fonctions nouvelles, importantes, que je vais vous confier, par la grâce de Ptah.

« Toi, Khaesnofrou, grand prêtre, voué aux soins de cette divinité, je te désigne pour assumer les responsabilités et charges de chef de tous les travaux du roi.

« Quant à toi, Hemyonou, ayant déjà œuvré pour mon père, je te nomme chef des travaux de ma future nécropole. Relevez-vous et parlez librement. »

C'est ainsi que Kheops décide, sans ambages, de leur communiquer sa décision de les élever dans ces futures charges, au sein de la caste des hauts dignitaires de la cour. Il a souhaité créer cet effet de surprise, tout autant qu'il désire évoquer, au plus tôt, les objectifs qui le préoccupent.

Les deux maîtres d'œuvre, encore figés au sol, écrasés de stupéfaction par l'importance des distinctions et des responsabilités qui leur sont attribuées, marquent un instant d'hésitation avant de répondre à l'injonction du souverain. Ont-ils réellement bien compris le dieu roi ?

Désire-t-il vraiment qu'ils se relèvent aussi vite ? En effet, seul un effet exceptionnel de la bienveillance royale peut permettre d'enfreindre l'étiquette de la cour. Celle-ci ne tolère un tel accommodement qu'au vizir et aux plus proches conseillers du pharaon, ceux qu'il désigne par le titre envié d'« ami unique[6] ». Ceux-là peuvent lui parler sans se prosterner.

« Relevez-vous donc ! » insiste Kheops, impatient.

Les deux hommes, rassurés, s'exécutent, gardant cependant le buste incliné en signe de déférence. Après quelque hésitation, Khaesnofrou prend enfin la parole, avec l'inquiétude et l'émotion que l'on peut éprouver en pareille circonstance :

« Souverain, mon maître, dieu vivant, fils de Rê, élu de Khnoum[7], je tiens à te dire combien nous apprécions l'immense faveur que ta majesté veut bien accorder à deux modestes serviteurs et combien, ô divin roi, nous sommes sensibles à tant de générosité. Notre fierté d'être promus à ces fonctions élevées égale la ferveur que nous inspire le dieu Ptah, notre maître vénéré. Puisse-t-il nous insuffler aussi le savoir et l'intelligence nécessaires à la réalisation de l'œuvre immense que nous aurons l'honneur d'accomplir sous ta direction éclairée, afin que, le moment venu, tu puisses t'élever vers ton père Rê et te confondre en lui. »

Kheops, impassible, la tête haute et le regard lointain, écoute la fin de l'intervention du prêtre. Il accepte ainsi les compliments habituels de ses sujets, avec l'air absent et l'indifférence d'un dieu statufié recevant ses offrandes. Mais, sans attendre l'éventuel discours de remerciement de son cousin Hemyonou, il se lève, dès la dernière parole de Khaesnofrou. Il descend de son trône. Se diri-

---

6. Généralement le pharaon désigne ainsi les hauts fonctionnaires titulaires d'emplois importants, qu'il choisit de préférence dans sa famille ou dans l'aristocratie ou bien encore parmi les fonctionnaires zélés ayant brillamment rempli des missions confiées par le souverain (d'après P. Montet, *L'Égypte éternelle*, Éditions Marabout, 1987).

7. Dieu à tête de bélier, créateur de la vie, potier modelant sur son tour l'œuf d'où toute vie doit sortir (D.C.E.).

geant vers la monumentale porte en cèdre sculpté, close à l'arrière de la grande salle de réception, il ordonne aux deux hommes de le suivre. Quatre gardes se précipitent et poussent les énormes battants qui livrent l'accès à une salle plus petite. Le pharaon y pénètre, suivi des deux maîtres d'œuvre. Tandis que l'énorme porte se referme derrière eux, ils aperçoivent, suspendu par des cordages, le long d'un mur, un panneau de papyrus tendu dans un encadrement de bois. Se saisissant d'une tige d'acacia posée contre le mur, Kheops pointe son extrémité sur le panneau :

« Voici le dessin de la future pyramide, telle que je la vois : elle sera plus large et plus élevée que la plus grande pyramide édifiée par Snefrou, et bâtie de pierre d'éternité ; ses faces auront une pente unique, lisse et régulière jusqu'à son sommet. »

Les deux maîtres d'œuvre nouvellement pressentis déchiffrent progressivement le croquis de la base et de l'élévation rabattue de cette pyramide. Le monument se révèle démesuré, d'après la « mise au carreau[8] » et les dimensions portées sur le plan. L'effet de surprise visible alors sur le visage d'Hemyonou n'est même pas perçu par Kheops, qui poursuit son exposé :

« Ce dessin n'est qu'une esquisse, réalisée à ma demande durant la dernière saison *Akhet*[9]. La pyramide sera édifiée, avec son temple de culte, sur le plateau de Gizeh. Son implantation approximative, déjà examinée par les prêtres du temple de Memphis, devra faire l'objet d'une étude plus précise. Khaesnofrou, tu m'informeras, dès que possible, de la conjoncture la plus favorable pour procéder aux cérémonies de fondation. Il te faudra poursuivre l'étude et me proposer un projet plus détaillé de ma future « demeure d'éternité ». Tu y préciseras les dimensions définitives qui te paraîtront correspondre le mieux à sa destination et à sa vocation spirituelle. Les contraintes techniques de sa conception monumentale devront, bien entendu, trouver les réponses nécessaires. Tu t'appliqueras à définir les positions et les proportions des vides intérieurs :

8. Une trame carrée était presque systématiquement utilisée pour guider le cadrage, la mise à l'échelle et assurer la proportionnalité des dessins. On retrouve encore cette mise au carreau sur certaines fresques inachevées.

9. C'est la saison de l'inondation, qui commençait aux environs du 19 juillet ; les deux autres saisons portent les nom de *Peret* pour la période des semailles et *Chemou* pour les récoltes en été.

chambre sépulcrale, système de défense, galeries d'accès et entrée secrète. Parallèlement, tu concevras le plan de masse général de la nécropole, comprenant le port, le temple d'accueil, la chaussée d'accès, le temple de culte adossé à la pyramide, sans omettre les logements destinés aux nefs solaires. Tu utiliseras opportunément les compétences et l'expérience d'Hemyonou, qui a œuvré à l'achèvement de la dernière pyramide de Snefrou à Dahshour. Ses connaissances en matière d'organisation et de gestion des chantiers de travaux monumentaux te seront utiles pour définir des orientations réalistes. Je te recommande également les services du scribe Khoufou-Ankh [10], qui s'est acquitté de la tâche d'établissement de cette esquisse, suivant mes directives. Ce scribe a aussi une formation religieuse et artistique intéressante ; je lui ai confié, dernièrement, la direction de la maison de vie [11] ; il pourra pourvoir grandement à vos besoins en techniciens et scribes au stade de la conception et de l'exécution des ouvrages : il participe en effet à la formation spirituelle et technique de nombreuses équipes d'artisans de talent.

« Quant à toi, Hemyonou, tu devras prendre connaissance des diverses phases d'étude pour en apprécier toutes les difficultés d'exécution prévisibles et trouver les moyens appropriés pour les surmonter. Tous les plans qui me seront présentés devront être réalisables avec nos ressources en hommes, en matériel et en outils. Comme je viens de le dire, il t'appartiendra de mettre au service de ces études tout le poids de ton expérience des chantiers. Tu décèleras les éventuelles imperfections ou lacunes des dessins. Tu imagineras les aléas de mise en œuvre de telle ou telle conception et tu les préviendras. Parallèlement, tu t'aviseras de la qualité, des quantités et des délais nécessaires. Car c'est à toi que revient la responsabilité de l'édification finale de ce monument qui me tient à cœur.

« Je sais que la tâche à accomplir est grandiose, à l'image des

---

10. Sur le sarcophage n° 44 du musée du Caire, le défunt Khoufou-Ankh est désigné comme « chef de tous les travaux du roi » sous le règne de Kheops. Comme Hemyonou, il est supposé avoir participé à la construction de la Grande Pyramide.

11. Institution culturelle qui avait des activités multiples, en regroupant notamment des scribes attachés aux grands sanctuaires, des médecins, des professeurs. Les artistes et les décorateurs dépendaient aussi de ces maisons de vie (D.C.E.).

espaces célestes qu'il me faut rejoindre. Jamais encore aucun roi n'a osé, de son vivant, s'approcher aussi près des dieux du ciel : ni le grand Djeser, aidé du génial Imhotep, ni Houny, ni Snefrou. Grâce à cette Grande Échelle, avec l'aide de Rê et d'Horus, lorsque les dieux m'appelleront, je m'élèverai vers eux, salué par Isis. Alors, je serai accueilli au ciel, dans le cercle des "étoiles impérissables". Ainsi, par votre œuvre, vous serez glorifiés et vos familles seront honorées, comme ceux qui assureront mon culte.

« En résumé, je vous demande de vous organiser pour me présenter les dessins de la future nécropole avant la fin du quatrième mois de la saison Chemou. Vous me proposerez également un programme de déroulement des travaux, sur lequel devra apparaître la livraison au plus tôt de la pyramide, de son temple de culte et des loges de protection des barques solaires. Ce programme définira les moyens en hommes, matériaux et équipements nécessaires pour aboutir à un achèvement des ouvrages précités dans le temps le plus court. Sothis [12] ne devra pas apparaître plus de vingt-cinq fois sur le même horizon où se lève le dieu Rê. C'est le temps qui m'a été prédit, lors de la consultation de l'oracle de Ptah, pour la construction de ma "demeure d'éternité". Je vous engage à m'informer, sans tarder, des éventuels obstacles qui pourraient gêner ou arrêter vos premières études. Vous pouvez prendre possession, dès maintenant, du présent dessin de définition établi par Khoufou-Ankh ; mais, auparavant, posez toutes les questions qui vous paraissent utiles. »

Dès lors, la prise de conscience du gigantisme de l'œuvre, esquissée dans ses grandes lignes par le dessin rudimentaire de la pyramide proposée, et l'attachement du souverain à ce projet placent les deux architectes dans l'embarras. Comment formuler des questions qui ne soient pas marginales, désuètes, au regard du sujet grandiose abordé par Kheops ? Faut-il, concrètement évoquer certains points techniques ? alors que la définition de l'ouvrage apparaît immensément floue, tandis que la détermination de Pharaon ne souffre pas le moindre doute.

---

12. L'étoile Sirius dont le lever héliaque (coïncidant avec le lever du soleil) marquait le début de chaque année, avec une erreur de l'ordre de six heures. L'année sothiaque correspond donc de manière assez satisfaisante à l'année que nous connaissons.

Le silence s'installe, seulement troublé par le crépitement irrégulier des torches à huile, et le monarque promène lentement un regard scrutateur sur ses deux maîtres d'œuvre. Hemyonou transpire de toute sa corpulence, gardant les yeux rivés sur l'esquisse, sans oser croiser le regard curieux du dieu roi. C'est finalement Khaesnofrou qui rompt ce silence :

« Ô majesté, nous avons perçu toute la grandeur et tout l'enjeu spirituel de l'immense tâche dont tu as bien voulu nous honorer.

« L'intérêt que tu portes à la dimension de cet ouvrage, symbole de la puissance de ton règne et de ta dévotion aux dieux, devient, dès aujourd'hui, notre première préoccupation et la vocation de notre vie sur cette terre. Nous te prions, ô vénéré seigneur, de nous pardonner si nos interrogations te paraissent quelquefois insuffisantes, déplacées ou futiles ; nous parlerons comme l'enfant qui découvre le monde en questionnant son père, en toute innocence :

« Je m'interroge, en premier lieu, sur les cotes qui sont mentionnées sur le présent papyrus. Ont-elles été définitivement arrêtées d'après cette étude ou bien méritent-elles des réajustements ? Faut-il prévoir l'implantation et les dimensions de la chambre royale du tombeau suivant la conception adoptée dans la dernière pyramide de Snefrou ? Enfin quels sont les moyens dont nous disposerons, Hemyonou et moi, pour mobiliser les ressources nécessaires en matériaux, matériels, outils et hommes, en vue de mener à bien l'ensemble de la réalisation de ta nécropole ? Voilà les premières questions qui me viennent aux lèvres, ô grand roi. »

Malgré quelques précautions de langage, Khaesnofrou a prononcé son discours d'une voix égale, avec une relative sobriété qui ne lui est pas coutumière. En tant que grand prêtre de Ptah, pratiquant plus souvent les louanges et les paroles incantatoires, il aurait pu s'adresser à Kheops sous une forme oratoire émaillée des salamalecs habituels réservés au pharaon. Il a volontairement adopté un style plus dépouillé, pour plusieurs raisons. Il sent le roi impatient de vérifier quel a été l'écho de son exposé technique sur le projet qui le préoccupe. Il pense donc rassurer le souverain, non par un exercice de style, enjoué et flatteur, mais en rentrant dans le vif du sujet. Demander ces précisions au pharaon lui a paru naturel, pour exprimer toute la force de son engagement dans la prise en charge de ses fonctions nouvelles de chef de tous les travaux du roi. De plus, en habile stratège, il s'est rendu compte combien la volonté et la sensibilité du monarque se trouvent totalement accaparées par la construction de sa nécropole. Et il ne doute pas que cette occasion ne soit très favorable pour introduire une simplification des rapports de communication avec le dieu roi. Cet allègement du protocole facilitera, il en est persuadé, les multiples présentations techniques qui devront être proposées à Kheops, lors de la mise au point de son projet. Enfin, le fait que ce dernier ait tenu à s'entretenir de ce sujet exclusivement avec les deux maîtres d'œuvre a encouragé Khaesnofrou dans sa démarche audacieuse.

Il attend donc la réaction du dieu roi, les bras le long du corps, la tête baissée. Sa longue robe de lin blanc tombant strictement de la base du cou jusqu'à ses pieds met en évidence la ligne filiforme et la haute taille du personnage. Le pharaon distingue le crâne luisant, le nez long et fin de cet oncle qu'il a choisi pour mener à bien tous ses travaux. Il se souvient l'avoir rencontré deux fois, en compagnie de son père, lors de cérémonies rituelles. Des lunes ont passé ; l'homme n'a pas changé. C'est toujours ce profil de vautour mal nourri qui apparaît encore, à la lumière grésillante des torches à huile élevant leurs flammèches de part et d'autre du papyrus. Kheops va enfin pouvoir vérifier, dès maintenant, les qualités techniques du grand prêtre : sa renommée d'homme de science est reconnue bien au-delà du Mur blanc[13], jusque dans des *nomes* lointains des provinces du Sud.

Le silence marquant cette courte réflexion, troublé par le seul crépitement irrégulier des flambeaux, est tout aussi éprouvant pour les deux maîtres d'œuvre que l'immobilité révérencieuse dans laquelle ils se sont figés.

« Je comprends le sens important de tes interrogations, Khaesnofrou, et je te répondrai clairement. À l'instar du dieu Ptah, qui conçut l'univers avec son cœur[14], avant de le fabriquer par la force du verbe créateur, je dois dire que j'ai imaginé, longuement, dans le secret de mon propre cœur, les dimensions de ce futur tombeau. Je les ai maintes fois rectifiées moi-même, sur différentes épreuves ébauchées sur papyrus. J'ai finalement abouti à celles que vous voyez sur ce dessin mis au net. C'est donc une longue exploration

13. Voir note 1 ch. I. p. 21

14. Le cœur était pour les Égyptiens le siège de la pensée. C'est pourquoi, avant l'embaumement, ils extrayaient le cerveau et tous les viscères du corps du défunt, tandis que le cœur était laissé en place pour accueillir l'âme.

qui m'a déterminé à adopter les proportions ainsi reproduites par Khoufou-Ankh. Cependant, je ne suis pas opposé à ce que vous me proposiez des rectifications, justifiées, de certaines cotes, à condition que celles-ci soient mineures. Elles ne doivent surtout pas remettre en cause la forme générale du monument. En particulier, la hauteur ne doit pas être inférieure à celle que j'ai fixée. Quant aux dispositions intérieures de la chambre royale, tu auras, Khaesnofrou, la responsabilité d'en concevoir les dimensions. Celles-ci devront être suffisantes pour contenir mon mobilier et mes objets les plus chers ; elles seront pourtant limitées pour s'opposer à la rupture de son plafond et à l'écrasement qui en résulterait. Tu me présenteras plusieurs solutions et je choisirai. Enfin, pour répondre à ta dernière question, sache que je donnerai ordre à toutes les instances du royaume de haute et de basse Égypte de se mettre à votre disposition pour vous faciliter quelque approvisonnement qui soit nécessaire. Vous disposerez donc, à profusion, des matériaux, matériels, artisans de diverses professions que vous jugerez utiles au chantier de ma nécropole. Avant la fin de cette saison, Peret, les nomarques, prêtres ou scribes des temples, maisons de vie, ateliers et entrepôts royaux, seront officiellement saisis de cette décision.

« Qu'as-tu à dire, Hemyonou ? toi qui es resté silencieux et impassible comme le crocodile. »

Cette interrogation soudaine du pharaon ébranle l'énorme masse de chair qui se met à tanguer et à haleter, comme animée par un souffle nouveau. En vérité, Hemyonou se trouve flatté par cette comparaison amusée qui lui est personnellement adressée par le dieu roi.

« Divin Seigneur, si j'ai bien lu le dessin de Khoufou-Ankh, la Grande Pyramide que tu désires voir édifier aura une base carrée de près de 450 coudées (235 m) de côté et une hauteur voisine de 275 coudées (144 m). La quantité astronomique de pierre qui entrera dans la composition de ce monument gigantesque nécessitera des moyens d'extraction et de transport de ce matériau encore jamais mis en œuvre par tes prédécesseurs ; car il faudra réaliser l'ouvrage dans le délai que ta majesté a fixé. Aurons-nous toutes les possibilités d'exploiter un aussi grand volume de pierre et de le véhiculer sur le site de Gizeh ?

« Ma deuxième question complète la première. Tu sais, ô mon roi, combien le bois, ce matériau noble de la construction, fait défaut dans notre pays lorsqu'il s'agit d'en utiliser pour de grands ouvrages. Le bois d'acacia ne suffirait déjà pas à assurer la construction des navires, des chalands et de certains traîneaux de grandes dimensions. Nous aurons cependant grand besoin de longues pièces de ce matériau résistant et léger, pour fabriquer les échafaudages, machines de traction et de manutention des blocs de pierre. Le bois de qualité devra être disponible en quantité, si l'on veut assurer toute la vélocité de mise en œuvre que tu désires ; il devra être transformé en engins, qui constitueront les mains et les bras puissants du dieu de Memphis, indispensables à l'accomplissement de l'ouvrage exceptionnel que tu projettes. Ces machines devront permettre d'élever, de mettre en place certains volumes de pierre qui nécessiteraient la force conjuguée d'ouvriers plus nombreux que tous les jours de l'année.

« Quels arbres, quelles forêts ? pourraient nous fournir, à volonté, ces bras et ces mains doués de la force divine. Voici, mon roi vénéré, ce qui me préoccupe au premier chef. »

Une flamme faite d'intelligence, d'émotion, de curiosité, constrastant avec l'aspect difforme et adipeux de Hemyonou, luit dans ses yeux depuis le début de son exposé. Elle marque la passion montante du constructeur, qui commence à prendre la mesure de l'œuvre envisagée, en coudées d'expérience acquise sur le tas. En effet, en homme de chantier, il a pu très rapidement saisir et évaluer les difficultés immédiates du projet royal. Il appréhende déjà les obstacles essentiels, indubitables. Il se demande aussi s'il n'a pas été trop direct, trop brutal dans l'exposé de ceux-ci, et c'est dans un souffle de soulagement qu'il a prononcé ses derniers mots. Il transpire, haletant de plus belle, la tête, enchâssée dans son énorme cou, dodelinant au rythme saccadé d'une respiration difficile.

Pour Kheops, intéressé par ces paroles de bon sens, le visage d'Hemyonou reflète la clairvoyance et la vivacité de l'imagination avivées dans la braise de ses yeux. Ce regard compose étrangement avec un nez busqué, des joues épaisses, des lèvres serrées au-dessus d'un menton proéminent. Et c'est finalement une impression de malice entreprenante, positive, qui rayonne de cette face ronde, disproportionnée par rapport au corps massif. Ainsi, la première sensation défavorable que lui avait laissée la silhouette lourde et disgracieuse d'Hemyonou s'est maintenant estompée. Seule subsiste cette lueur chaleureuse et communicative, telle la flamme de ces torches dans la pénombre.

« Tu me rassures, Hemyonou. Ton silence me laissait croire que tu pouvais être découragé par l'ampleur de la tâche à accomplir. Je m'aperçois qu'il n'est est rien : tu as retiré, de ta première connaissance du projet, des observations précieuses qui te suggèrent des questions fondamentales sur les moyens indispensables à sa réalisation. En effet, l'édification d'une aussi grande pyramide et de ses temples exigeront l'extraction et le transport d'une masse de pierre considérable, encore jamais atteinte lors de la construction d'une "demeure d'éternité". Cela ne m'inquiète pas outre mesure. Lors des fouilles effectuées, en plusieurs points, au sud-est du plateau de Gizeh, j'ai acquis la certitude que le gros œuvre de ma pyramide pourrait être totalement appareillé à l'aide des blocs de calcaire extraits des bancs réguliers constituant ce site remarquable. Les carriers chargés d'évaluer ces possibilités m'ont assuré que plusieurs pyramides, de dimensions comparables à celle-ci (le pharaon pointe sa canne vers le papyrus), pourraient être bâties avec le calcaire que recèle le plateau... À l'exception, bien sûr, des pièces maîtresses de pierre noble devant protéger de l'écrasement les vides de construction. Une telle proximité de la pierre m'a incité à concevoir ces proportions généreuses, encore jamais envisagées pour une sépulture.

« Ta seconde préoccupation, Hemyonou, est aussi la mienne. Je ne doute pas qu'un tel appareillage de monolithes ne mérite une quantité correspondante de ce bois apte à la mise en œuvre des blocs de maçonnerie. Je sais combien mes terres du Nord et du Sud sont dépourvues de ces grands arbres au tronc suffisamment droit et sain pour en équarrir de longues pièces régulières et résistantes. Nos acacias permettent tout juste, en effet, de fournir des douves pour nos péniches, et nos sycomores sont trop tendres et impropres à l'équarrissage de volumes adaptés. Aussi, je compte beaucoup sur l'utilisation de la réserve de bois de cèdre que des bateaux ont rapportée, en grande quantité, depuis Byblos, pendant le règne de mon père. Une quarantaine de ces grands navires, lourdement chargés, avaient ainsi approvisionné les entrepôts royaux de Memphis. Il reste encore un volume impressionnant de ces bois nobles, dont certains sont longs de plus de 40 coudées. Il te faudra en inventorier le stock. Tu me diras alors, rapidement, s'il suffira ou non à la confection des machines diverses que tu auras conçues pour tirer et élever les monolithes. Mon père et moi avons gardé d'excellentes relations avec le roi de Byblos, grâce au commerce constant que nous entretenons avec lui. En cas d'insuffisance de nos réserves, j'armerai alors la flotte nécessaire. Celle-ci fera parvenir à ce monarque les vases d'or et d'argent, les pièces de lin et de papyrus, les cordages et les lentilles qu'il réclamera, vraisemblablement, en échange du bois de sapin et de cèdre indispensable à nos travaux.

« Voilà, Khaesnofrou et Hemyonou, les informations que je tenais à vous communiquer, avant que vous n'entrepreniez, sans tarder, l'étude et l'organisation des travaux de ma future nécropole. N'hésitez pas à me renseigner sur leur avancement ou sur les difficultés éventuelles que vous pourriez rencontrer, sans attendre que je vous le demande. Les portes de mon palais resteront ouvertes pour vous : j'en donnerai l'ordre.

« Khaesnofrou, je te ferai apporter, dès demain, ce dessin, ainsi que la liste des noms des prêtres, techniciens et scribes qui ont déjà participé à l'étude préliminaire de ma future pyramide et de son site d'implantation. »

Ainsi s'acheva le premier entretien de Kheops et de ses deux maîtres d'œuvre.

Sous la chaude caresse du vent du sud, l'orge balance des épis d'une belle couleur brune, là-bas, dans la vallée. Il ondule, non loin du promontoire du plateau de Gizeh, sur la pente douce qui vient se perdre dans les ajoncs et fourrés de papyrus. La saison Chemou consume ses derniers jours, au feu du dieu Rê.

Cinq lunes se sont renouvelées, depuis que Khaesnofrou et Hemyonou ont pris leurs premières directives du roi. Une superficie équivalente à un carré de 500 coudées (260 m) de côté a été débroussaillée, non loin de la rive occidentale du grand canal de Memphis. C'est là que les deux maîtres d'œuvre viennent de décider, avec l'accord du pharaon, d'entreprendre, sans plus tarder, les travaux du port d'accueil. Là accosteront les chalands qui assureront l'approvisionnement du futur chantier du complexe funéraire. Et pourtant, de lourdes hypothèques pèsent sur le projet...

Quelques jours auparavant, une réunion de travail a eu lieu au palais du pharaon pour lui présenter les dispositions du plan de masse de la nécropole de Gizeh. Le dessin correspondant, établi dans les ateliers du temple de Ptah par les prêtres et scribes dirigés par Khaesnofrou, a fait l'objet d'une discussion particulière sur la direction de la chaussée d'accès et sur la position du temple d'accueil. Il s'est agi de décider si la voie serait implantée perpendiculairement à la face est de la pyramide ; ce tracé conditionne en effet la position du temple et des ouvrages portuaires, en bordure du canal. En fait, le dessin initial mentionnait une telle direction orthogonale. Mais une réserve introduite par Hemyonou et partagée par Khaesnofrou a été soumise au roi. Du fait de l'escarpement rocheux que constitue le plateau, il restait à vérifier si cette direction se trouverait adaptée aux conditions physiques et géologiques du site. À ce sujet, Kheops a accepté de s'en remettre aux appréciations des techniciens qui se rendront sur le terrain. Pour le reste, il a approuvé l'implantation des différents édifices, réclamant plus de détail sur leurs dimensions. En particulier, la seule représentation de la pyramide en plan et en élévation n'a pu le satisfaire. Malgré les précisions dimensionnelles complémentaires mentionnées sur papyrus par les architectes, il s'est montré impatient d'apprécier totalement le volume du monument. Il a alors imposé que l'on en réalise une maquette à échelle réduite. Ainsi pourra être jugée la perspective réelle de la pyramide. La position de la chambre funéraire l'a aussi préoccupé, tout autant que ses moyens d'accès et de défense. En conséquence, il a chargé Khaesnofrou de compléter ses études. Enfin, après avoir reçu des confirmations rassurantes sur l'exploitation possible des carrières de pierre du site, il s'est inquiété des délais que prendrait la réalisation de cette pièce maîtresse de la nécropole.

Dans ce domaine, Hemyonou n'a pu encore fournir des éléments précis et sûrs. Il a expliqué au souverain combien l'organisation des moyens en hommes et en équipements était fonction du dessin final et de la position des ouvrages essentiels de la pyramide. Certes, il a pu calculer le volume global de la pierre nécessaire au gros œuvre : il a indiqué au roi des estimations approchées concernant les effectifs d'ouvriers, les matériels et outils indispensables à l'extraction et au transport du matériau de gros œuvre. Les abords immédiats de la nécropole recèlent bien la quantité suffisante de bon calcaire, en lits superposés, réguliers, faciles à exploiter, et il est possible d'en déduire les cadences d'approvisionnement du chantier. Le réel problème n'est pas là. Si l'on veut établir avec certitude le temps de construction de la pyramide dans son ensemble, il faut connaître la difficulté d'exécution de ses structures particulières.

Kheops en est finalement convenu. Il a demandé aux maîtres d'œuvre d'apporter, dans les prochains jours, des réponses à ces différents points encore nébuleux.

Dans les ateliers du temple, dirigés par le grand prêtre de Ptah, les scribes ont donc poursuivi leurs études, en complétant les élévations par le dessin des différents vides qui matérialiseront les appartements funéraires du pharaon. Alors sont apparues des conceptions surprenantes, sous les yeux incrédules d'Hemyonou, venu s'informer, quelques jours plus tard, de l'état d'avancement du projet : Khaesnofrou a totalement embrassé l'idée d'une construction monumentale, mais, dans son adhésion au gigantisme, il a poussé l'audace jusqu'à envisager la mise en œuvre de monolithes vingt fois plus volumineux que ceux couramment utilisés. Ces énormes volumes sont implantés à des hauteurs encore jamais atteintes dans les pyramides précédentes. Ainsi, une chambre se trouve représentée dans la superstructure du monument, incorporée dans la maçonnerie, à une quarantaine de coudées (environ 20 m) au-dessus de la première assise. Pour Hemyonou, un tel projet tient du rêve, de la divagation. Il en vient même à se demander si un génie pervers ne se serait pas, malignement, emparé du cœur de Khaesnofrou, le déroutant de son cheminement dans le monde du réel : des blocs mesurant 10 x 5 x 2 coudées et pesant environ 30 tonnes figurent en élévation sur les dessins à l'altitude précitée. Toute l'astuce et la force de milliers d'hommes, avec les leviers et cordages couramment employés, ne pourraient venir à bout de ces volumes divins. À moins que le grand prêtre n'ait percé certains mystères que lui aurait révélés le dieu Thot...

Mais l'inquiétude d'Hemyonou a viré à l'angoisse lorsque Khaesnofrou lui a appris qu'il avait obtenu, la veille, un encouragement inconditionnel de Kheops, dans cette démesure conduisant à envisager l'élévation de blocs gigantesques : « Plus volumineuses seront les pierres d'éternité, mieux elles résisteront aux agressions du temps et plus vite sera construite cette grande échelle qui doit joindre la terre et le ciel pour faciliter mon ascension, mon voyage futur vers l'au-delà », s'était exclamé le dieu roi, sans souci de la logistique de construction. Ainsi avait-il exprimé sa confiance inconsidérée envers le grand prêtre et ses connaissances techniques. Vraisemblablement le souverain imaginait-il son chef de tous les travaux, et les autres maîtres d'œuvre, en possession des moyens d'appareillage de ces volumes de pierre aux dimensions exceptionnelles.

Enfin, la stupéfaction d'Hemyonou est totale lorsqu'il se rend compte que cette gigantesque entreprise a pour seul fondement les dessins d'esquisse présentés au monarque, sans aucun support technologique permettant de passer de la conception à la réalisation. Il comprend surtout que, sans qu'il ait eu à donner son avis de praticien, le grand prêtre les a engagés tous deux dans cette folle aventure. Il le dit à Khaesnofrou. Il explique l'impuissance et les limites manifestes des technologies et moyens connus jusqu'alors, en matériel et en hommes, qui ne permettront pas de répondre à de tels exploits. Il s'en remet au dieu Ptah ou à Thot qui seuls, par science ou par magie, pourraient inventer des machines vingt fois plus performantes que les simples leviers dont il avait envisagé la fabrication. Car il s'agissait bien de mettre en fabrication ces leviers-là, et non des engins doués d'une force surnaturelle, lorsqu'il avait suggéré à Kheops le problème d'approvisionnement en bois de construction, dès leur premier entretien.

« Comment Khaesnofrou a-t-il pu concevoir de soulever ces monolithes gigantesques, aussi hauts, dans les espaces où plane le faucon ? » se répète amèrement Hemyonou.

Le grand prêtre tente alors de calmer ses alarmes :

« Puisque tu évoques notre dieu des artisans, Hemyonou, sache qu'il t'a choisi : j'ai consulté l'oracle. Tu recevras ce trait du ciel qui perce la nuée obscure. Toi seul pourras l'apercevoir. Ainsi le veut Ptah : parce qu'il sait ton cœur tout prêt à recevoir cette lueur fulgurante. N'a-t-il pas déjà guidé ton ingéniosité vers la connaissance d'une meilleure utilisation des forces ? N'a-t-il pas merveilleusement inspiré ton esprit, lorsque tu as conçu cette première machine étonnante, capable de haler à distance des charges deux fois plus lourdes avec deux fois moins d'ouvriers ?

En faisant ce rappel, Khaesnofrou sait qu'il flatte l'esprit inventif d'Hemyonou. Mais il ne croit pas calmer sérieusement son inquiétude. Tant il est vrai que, jusqu'alors, des monolithes aussi pesants n'ont pratiquement pas été élevés dans les constructions : tirés sur

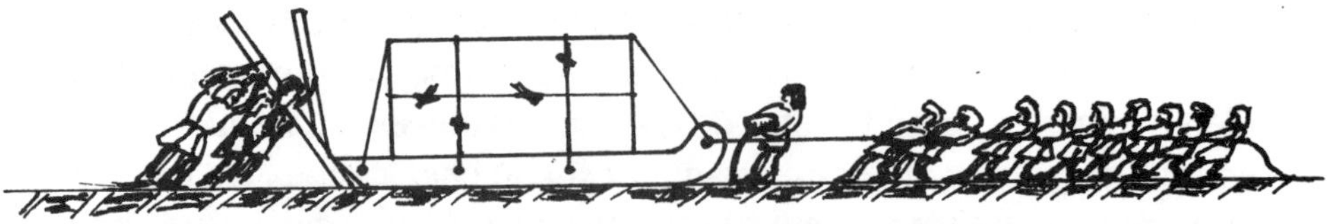

Deux leviers du deuxième genre, actionnés à l'arrière des patins du traîneau, peuvent le faire progresser en produisant une poussée vers l'avant. Un ouvrier lubrifie le cheminement du traineau : il verse de l'eau sur l'argile, constituant ainsi une surface de glissement qui réduit de 4 à 5 fois la force de traction nécessaire.

Un levier du deuxième genre peut être utilisé en traction par l'intermédiaire d'un cordage.

Traîneau (tombe proche de la Vallée des Rois)

des rampes horizontales ou descendantes à l'aide de traîneaux, ils ont été appareillés au niveau du sol ou en sous-sol, par glissement et ripage depuis leur véhicule jusqu'à leur ajustement final.

En effet, les propos élogieux du prêtre ne trouvent pas grand écho dans le cœur d'Hemyonou. Au contraire, le chef des travaux de la nécropole ressent, de plus en plus écrasante, cette pression qui pèse sur sa tête et sur ses épaules, comme proportionnelle à la masse des imposants monolithes qu'il vient de découvrir sur les dessins. Sur son front où perle la transpiration, sa main passe périodiquement. Il évalue, plus précisément, l'ampleur du rêve, le débordement de l'imagination, qui ont conduit Khaesnofrou à cette conception démesurée. Et l'apparente conviction, ou la foi, qu'exprime le grand prêtre lorsqu'il invoque son ingéniosité favorisée par le dieu tutélaire, ne l'agacent même pas. Accablé, il renonce à envisager ce défi technique qu'il considère comme perdu d'avance. Même s'il est vrai que lors de la construction de l'une des pyramides de Dahshour il avait réussi à mettre au point ce levier articulé en pied, relié à une corde, permettant de haler des charges imposantes. Cette machine à mouvement alternatif avait effectivement développé une force équivalente à celle d'un équipage d'une quarantaine d'hommes, alors que quatre ouvriers seulement suffisaient à son utilisation. Hemyonou avait pu, ainsi, procéder à la traction de traîneaux chargés de monolithes de 2 à 3 tonnes, avec deux de ces leviers de traction correctement coordonnés. Mais des limites ergonomiques de manœuvre étaient apparues à l'usage, dues au fait que les bras de ces leviers articulés offraient une place réduite aux ouvriers chargés de les actionner. Et, pratiquement, c'est au plus 4 à 5 hommes par appareil qui pouvaient y exercer leur force simultanément.

Aussi, lorsque Khaesnofrou insiste, encore aujourd'hui, sur l'emploi de ce type de machine, Hemyonou a tôt fait de lui démontrer, croquis à l'appui, les ultimes possibilités d'action d'un tel engin de traction. Il évoque, en outre, les multiples obstacles qui s'opposeraient à l'élévation de ces blocs divins à des altitudes d'une quarantaine de coudées. Pour atteindre une pareille hauteur, il faudrait employer des myriades d'ouvriers à la construction et à la démolition des gigantesques rampes ascendantes, en briques ou en terre, longues de deux milliers de coudées, indispensables au cheminement des traîneaux halés. De tels ouvrages provisoires ne seraient pas concevables au regard des moyens disponibles.

Lorsque Hemyonou quitte l'atelier du temple de Ptah, le doute assaille Khaesnofrou : il craint de plus en plus que certaines structures monumentales de la future pyramide de Kheops ne puissent pas être mises en œuvre, sinon avec l'aide des dieux qu'il évoquait. Sa foi envers les progrès d'une technologie naissante se trouve sérieusement ébranlée. Le grand prêtre commence à évaluer alors l'irréalisme du projet audacieux dont il a imprudemment négligé de vérifier la faisabilité.

Que n'avait-il soumis son projet hardi et original à l'examen préalable de cet expert dans l'exécution et l'organisation de gros chantiers ? La crainte d'être contesté, de voir remises en cause par un homme de chantier certaines de ses idées, l'avait malheureusement emporté sur la sagesse et le réalisme : il avait voulu aller dans le sens d'une œuvre surprenante de grandeur dans ses formes extérieures, novatrice dans l'intelligence et la spiritualité de ses aménagements internes.

Il se trouve maintenant confronté à l'impossibilité de mettre en œuvre certains des blocs de pierre constituant la structure même des vides de construction. Car, depuis le sol d'assise jusqu'à cette chambre funéraire dont Kheops avait tant apprécié qu'elle soit à un niveau élevé, « le plus proche des dieux », des monolithes gigantesques, empiriquement dimensionnés, se trouvent, çà et là, appareillés. En fait, pour contenir ces forces énormes, incommensurables, générées par les masses de pierre surmontant les appartements du pharaon, Khaesnofrou a évidemment privilégié la sécurité. C'est pourquoi, en l'absence de règles tirées de l'expérience, les galeries et chambres situées au-dessus du sol ont été coiffées de ces blocs aux dimensions démesurées qui ont effrayé Hemyonou. Ces volumes inhabituels, positionnés à des dizaines de coudées au-dessus de l'assise du monument, causent dès lors un trouble croissant au grand prêtre. N'a-t-il pas trop présumé des performances de la machine d'Hemyonou et surtout de l'extension possible de ses capacités ?

C'est alors, rongé par l'incertitude d'aboutir, qu'il décide, prudemment, de compléter son projet. Il y ajoute une deuxième chambre funéraire. Elle sera souterraine, afin que son exécution ne pose aucun problème technique. Il revient ainsi aux conceptions sûres couramment appliquées dans les pyramides déjà édifiées. Pour faire admettre au souverain — qui ne manquera pas de s'en inquiéter —

cette modification conceptuelle importante, il pense invoquer la nécessaire prévention d'un risque : celui du départ précoce, du voyage anticipé du pharaon dans les espaces célestes, vers l'au-delà. Une telle éventualité exige de disposer au plus tôt de cette chambre funéraire basse, pouvant être livrée dès les premiers mois des travaux. Elle recevrait le défunt roi, dans l'attente de l'édification de sa demeure d'éternité en superstructure, plus proche de Rê.

Khaesnofrou reste cependant convaincu qu'une précaution de cette nature ne saurait le soustraire au défi technique proposé par ses dessins ; car, si le règne de Kheops devait durer au-delà du temps de construction de sa pyramide monumentale, il faudrait bien avoir réalisé cette chambre funéraire haute pour laquelle celui-ci manifestait un si vif intérêt.

Dans une telle conjoncture, le grand prêtre imagine bien ce qu'il adviendrait s'il devait avouer au pharaon son impuissance à élever les blocs de construction de ses appartements funéraires. Le courroux du dieu-roi serait aussi dévastateur que le feu dévorant la meule de paille en ne laissant que cendre. Cette seule évocation lui suffit. Il n'engagera pas cette épreuve qui pourrait lui coûter sa charge de chef de tous les travaux du roi ; il connaît trop l'intransigeance de Kheops. En outre, même si cela peut paraître insensé, en dépit des dernières explications techniques décourageantes d'Hemyonou, le grand prêtre entretient toujours un espoir. Il croit encore, avec sa foi d'homme de culte, que les dieux favoriseront son entreprise : ils l'aideront à trouver cette machine surpuissante, répondant aux prouesses de réalisation des superstructures qu'il a conçues. Des lunes se succéderont avant de procéder à l'élévation des premiers gros monolithes. Ce délai devrait autoriser une recherche intensive, dans plusieurs directions, en ce qui concerne plus particulièrement les moyens de traction des pierres de grand volume. Et il ne désespère pas de voir participer Hemyonou, dont il connaît la pugnacité. Il sait combien ce gros homme peut déployer d'ingéniosité et user de tous ses artifices techniques pour venir à bout d'une réalisation ardue qu'il aurait décidé de mener à bonne fin. Le fait d'avoir qualifié son projet d'« irréalisable » ne constitue pas pour Khaesnofrou un refus définitif de la part du chef des travaux de la nécropole. Il pense que le dépit de ne pas avoir été associé à cette étude, agréée par le pharaon, la crainte, aussi, de cet immense défi de mise en œuvre de forces divines, ont chargé la langue d'Hemyonou de cette condamnation. Son cœur devrait rester ouvert et sensible à l'invention. Et, pour favoriser celle-ci, le chef de tous les travaux du roi a l'idée de mettre en fabrication, au plus tôt, deux maquettes de la future pyramide de Kheops. La première figurera le monument en cours de construction, avec ses gradins, partiellement reproduits, à grande échelle, jusqu'à un niveau suffisamment représentatif des obstacles techniques à surmonter. Cette maquette-là, il l'espère, intéressera Hemyonou ; suffisamment pour qu'il y découvre un support favorable à une investigation concrète sur les moyens possibles d'élévation des pierres gigantesques. Le praticien disposera, de la sorte, d'un champ d'application en trois dimensions, facilitant l'exercice de son imagination et le contrôle des choses faisables.

À l'inverse de Ptah qui a su donner une forme au monde suivant l'idée qu'il s'en faisait, Hemyonou pourra ainsi trouver, dans cette forme inachevée du monument, le souffle de l'inspiration créatrice : les yeux et les mains, dans leurs tentatives diverses pour simuler la mise en œuvre des monolithes, finiront bien par éveiller le cœur de l'inventeur, jusqu'à l'épanouissement d'une idée directrice. La seconde maquette, à échelle plus réduite, livrera au pharaon la reproduction de la pyramide dans son entier, telle qu'il l'avait demandée au grand prêtre.

Alors que les deux maîtres d'œuvre achèvent la visite de cette berge proche du grand canal de Memphis, dépouillée de ses roseaux et papyrus, Rê plonge derrière le vaste promontoire. Il largue ses derniers feux sur les têtes hérissées de l'orge et des bouquets de papyrus où s'organise, çà et là, le chant funèbre du peuple des cra- pauds, celui dédié au dieu finissant sa course. Les deux hommes viennent de superviser les équipes de géomètres et de scribes, dans leurs tâches d'implantation des futures installations portuaires. Au préalable, plusieurs alignements ont été tirés, depuis le site d'édification de la future pyramide. À partir d'une matérialisation approximative de sa face est, un alignement perpendiculaire à celle-ci a été d'abord concrétisé, par des piquets, jusqu'au bord de l'escarpement rocheux du plateau. Ce tracé, bien que direct, n'a pu résister à d'autres considérations plus spirituelles que techniques : les maîtres d'œuvre se sont

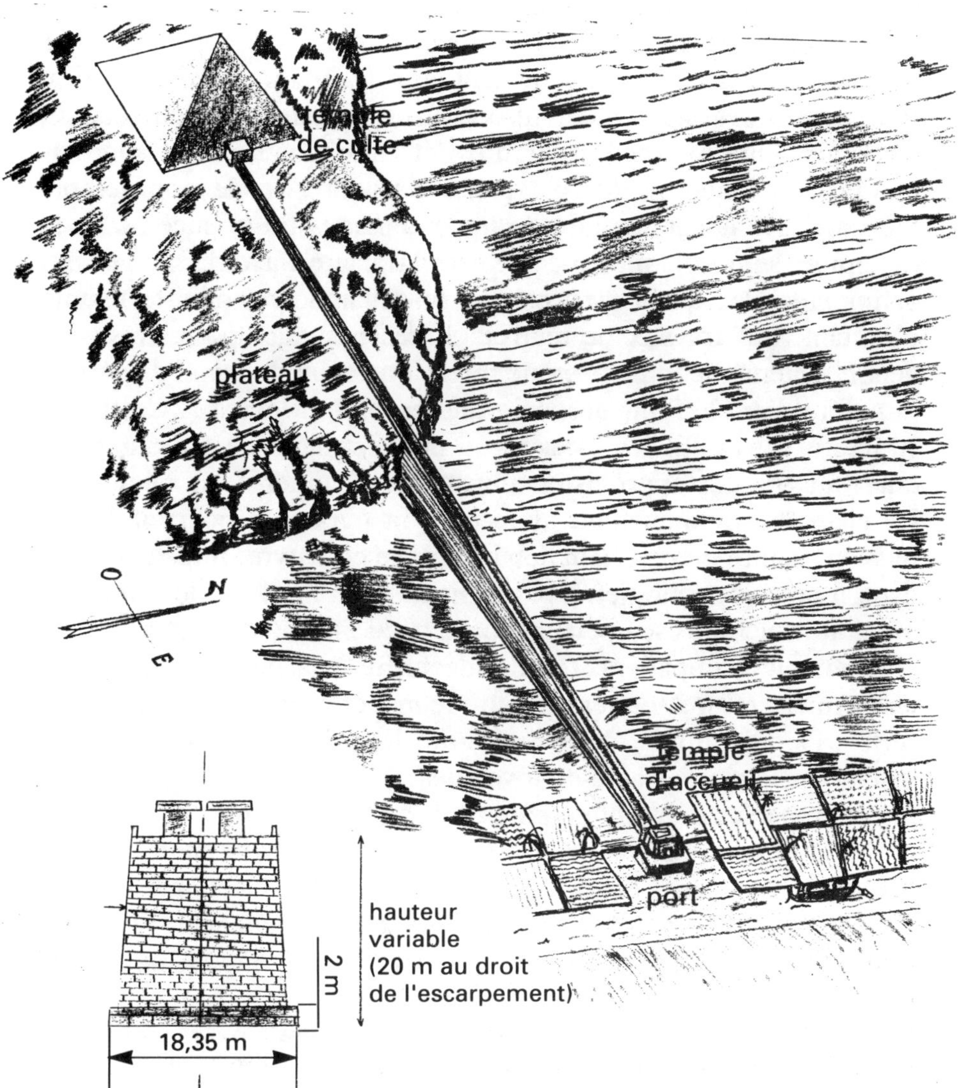

Coupe Δ Δ

Perspective du plan de masse de la pyramide de Kheops

rendu compte, bien vite, que l'emprise de la chaussée qui emprunterait un tel alignement mettrait en péril ou ferait totalement disparaître plusieurs *mastabas* datant des dynasties précédentes. Par respect de ces demeures d'éternité, les hommes de l'art n'ont pas hésité à infléchir ce cheminement très légèrement vers le nord. Poursuivant cet alignement jusque dans la vallée, ils ont abouti, alors, non loin du grand canal, à la détermination de l'axe approximatif d'implantation du complexe portuaire et de son temple d'accueil. De la sorte, en droite ligne depuis la future face est de la pyramide, se trouve plus précisément implanté l'axe de la zone qui comprendra les quais d'accostage, le débarcadère, puis le temple d'accueil. Les travaux de réalisation des ouvrages portuaires peuvent maintenant commencer, de même que ceux du canal de dérivation qui reliera le futur port au grand canal de Memphis. Ces infrastructures essentielles devront, en permanence, assurer la quasi-totalité des approvisionnements du chantier de la nécropole. La chaussée monumentale d'accès à la pyramide pourrait également connaître un prochain début de mise en œuvre. Il reste, cependant, à pratiquer une dernière vérification de la pente de cette voie qui doit franchir l'escarpement rocheux du plateau de Gizeh.

Hemyonou, impatient, fébrile, déchiffre à la lueur d'une torche les derniers relevés de terrain qui viennent de lui être remis par un scribe. Depuis le haut du promontoire jusqu'au bord du canal, des visées pratiquées à l'aide de nivelettes [15], associées au niveau à eau, ont été répétées de point en point. Les arpenteurs ont noté les différences d'altitude de chaque visée ; tandis que, sur le même alignement, une distance d'environ 776 coudées (406 m) a été mesurée du pied du promontoire jusqu'à la rive ouest du grand canal. En totalisant les altitudes partielles relevées, Hemyonou aboutit au chiffre

15. Instruments de visée destinés à aligner 3 points. Composés d'un manche solidaire d'un panneau de mire dont la partie supérieure doit s'aligner sur la ligne de visée de l'opérateur. Ces nivelettes sont encore utilisées sur des chantiers où la précision d'alignement peut être approximative. Les anciens Égyptiens utilisaient des instruments similaires dont les manches, faits de roseaux ou bambous, pouvaient coulisser les uns dans les autres pour obtenir un pied télescopique. De la sorte, chaque nivelette s'adaptait à l'altitude du point sur lequel elle se trouvait posée, afin que sa mire puisse s'aligner sur la visée. Ils pouvaient compléter ce principe d'alignement par la définition de l'horizontalité, grâce à un niveau constitué du canal d'un demi-bambou rempli d'eau et solidaire d'un pied vertical. Ainsi ont dû être appréciées les différences d'altitude.

de 49 coudées (26 m), le promontoire présentant une hauteur propre de 40 coudées (21 m). Il en déduit une pente encore acceptable pour la future chaussée qui conduira les lourds traîneaux du port d'accueil au haut du promontoire. Depuis le bord de ce dernier jusqu'au pied de la future pyramide, une distance de manœuvre de 640 coudées (335 m, importante pour le développement des files de haleurs) constitue le reste de ce cheminement, en pente plus douce (de l'ordre de 5,5 %).

Lorsqu'il découvre ces chiffres, le visage d'Hemyonou se détend et ses yeux brillent un peu plus. C'est avec précipitation qu'il s'adresse à Khaesnofrou :

« Grand prêtre, nous n'aurons pas à changer de tracé. Celui-ci convient, par la grâce de Ptah. Car la pente que je viens de déterminer, celle de la future voie d'accès, permettra le franchissement de cet escarpement inquiétant par les plus lourds chargements. Je te confirme donc les résultats de notre première investigation. Nous aurons, évidemment, plus de mal à manœuvrer sur ce tronçon qui mène du port au promontoire : il nous faudra renforcer les équipages et accentuer la lubrification sous les patins des traîneaux ; mais nous passerons. »

Le visage, jusqu'alors interrogateur, de Khaesnofrou laisse s'épanouir un sourire de soulagement. Il pense qu'ils vont enfin annoncer au pharaon le début, dans les prochains jours, de la construction des premiers ouvrages de sa nécropole. Mais une autre question le préoccupe :

« C'est aussi une grande joie pour moi, Hemyonou. Mais es-tu certain que nous réussirons à élever une chaussée aussi importante jusqu'au haut de cette falaise ?

— Grand prêtre, cet ouvrage prendra beaucoup de temps ; plus de cent lunes seront probablement indispensables à sa construction, car il sera totalement bâti en pierre. La brique en sera exclue : il devra résister à l'épreuve des ans et aux charges considérables, répétées, auxquelles il sera soumis durant tout le chantier d'édification de la pyramide et de son temple de culte. Sa hauteur d'une quarantaine de coudées, au droit de l'éperon rocheux, ne présente pas une grande difficulté technique. Même si nous projetons d'utiliser d'imposants volumes de pierre, ceux-ci seront toujours déposés à un niveau plus bas que leur niveau d'extraction : car le calcaire, qui constituera le gros œuvre de la chaussée, sera essentiellement extrait des carrières du plateau de Gizeh. Seuls les revêtements de parement et les fondations proviendront des carrières de calcaire du Gebel Tourah. Ainsi conçu, l'ouvrage pourra faire front aux insultes du temps et au passage des charges énormes qu'il devra supporter... »

Après un moment d'hésitation, Hemyonou poursuit :

« Khaesnofrou, mon inquiétude est tout autre. Elle me ronge au point que parfois je n'en dors plus. Certaines nuits me voient debout parce que mon cœur ne peut trouver le vrai repos... Depuis que tu m'as montré ce dessin, accepté du pharaon et qui mentionne ces gigantesques monolithes à élever si haut... »

Khaesnofrou ne le laisse pas achever.

« Hemyonou, je sais quelles sont tes alarmes. Elles sont en partie les miennes maintenant. Néanmoins, je ne suis pas convaincu de l'impossibilité de transporter ces blocs dont tu parles. Ce qui est vrai aujourd'hui ne le sera pas demain, ni dans un mois ni dans plusieurs années. Nous commençons seulement les travaux du port d'accueil. Des saisons s'écouleront avant que la pyramide de Kheops ait atteint ces hauteurs qui troublent ton sommeil. Cependant, pour prévenir le risque que constitue ce défi de mise en œuvre et pour rassurer notre pharaon, j'espère le convaincre d'accepter aussi la réalisation d'une chambre funéraire souterraine. De la sorte, il pourra disposer, dès le début de la construction de sa pyramide, d'une demeure d'éternité apte à l'accueillir, dans l'éventualité d'un départ prématuré vers le cercle des étoiles impérissables. Nous aurons donc le temps de rechercher d'autres technologies ou de perfectionner celles que nous connaissons ; car il nous faut aboutir, enfin, à un système, une machine qui décuple les capacités de traction et de levage des monolithes. Je suis, comme tu peux le constater, soucieux de cet écueil et des incertitudes qu'il enfante ; mais je ne doute pas de trouver une solution. À ce sujet, je te convie, Hemyonou, à venir dès demain dans nos ateliers. Je te réserve une surprise... »

L'optimisme final et le sous-entendu de l'invitation intriguent Hemyonou.

Leur conversation se poursuit, alors qu'ils s'installent à bord de la grande barque faite de bottes de papyrus, élégamment profilées et relevées à l'avant et à l'arrière. De temps à autre, quand le verbe fait place à la réflexion, seul l'appel vibrant et grave du peuple des crapauds ou le cri aigu d'un ibis sacré regagnant son gîte nocturne trouble le doux murmure de l'eau sur la coque du navire les ramenant vers Memphis.

69 | 36
330 | 1,8
12

690
36

1 [illegible]
1 1,8 m

3600 | 690
150 | 0,52 m
12

CHAPITRE V

LES TRAVAUX DE LA NÉCROPOLE

Depuis cette visite technique du futur chantier, durant laquelle s'était définitivement concrétisée l'implantation du port d'accueil, la lune en est à son septième cycle. Des terrassements considérables sont déjà réalisés, au droit de la zone que les deux maîtres d'œuvre avaient fait défricher, non loin du grand canal. Une immense échancrure matérialise la darse, dont la surface de plan d'eau sera suffisante pour l'approche et l'accostage des plus grands chalands de transport. Plus de 4 000 ouvriers s'activent sur ce chantier. Un va-et-vient continu de brancards portés par des équipes de quatre hommes évacue le limon extrait de l'excavation. Deux files ininterrompues d'hommes, fourmis laborieuses, s'étirent en longs cortèges, sur les 690 coudées environ (360 m) qui séparent la future darse portuaire du lieu de dépôt des terres, au pied du promontoire. Ainsi se modèle, en creux, l'énorme fosse, encore à l'abri des eaux du grand canal : un barrage provisoire, épais d'une vingtaine de coudées, sépare le futur port de son canal de dérivation. Ce dernier chenal de liaison, en cours d'excavation, se trouve lui aussi défendu des eaux du grand canal par une barrière naturelle semblable à la précédente. Les terrassiers ne sont pas seuls au travail. Une dizaine d'équipes de maçons et de tailleurs de pierre assurent la mise en œuvre d'imposants monolithes, constituant les fondations des murs de quai du port, déjà partiellement ancrés, 6 coudées plus bas. Empruntant une rampe en brique crue, des traîneaux descendent les énormes blocs, dont certains dépassent les 5 tonnes. Ils

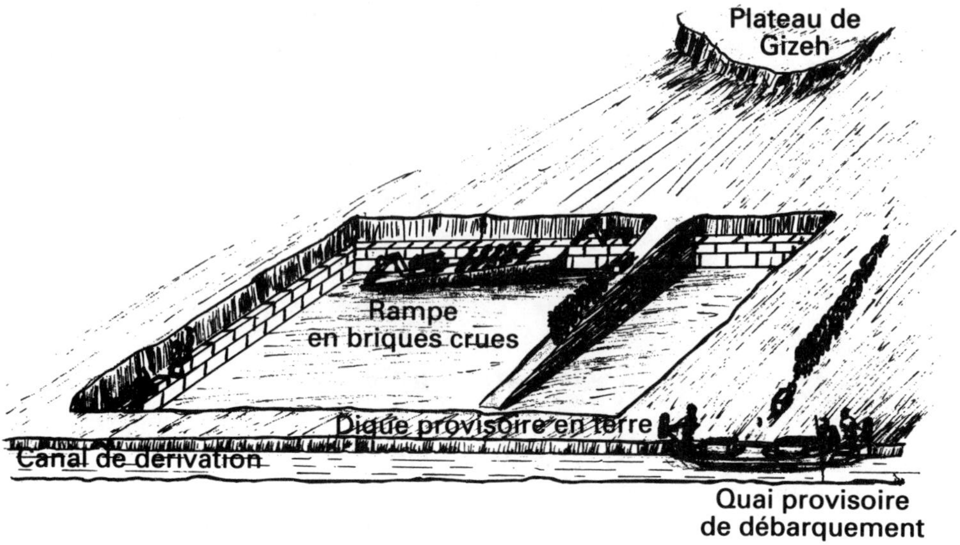

1. Aménagement de la darse du port d'accueil en bordure du canal de dérivation

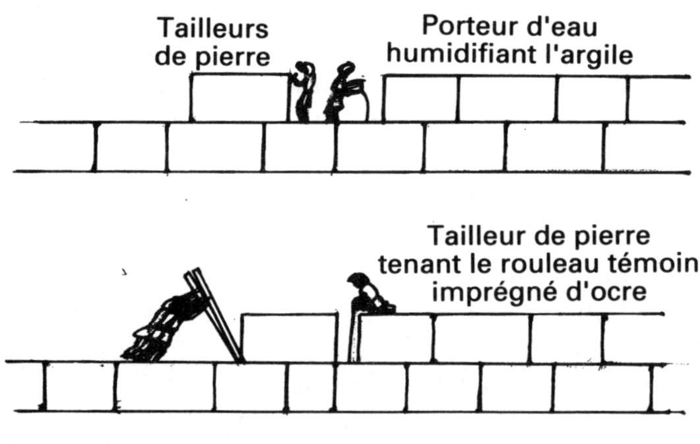

2. Ajustement possible de deux monolithes

Par ripage et glissement sur de l'argile humidifiée, le monolithe est abouté au monolithe déjà en place. Une toile de lin imbibée de poudre d'ocre sert de témoin de contact et marque les reliefs.
La pierre est ensuite retirée pour subir une rectification de planimétrie de sa face verticale, au droit des reliefs teintés d'ocre.

sont halés jusque sur les assises à l'aide de multiples cordes et leviers, tandis que les rampes et plate-formes sont constamment lubrifiées d'argile maintenue humide par des porteurs d'eau. Ceux-ci déversent le contenu de leur cruche au pied des monolithes, qui sont ajustés par glissement sous l'action de plusieurs leviers. Chaque nouveau bloc, qui doit être appareillé à celui déjà en place, est ainsi ripé, abouté ; les reliefs superflus des faces qui doivent être plaquées sont teintés d'ocre et repérés ; puis le bloc est retiré vers l'arrière, retaillé au droit de sa face de contact verticale et rabouté de nouveau. Plusieurs allers-retours successifs sont ainsi effectués pour obtenir un ajustement régulier des arêtes verticales visibles.

Tandis que se déroulent les travaux de la darse, des dizaines d'ouvriers s'occupent de la maçonnerie du canal de dérivation qui doit relier le port d'accueil au grand canal de Memphis. L'appareillage des bajoyers de cette future voie d'eau, de direction est-ouest, sera achevé sous deux lunes. Seules resteront en place les digues d'extrémité, qui seront abattues lors des mises en eau successives du canal et du port.

Parallèlement, Hemyonou, aidé de nombreux scribes, a fait établir des inventaires quantitatifs complets des matériaux, outils, vêtements, chaussures et provisions de bouche actuellement disponibles dans les entrepôts royaux. Il sait maintenant quels devront être les approvisionnements immédiats et ceux qu'il faudra obtenir à moyen terme, en vue de satisfaire les besoins de l'ensemble des travaux de la nécropole. À cette occasion, il a pu vérifier que les volumes de bois de cèdre et de sapin résultant des stocks constitués par Snefrou et relevés sur ses états ne suffiraient pas : même s'il ne connaît toujours pas le type de machine de levage qui pourrait répondre aux ambitions du projet de Khaesnofrou, il sait d'expérience que les réserves de bois ne permettront pas d'assurer toute la logistique de construction de la pyramide. En effet, son estimation approchée, établie sur la base des quantités déjà utilisées pour l'édification de la dernière pyramide de Snefrou, lui confirme cette insuffisance. Il a donc fait valoir au pharaon la nécessité de préparer, sans plus tarder, une expédition d'approvisionnement à destination du royaume du Liban, au pays de Nega [1].

1. Pays forestier exploité par les rois de Byblos. Sur la pente septentrionale du Liban étaient abattus les cèdres et sapins qui manquaient totalement aux Égyptiens de l'Antiquité (d'après *l'Égypte éternelle*, de Pierre Montet).

Un chargé de mission, accompagné d'un maître charpentier et de plusieurs autres techniciens, doit hisser les voiles vers ce royaume ami, en vue de négocier un échange et de choisir, sur pied, les meilleurs volumes de bois. Hemyonou a bien spécifié au maître charpentier ce qu'il voulait : des grumes de cèdre et de sapin, les plus longues et les plus rectilignes qu'il sera possible de trouver. Cela afin de ménager les meilleures possibilités d'équarissage et de transformation en pièces de bois de grandes dimensions. Quant aux qualités de résistance à la flexion de ces espèces, elles ont déjà été éprouvées tout au long des chantiers de construction des pyramides de Meïdoum, de Dahshour et sur bien d'autres sites.

Cependant, pour déterminer approximativement les quantités de grumes, Hemyonou a dû inévitablement faire preuve d'imagination. Son expérience d'homme de chantier lui a été précieuse. Comment faire autrement ? Il ignore encore la machine susceptible de produire cette démultiplication de forces considérables, indispensables à la traction et à l'élévation des blocs de taille exceptionnelle. Ne sachant donc ni le principe de fonctionnement, ni les dimensions, ni le rendement d'un tel engin, comment aurait-il pu en apprécier le nombre à construire ? Les volumes de bois nécessaires à la fabrication de ces machines surpuissantes, il les a finalement évalués par extrapolation des mesures des leviers de traction à distance déjà efficacement employés. Ce sont d'ailleurs les engins les plus puissants qu'il ait vus en action. Quant à leur nombre, des approximations successives sur les cadences de mise en œuvre lui ont permis une estimation, qu'il a majorée en quantité.

Pour l'acheminement de ce bois, vingt navires, longs de 100 coudées (52 m), ont ainsi été livrés aux ordres de l'amiral Tchenti [2]. Ces vaisseaux de haute mer, après trois ou quatre lunes de navigation sur la mer de Kharou [3], suivant les caprices des vents et l'humeur de la « Grande Verte », devraient accoster au port de Byblos. Le chantier naval de Memphis a assuré une grande partie de la construction de ces navires. Ils sont charpentés du même bois

2. Il est fait mention de l'amiral Tchenti (vers 2600 avant J.-C.) au musée du Louvre, section Ancien Empire.

3. Dénomination égyptienne de la portion de Méditerranée située entre l'île de Chypre et le Delta du Nil, baignant également les côtes de l'actuel Liban. (d'après *L'Égypte éternelle*, de Pierre MONTET).

de cèdre qu'ils vont charger. Leur coque est carénée de douves d'acacia, assemblées précisément à l'aide de cordages et calfatées de tiges de papyrus et de résine. Ces vaisseaux royaux, gréés de belles voiles d'écorce de papyrus, emportent en leur ventre les vases d'or, les pierres précieuses, les pièces de lin et de papyrus, les peaux de vache, les lentilles et quantités d'autres denrées, commandées par le roi de Byblos : un messager du pharaon, dépêché au pays Nega, a rapporté une liste complète des besoins exprimés par le souverain de ce royaume.

Outre ces activités de construction du port d'accueil et le lancement de cette expédition lointaine, Hemyonou a organisé l'exploitation en règle des carrières de calcaire et de granite destinées à produire l'immense quantité de pierres de la future nécropole. Ainsi, des blocs de calcaire fin, utilisés dans le gros œuvre des quais de la darse, sont véhiculés depuis plusieurs lunes par chalands, à partir de la rive est du Nil. Ils sont extraits des carrières de Ro-Aou, situées au nord-est de Memphis, dans le Gebel Tourah tout proche. Sekhemka, maître carrier désigné par le grand chef des travaux de la nécropole, a répertorié les différents sites et leurs potentialités. Il s'est assuré de la remise en état des passages où glisseront les traîneaux, entre les points d'embarquement et les lieux d'extraction et de taille des monolithes. Que ce soit près de la Grande Muraille blanche ou dans la région plus lointaine d'Éléphantine [4], des équipes de carriers, tailleurs de pierre, tracent, débitent, taillent, suivant des plans d'exécution précis, les volumes de cette pierre d'éternité.

Des villages entiers, peuplés de milliers d'ouvriers, ont ainsi été organisés, étendus, à proximité immédiate des sites d'extraction. Il a fallu, en conséquence, prévoir aussi toute la logistique de leur approvisionnement en nourriture, eau, vêtements, outils... À cet effet, des dizaines de scribes comptabilisent, sous le contrôle de Sekhemka, la gigantesque entreprise de production de monolithes devant faire face aux besoins considérables du projet. Hemyonou a personnellement veillé à l'organisation de l'exploitation des plus proches carrières du plateau de Gizeh, celles qui fourniront l'essen-

4. Île, proche d'Assouan, où se situait l'exploitation des carrières de granite gris ou rose. Près de cette île, les Égyptiens pensaient que se trouvait le gouffre saint qui donne naissance à la crue (D.C.E.).

Procédé d'extraction des monolithes

Exploitation à ciel ouvert

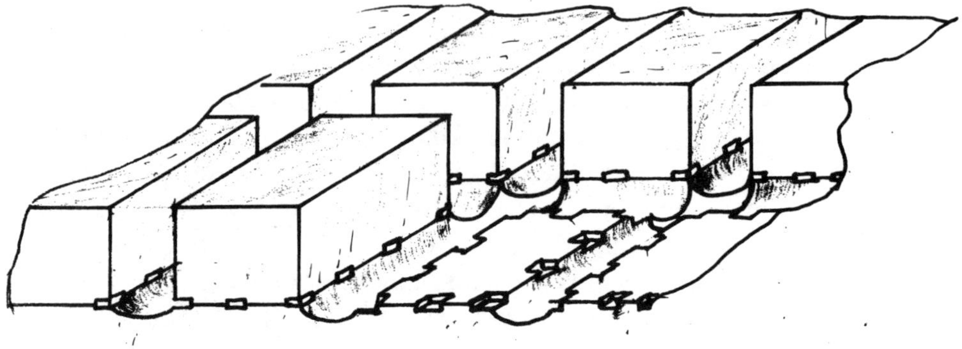

Un quadrillage de tranchées perpendiculaires délimitait les volumes. Taillés au ciseau, des trous étaient pratiqués, horizontalement, à la base des monolithes, afin de matérialiser l'arête de cette base et le plan de rupture permettant le délitage.

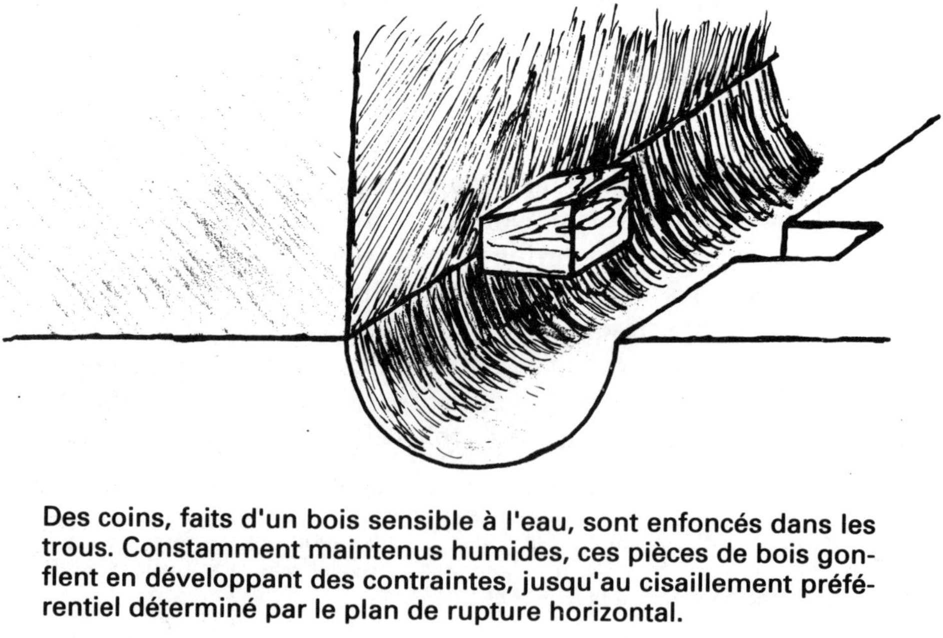

Des coins, faits d'un bois sensible à l'eau, sont enfoncés dans les trous. Constamment maintenus humides, ces pièces de bois gonflent en développant des contraintes, jusqu'au cisaillement préférentiel déterminé par le plan de rupture horizontal.

tiel du matériau de gros œuvre de la Grande Pyramide et de sa voie d'accès. Car les études des maîtres d'œuvre, suffisamment avancées maintenant, ont permis de définir et de quantifier les parements de calcaire fin et les pièces maîtresses en granite encadrant les vides de construction, qui nécessitent un approvisionnement à partir d'autres sites d'extraction. Hemyonou s'est donc assuré qu'au plus fort de la mise en œuvre les cadences de production des carrières de Gizeh répondront aux besoins pour éviter des arrêts de chantier. Sur ce périmètre d'extraction, les lits de calcaire grossier superposés, réguliers, autorisent une exploitation intensive, à ciel ouvert. Des tranchées orthogonales, tracées au cordeau, ont été taillées à l'aide de ciseaux et de masses en diorite maniés par des dizaines d'ouvriers carriers. La découpe et le délitage des premiers monolithes des bancs supérieurs ont permis d'ajuster les rendements de production en adaptant la technique et l'effectif des ouvriers aux spécificités d'ordre géologique. C'est, notamment, dans la phase préparatoire du déchaussage des blocs que Hemyonou et les maîtres carriers ont expérimenté différents procédés. Entre autres, dans les tranchées orthogonales, au droit du niveau bas de séparation de deux lits de pierre, ils ont multiplié, sur la périphérie du bloc à détacher, des trous d'encastrement horizontaux, dans lesquels ont été fichés des coins en bois. Constamment humidifiés, jusqu'au gonflement maximum de leurs fibres, ces coins provoquent l'éclatement de la roche et son délitage, suivant le tracé amorcé par les percements horizontaux. C'est cette technique qui a été finalement retenue et perfectionnée. Après plusieurs essais portant sur l'espacement des trous, la nature du bois de confection des coins, le chef des travaux de la nécropole a pu évaluer les rendements de production journaliers, en fonction des moyens en hommes et en équipements. Pour compléter la logistique de cette carrière, tout un village est en cours d'édification à l'est de la zone d'extraction. Une centaine de maisons de couleur ocre sortent déjà de terre. Une file continue de manœuvres porte, sur des brancards, les briques crues, faites de limon et de paille séchée, depuis les vastes aires de fabrication et de séchage établies près du grand canal de Memphis. Là-bas, des briquetiers malaxent, moulent, tassent en volumes réguliers le futur matériau préfabriqué. Après démoulage, les briques sont arrosées régulièrement sous des treillis de feuillages, en vue d'éviter leur dessication trop brutale.

Tandis que cette activité ouvrière s'amplifie progressivement sur le plateau de Gizeh, Hemyonou, chef de tous les travaux de la nécropole, sent aussi grandir son anxiété. Car il n'a toujours pas la moindre idée, le moindre indice technique lui permettant d'espérer inventer cette machine divine : celle capable de tirer, d'élever, sur les gradins du futur monument funéraire, ces fantastiques monolithes conçus par l'imagination débridée de Khaesnofrou. Il se surprend, parfois, à maudire ce prêtre inconséquent qui l'a engagé à promouvoir une conception qu'il ne maîtrise pas dans sa réalisation.

« Lui et ses scribouillards du temple auraient mieux fait d'imaginer le chantier de construction d'une telle pyramide ! Ils auraient rapidement distingué le rêve trompeur de ce qui est possible. Naïve et dangereuse prétention que celle de défier Thot et Ptah en même temps, avant d'avoir accédé aux connaissances mystérieuses que ces dieux tout-puissants n'accordent qu'aux élus de leur choix ! »

Ainsi pense Hemyonou, chaque fois qu'il échoue dans sa recherche d'une technique, d'un projet de machine apte à résoudre son problème de transport des blocs de taille exceptionnelle ; car il y travaille maintenant avec acharnement. Précisément depuis ce jour où Khaesnofrou lui a révélé la teneur de cette « surprise » annoncée alors qu'ils venaient d'implanter le port d'accueil.

En fait, le lendemain, dans les ateliers du temple, le grand prêtre, ses techniciens et scribes avaient réellement usé de tous les artifices qui suscitent la curiosité et l'étonnement. Après avoir traversé plusieurs salles en pleine activité, Hemyonou fut introduit dans l'une d'elles, à l'écart des mouvements et des bruits. Ses murs étaient revêtus de papyrus, sur lesquels il avait reconnu les dessins de définition de la Grande Pyramide, plus détaillés que la simple esquisse dont il avait une parfaite connaissance. Le centre de la pièce était occupé par un monticule revêtu de toile de lin. La forme floue qui en résultait devait avoir une hauteur d'environ 3 coudées (1,55 m), pour une surface au sol également voisine de 3 coudées de côté. C'est vers cette masse irrégulière que se dirigea le grand prêtre. Alors qu'un sourire malicieux éclairait son visage d'ascète, il s'adressa à Hemyonou :

« Chef des travaux de la nécropole, je t'ai dit combien je comprends et je partage les inquiétudes qui t'accablent. Lorsque tu m'as signalé ne pas connaître un engin suffisamment puissant pour monter les énormes blocs du projet présenté au pharaon, j'ai moi-même ressenti tout le poids de tes craintes. J'ai donc pensé qu'il fallait apaiser ces alarmes. D'autant que notre roi s'impatiente : il m'a recommandé de procéder à l'implantation de sa demeure d'éternité, pendant que son père, Rê, s'élèvera à nouveau dans le ciel du matin en compagnie de Sothis... »

Hemyonou, fortement intrigué par ce début de discours du grand prêtre, se prenait alors à espérer. En observant le curieux monticule, il pensait qu'il pourrait découvrir, sous cette forme drapée, la machine inédite, astucieusement conçue pour vaincre la pesanteur de ces lourds monolithes dont la seule représentation graphique lui oppressait le cœur. Après tout, Khaesnofrou pouvait bien avoir diligenté une recherche, aboutissant à la conception de cette miraculeuse machine, voilée pour mieux le surprendre : les équipes d'artisans du temple disposaient, assurément, de connaissances pratiques suffisantes pour aboutir dans ce sens. Aussi, Hemyonou n'écouta que très distraitement le reste de l'exposé du grand prêtre. Il ne perçut même pas le signe de tête que celui-ci adressa à l'un de ses prêtres, tant il avait hâte d'apprécier le dispositif technique susceptible d'apporter une issue favorable au problème jusqu'alors insurmontable...

Tirée lentement vers le haut, à l'aide d'une cordelette, la toile laissa apparaître, progressivement, l'objet de cette pompeuse mise en scène. Lorsqu'il reconnut enfin une représentation réduite, partielle, de la future pyramide, Hemyonou sentit planer l'ombre de la déception. Et lorsqu'il chercha, en vain, sur les gradins les plus élevés du modèle, cette maquette espérée d'une machine conçue pour développer des forces surhumaines, sa déception céda le pas au découragement. Il se réfugia dès lors dans une silencieuse réserve, en fixant le chef-d'œuvre du grand prêtre.

Grande fut la perplexité de Khaesnofrou. Attendant une lueur d'admiration, il venait de lire la consternation, difficilement contenue, sur le visage rondouillard du praticien. Sans comprendre la raison du désarroi imprévisible d'Hemyonou, le grand prêtre préféra rompre le silence :

« Ce modèle est une représentation tronquée, mais fidèle, du futur monument funéraire, dans une zone où se situe une partie de ses vides intérieurs. Nous avons, en effet, réduit les altitudes inscrites sur les plans, en vue de restituer l'ouvrage jusqu'à la hauteur des poutres de couverture de la chambre funéraire. De la sorte, les monolithes les plus lourds à mettre en place y sont inclus. La même réduction a été adoptée sur l'ensemble des dimensions horizontales. Par ailleurs, nous avons élaboré cette maquette pour que les gradins soient des éléments indépendants, superposés : il doit y en avoir une quarantaine. Cette astuce permet de démonter et de reconstituer l'ouvrage réduit au niveau souhaité, en empilant les seuls gradins que l'on désire étudier, cela pour mieux cerner les problèmes particuliers de réalisation. Voilà, Hemyonou, ce que je voulais t'expliquer dans le détail. »

Durant cet exposé technique, le maître d'œuvre avait eu le temps de s'habituer, sinon de se réconcilier avec la réalité. La maquette qu'il venait de découvrir, même si elle n'était pas celle qu'il attendait, concrétisait, assez précisément, différents niveaux de la future pyramide. En homme de chantier averti, malgré sa vive déception première, il se prenait à apprécier le souci du détail avec lequel avaient été matérialisés les éléments porteurs qui encadraient l'entrée du monument. Il y distinguait, notamment, des linteaux horizontaux, surmontés de deux voûtes à chevrons, encastrés dans cet escalier miniature. Les différents degrés avaient été minutieusement reproduits, sur toute la hauteur du modèle. Devant ce bel ouvrage en bois de sycomore, Hemyonou finit par se ressaisir et surmonter une certaine désillusion :

« Grand prêtre, tu me vois décontenancé par autant de précision et d'ampleur dans la représentation du futur tombeau de notre vénéré pharaon. C'est un travail de grande valeur qui a été accompli sous ta direction éclairée. Néanmoins, permets-moi d'être toujours aussi sceptique et inquiet de la façon dont nous pourrions élever ces gigantesques linteaux de l'entrée et les blocs, plus pesants encore, qui structurent d'autres vides du monument. La mise en œuvre de telles pierres réclame la participation de forces encore inconnues que nous ne maîtrisons pas. À moins d'une intervention divine...

« Mais peut-être as-tu reçu un tel concours, toi qui sais les mystères du temple ? »

Hemyonou ne doutait pas que son interrogation provocatrice resterait sans réponse. C'était sa manière à lui d'exprimer son amertume. Khaesnofrou répliqua :

« Chef des travaux de la nécropole, cette maquette a été conçue en nos ateliers, par la grâce de Ptah. Elle constitue un champ d'expérimentation concret, fidèle à la représentation de nos dessins. Grâce à elle, dorénavant, les dieux et nous-mêmes possédons une image réduite mais exacte en proportion des formes, des volumes que nous projetons de construire. Sans attendre de mesurer les difficultés d'exécution du chantier en vraie grandeur, nous pouvons reproduire sur cet ouvrage, à l'échelle, les mouvements et les forces susceptibles de participer à la traction, au cheminement des blocs exceptionnels qui nous préoccupent. Dix, cent, mille essais de machines diverses peuvent être entrepris, dès maintenant, sur les assises et les gradins de ce modèle réduit. Nous modifierons, autant qu'il s'avérera nécessaire, les conceptions des engins nous paraissant les plus aptes ; nous saurons adapter en conséquence leurs dimensions, leur aire d'évolution, les effectifs des équipages qui assureront leur fonctionnement.

« Quant à cette intervention divine dont tu parles, Hemyonou, elle nous sera acquise, un jour prochain, j'en suis convaincu. En effet, par cette représentation fidèle, nous espérons avoir montré aux dieux la forme de ce grand escalier que nous voulons édifier dans leur direction. Ils savent ainsi, par l'ampleur et le détail de notre projet, combien est grande notre dévotion : celle de notre dieu vivant et de ses fidèles serviteurs. Comme je te l'ai déjà fait savoir, Hemyonou, la consultation de l'oracle de Ptah m'a appris que tu étais élu pour découvrir et maîtriser ces forces encore inconnues. À un moment que le dieu jugera opportun, si tu as la foi, tu recevras sa lumière. Dans ta quête d'une solution technique, le trait du ciel qui éclaire les ténèbres et anime le cœur de l'homme pourrait te rendre enfin dépositaire de la science secrète. Tu deviendras alors le réceptacle de la flamme sacrée qui rayonne sur l'esprit et sur les mains. Le dieu créateur qui t'a désigné sera en toi, pour te guider sans hésitation vers cette technologie encore jamais imaginée par l'homme. Mais il te faudra nourrir ta foi en cet oracle favorable. Voilà, Hemyonou, la réponse que je puis livrer, aujourd'hui, à ton interrogation inquiète. »

La ferveur du grand prêtre, ses facultés divinatrices n'avaient pas dissipé les angoisses, plus terre à terre, du chef des travaux de la nécropole.

Ce dernier imagina cependant toute l'exploitation concrète qu'il pouvait développer sur cette merveilleuse représentation miniaturisée. Aussi, lorsque Khaesnofrou proposa de lui céder la maquette, pendant un temps, Hemyonou accepta volontiers.

« Après tout — pensa-t-il avec un bon sens non dénué d'humour — n'aurais-je pas quelque chance de devenir cet élu des dieux, génial vecteur de leur inspiration créatrice ? Mon expérience pratique de tous les procédés de halage ne me place-t-elle pas, mieux que d'autres, sous les meilleurs auspices pour pratiquer cette science des forces supérieures ? »

Alors qu'il prenait congé du grand prêtre, celui-ci l'informa qu'une autre maquette, du même type, avait été mise en fabrication dans les ateliers, en vue de procurer un nouveau champ de recherche aux initiés et artisans du temple.

De la sorte, se trouvaient habilement promues l'émulation, la concurrence souhaitées par Khaesnofrou. Car, en lui-même, il n'excluait pas le risque d'une mauvaise interprétation de l'oracle. Et puis, Hemyonou lui paraissait si peu convaincu de découvrir une solution...

C'est pourtant à ce moment-là que le chef des travaux de la nécropole commença réellement à entrevoir une lueur d'espoir et le désir secret d'inscrire son nom dans la postérité réservée aux maîtres d'œuvre de génie. Accroître les capacités humaines jusqu'à une puissance surnaturelle permettant d'élever d'écrasants monolithes à des hauteurs encore jamais atteintes... Une telle proposition, qui lui semblait encore inimaginable, irréalisable, un jour plus tôt, commençait à s'immiscer dans son esprit. Il avait suffi d'une reproduction miniature, ébauchant ce que serait la pyramide en cours de construction. Cette pyramide inachevée avait éveillé, chez le chef des travaux de la nécropole, au plus profond de sa sensibilité d'homme de terrain, la passion de relever un nouveau défi : celui de vaincre des forces de pesanteur incommensurables, d'inventer une combinaison astucieuse, intelligente, de plusieurs éléments, qui concrétiserait la « machine ». Car Hemyonou avait toujours cru, d'instinct beaucoup plus que de raison, que la machine pourrait, seule, élever l'homme à l'image des dieux.

C'est à cette profonde impulsion que répondit Hemyonou, lorsqu'il décida de poursuivre, avec un nouvel élan, la recherche fondamentale d'une technologie étonnamment puissante.

Dans la darse tout juste mise en eau, des chalands accostent sans discontinuer. Ils débarquent un flot ininterrompu d'approvisionnements des différents chantiers de la nécropole : blocs de calcaire fin, outils, matériels divers, vêtements et vivres destinés aux villages d'ouvriers.

Les travaux de la chaussée d'accès à la future pyramide ont pu enfin commencer, dans la portion comprise entre le promontoire et le port. Sur ce tronçon, le plus important à réaliser, du fait de la quantité de pierre à installer pour franchir, notamment, la hauteur de l'éperon rocheux, les fondations sont en cours. Une assise large de plus de 35 coudées[5] (18,35 m) marque l'emprise rectiligne de la voie, à proximité du port. Celle-ci sera prolongée sur la distance de plus de 750 coudées (392 m) séparant le point d'accostage du relief rocheux. Déjà apparaissent, au-dessus du libage de fondation, des blocs de parement en calcaire fin, encadrant des monolithes de remplissage d'un calcaire plus grossier. Ces derniers, acheminés sur une rampe en brique crue bâtie en bordure du promontoire, constitueront l'essentiel du gros œuvre du corps de cette chaussée monumentale. Ils ont été extraits des carrières ouvertes au sud-est du plateau de Gizeh. C'est guidé par des considérations de résistance et d'aspect qu'Hemyonou a préféré utiliser le matériau de calcaire fin qui constitue le libage et les parements extérieurs de cette rampe d'accès. Le choix de ce matériau plus noble a reçu l'accord de Khaesnofrou. Cette belle pierre blanche, en provenance du Gebel Tourah, est véhiculée sur des traîneaux jusqu'à la rive est du Nil, puis embarquée sur chalands à destination du port d'accueil.

Parallèlement, les habitats d'ouvriers se sont multipliés. Le village des carriers du site d'extraction de Gizeh est maintenant totalement achevé, tandis qu'une autre cité ouvrière élève ses briques de torchis aux abords immédiats de l'aire d'implantation de la future pyramide : elle abritera, pendant plus de deux décennies, les équipes de maçons, d'artisans, de manœuvres et de pourvoyeurs du

5. D'après les fouilles menées par G. Goyon, *Le Secret des bâtisseurs des grandes pyramides*, Paris, 1977.

chantier de la nécropole, ainsi que les scribes préposés aux différents contrôles ou chargés de gérer les divers approvisionnements.

Alors que s'organisent la logistique des chantiers et la réalisation de certains ouvrages du complexe funéraire, Kheops, impatient de voir surgir sa future demeure d'éternité, convoque Khaesnofrou et Hemyonou. Il leur demande de préparer, dans les tout prochains jours, la grande cérémonie de fondation de son tombeau.

Le grand prêtre informe alors le pharaon des actions déjà engagées à ce sujet :

« Seigneur, divin maître des Deux Terres[6], dans notre temple, Ankhmahor, qui sait distinguer sur la voûte céleste les assemblées et les déplacements de la plupart de nos dieux, pourra très bientôt préciser la nuit propice à l'orientation exacte de ta future demeure d'éternité. Il a déjà matérialisé, sur le terrain, plusieurs alignements possibles avec le sanctuaire d'Horus édifié sur le site de Khêm. Un énorme miroir, fait d'un disque de cuivre poli, juché sur ce sanctuaire et orienté vers Gizeh, capte la lumière de Rê. Il la renvoie suivant plusieurs directions ; l'un de ces alignements, très proches les uns des autres, coïncidera avec notre visée vers l'étoile impérissable apparaissant au septentrion, dans le voisinage de la Jambe de bœuf[7]. Ainsi, cet accord harmonieux des forces rayonnantes du ciel et de la terre se fera, en ta présence, la nuit de la grande rencontre avec l'astre divin, celle que déterminera Ankhmahor pour la cérémonie de fondation. »

Si technique qu'elle soit, l'explication de Khaesnofrou manque de précision concrète sur la durée d'attente :

« Grand prêtre, les lunes se succèdent... Voilà deux fois que Sothis accompagne Rê dans sa course matinale, depuis que je vous ai fait part de mon projet. Il est maintenant grand temps de commencer les assises du divin escalier de pierre qui touchera le ciel. Vous avez, à ce jour, les matériaux, les outils et les hommes. Rien

6. Voir note 1 ch. I.

7. « Jambe de bœuf » représentait la Grande Ourse ; une étoile polaire, de la constellation du Dragon, était vraisemblablement l'objet d'une visée pour la détermination de l'axe nord-sud d'un monument. Pendant l'Ancien Empire, parmi les étoiles polaires qui apparaissaient alors, il est vraisemblable qu'il s'agissait de l'α du Dragon.

ne s'oppose plus à son édification au plus tôt. Car je ne sais ni le jour ni l'heure choisis par les dieux pour décider de mon départ vers eux. Alors devra commencer, sur cet escalier géant, bâti à l'image de la lumière céleste convergente, mon voyage vers les espaces lumineux, mon ascension rayonnante vers mon père, Rê.

« Vous ne devez pas attendre l'achèvement des travaux de la voie d'accès au temple de culte pour entreprendre ceux de ma future demeure. D'autres voies, partant du port d'accueil, peuvent franchir l'escarpement rocheux de Gizeh en le contournant. Les rampes provisoires de briques, que j'ai vu utiliser pour l'approvisionnement en monolithes du chantier de la darse, peuvent, en sens inverse, favoriser l'acheminement des matériaux et équipements légers. La pierre de gros œuvre du futur monument se trouve déjà sur le plateau de Gizeh. Y a-t-il donc un obstacle que j'ignore et qui s'oppose au commencement de ma pyramide ? »

L'agacement du dieu vivant, le ton irrité de l'interrogation, figent momentanément les deux maîtres d'œuvre dans une prudente réserve : il ne s'agit pas de formuler la moindre explication sur des difficultés pouvant exister. Comment, en cet instant, oser évoquer le défi irraisonné que constitue l'élévation des gigantesques monolithes ? Hemyonou sait alors combien son silence marque, définitivement, sa solidarité envers Khaesnofrou, pour son audacieuse conception architecturale. Celui-ci entreprend toutefois de rassurer le monarque :

« Fils de Rê, mon maître, je te préciserai avant la prochaine lune le jour béni des dieux où nous pourrons accéder à ta royale volonté. Par le *merkhet* [8], tu définiras cette ligne de force, tendue vers eux, que constituera l'axe du monument. Dans sa fondation sera creusé le puits où tu pourras déposer, suivant le rite sacré, les plaquettes

8. Instrument de visée astrale composé de deux éléments indépendants :
— une tige rectiligne surmontée d'une fourche symétrique dont le creux constitue le premier point de visée de l'observateur ;
— une tige à peu près rectiligne, présentant en son extrémité un coude court et à angle droit sous lequel est suspendu un fil à plomb, l'extrémité du coude constituant un deuxième point de visée.

L'observateur ajuste sa visée à l'aide de la fourche qu'il tient en main en demandant à un assistant de déplacer la tige coudée jusqu'à l'aligner avec l'objet visé (un astre par exemple). Le fil à plomb indique alors sur le sol le point d'alignement entre l'observateur et l'objet visé.

d'or gravées à ton nom et au nom de ta future demeure d'éternité, ainsi que les échantillons de certains des matériaux et outils destinés à sa construction, afin que sa réalisation se déroule sous la protection des divinités... »

Les dernières précisions du grand prêtre, la présentation de la maquette réduite de la future pyramide, dès la fin de son exposé, finissent par apaiser le mécontentement naissant du pharaon. Un souffle humain ranime enfin son visage fermé, qui s'était figé à ses dernières paroles.

Cependant, lorsque les deux architectes quittent le palais, ils savent avoir atteint une limite temporelle extrême dans leur défi : ils viennent de remettre le modèle réduit de la pyramide, matérialisant plus clairement, dans les trois dimensions, le rêve chéri de leur dieu-roi, et leur inquiétude de pouvoir le réaliser s'accroît avec le temps qui s'écoule. Alors, l'engagement d'édifier le monument, quelles que soient les performances que requiert sa conception, se trouve maintenant scellé par cette représentation qu'ils ont offerte au souverain. De même, apparaît définitivement partagée la responsabilité d'aboutir ou d'échouer des deux concepteurs. Au fil des jours à venir, tandis que se prépare déjà la cérémonie de fondation de la pyramide, ils doutent, jusqu'à la peur panique, de leurs chances de réussite. Et leur espoir s'amenuise de lune en lune, ignorant toujours comment favoriser la naissance de cette impulsion divine qui guiderait leur cœur vers la création finale. Car, dans cette lutte surhumaine, commencée depuis des mois, contre le temps et la pesanteur, les deux hommes constatent qu'ils n'ont pas progressé. Les simulations diverses, pratiquées sur maquette, n'ont fait que conférer une troisième dimension à leur impuissance : toutes proportions gardées, sur la modélisation adoptée, la manœuvre vers le haut des volumes de pierre exceptionnels s'est révélée impossible. Quels que soient les procédés utilisés, les incantations répétées de Khaesnofrou et les invectives bien souvent proférées par Hemyonou, les dieux sont restés sourds, invisibles. Aucun indice encourageant n'a permis de susciter la moindre orientation vers une technique particulière. En effet, dans les ateliers du temple, le grand prêtre a déjà épuisé diverses tentatives de cheminement des blocs de pierre : sur des traîneaux, glissant le long de rampes perpendiculaires, enveloppantes ou intégrées dans les faces de la pyramide, ces ouvrages provisoires ont montré les limites d'évolution des convois lourdement chargés. De plus, certains techniciens du temple n'ont pas manqué de manifester leur crainte quant à la résistance de ces gigantesques terrasses, lorsqu'elles se trouveraient adossées contre les faces de la pyramide. Enfin, les artisans et les maîtres d'œuvre se sont interrogés sur les moyens et les délais de réalisation de ces fantastiques terrasses provisoires, dont les rehausses ou les extensions successives pénaliseraient l'approvisionnement du chantier de construction du futur tombeau lui-même.

Alors que chaque simulation nouvelle se révèle stérile, le grand prêtre multiplie les offrandes et les promesses vers les hommes de ses ateliers du temple et vers les dieux. Chacun de ses échecs creuse dans son cœur le vide insondable du tourment et de la malédiction. Il se prend aussi à confondre les nuits et les jours. Dans son sommeil agité, il se voit percuté, écrasé par un de ces gigantesques monolithes, qui échappe à son contrôle et dévale la pente vertigineuse de la pyramide, ou bien le pharaon furieux, le bras tendu vers lui, ordonne à ses gardes de se saisir de sa personne. Ils l'entraînent hors du palais et le font chuter sur d'immmenses escaliers où il n'en finit pas de rouler... Il se réveille effrayé, implorant les dieux de le protéger, de l'aider. N'ont-ils pas manifesté leur faveur dans cet oracle, au cours duquel ils lui ont appris qu'Hemyonou serait, en temps voulu, dépositaire de leur géniale inspiration...

CHAPITRE VI

LE FIGUIER DU DIEU THOT
OU L'ESSENCE CRÉATRICE

Il y a des choses que l'intelligence seule est capable de chercher mais que, par elle-même, elle ne trouvera jamais. Ces choses, l'instinct seul les trouverait, mais il ne les recherchera jamais.

Henri BERGSON, *L'Évolution créatrice*

Depuis leur dernière entrevue avec Pharaon, Rê s'est élevé sept fois au-dessus des murs chaulés, éclatants de blancheur, qui entourent le verger. Six fois le disque de lumière a parcouru de ses traits les larges feuilles des figuiers, restées pendantes comme des mains impuissantes.

En ce septième jour de retraite, une douce lumière pénètre à travers la véranda, jusque dans la chambre où dort Hemyonou. C'était déjà sa chambre alors qu'adolescent il chevauchait les branches de ces arbres aux fruits mielleux. Dans cette petite maison de la campagne memphite, construite il y a près de trente ans par son père, le maître des travaux de la nécropole a décidé de s'isoler, pour y retrouver le calme, la concentration, indispensables à la recherche qui le préoccupe. Il a voulu fuir la ville, ses contraintes, sa famille, cette grande maison de maître à deux niveaux, pourtant si gaie, si bourdonnante de la vie quotidienne de ses proches parents. Échapper aux bruits, aux cris, aux jacassements de femmes et d'adolescents résonnant habituellement dans son foyer, telles ont été ses motivations premières lorsqu'il décida de se retirer dans ce cadre agreste. Mais, en réalité, il pressentait qu'en ce lieu béni, dans cette minuscule demeure paysanne aux murs d'argile séchée, craquelée, laissant apparaître ses brins de paille, il trouverait autre chose que la sérénité et le calme campagnard. Il savait, pour l'avoir éprouvé maintes fois, quel réconfort, quelle vigueur il pouvait puiser d'un séjour dans cette maison rustique, où la force vive des souvenirs d'enfance imprègne toujours, avec tendresse, les murs de torchis, le plafond inégal fait de roseaux et d'argile.

En réponse à l'appel de Rê, diffusant sa lumière de plus en plus intense sous la porte, Hemyonou s'éveille. Il perçoit le bruit cadencé de la houe du brave Rânefer. Il devine, tout près de son lit, la forme approximative de la maquette sur laquelle, la veille encore, il a épuisé ses dernières expérimentations, à la lueur déclinante d'une torche. Il revêt sa tunique de lin et pousse le volet ouvrant sur la véranda aveuglante de soleil. Traversant celle-ci dans un éblouissement chaleureux, il gagne le petit bassin que Rânefer a consciencieusement curé et rempli d'eau claire, comme chaque matin. Après plusieurs ablutions et quelques instants de conversation avec le vieux jardinier attaché à cette maison de famille, Hemyonou retrouve sur la terrasse le lait, le miel et la galette de pain d'orge encore tiède préparée par son fidèle serviteur. Car, au premier sourire de Rê, celui-ci s'est activé près du four d'argile. En attendant la cuisson, il a eu le temps de choisir, en cette saison propice, une pastèque mûrie à point, la peau résonnante, prête à craquer. Il l'a immergée précautionneusement dans l'eau fraîche du puits.

Alors qu'Hemyonou commence son déjeuner, Rânefer tranche le fruit en deux et présente à son maître les hémisphères à la chair écarlate, gorgée d'une eau sucrée, et piquée de graines noires et luisantes. Le sourire complice et l'exclamation enjouée d'Hemyonou le ravissent. Ces marques de reconnaissance témoignent combien le maître apprécie toujours la délicate attention de son vieil ami, ainsi que cette providentielle expérience à détecter, sur le pied même, d'une chiquenaude, la pastèque la plus mûre. Les yeux pétillants de contentement et de malice, Rânefer retourne à son sarclage.

Ainsi se déroule, suivant un rite qui ne varie plus depuis qu'ils se connaissent, la rencontre affectueuse des deux hommes, alors que Rê s'élève sur sa barque de jour. Ainsi, à chaque séjour dans ce nid familial, Hemyonou retrouve la même sollicitude du vieil homme, attaché à cette maison, à ce jardin qu'il soigne comme s'il s'agissait de son bien propre. Il a planté lui-même ces figuiers au tronc vigoureux, dont certains balancent leurs branches à une dizaine de coudées du sol. Ses mains sèches, calleuses, gardent, entre autres, le souvenir de l'argile qu'il façonna avec le père d'Hemyonou pour bâtir les murs et le toit de la maison.

Ce matin-là, Rânefer a senti le maître un peu plus préoccupé, un peu plus silencieux que les jours précédents. Il devine bien que ce tracas se trouve directement lié aux manipulations diverses auxquelles se livre Hemyonou depuis qu'il travaille sur ces morceaux de bois assemblés dans sa chambre.

« Quel esprit malfaisant a accaparé son cœur pour le tenir, des heures durant, penché sur ces pièces de bois ? N'a-t-il plus cette envie de flâner dans le jardin, de cueillir un fruit, de s'asseoir sur le bord du bassin et de bavarder plus longuement avec moi ? Ces "choses" en bois, arrivées de la ville sur des brancards, sont la cause de son tourment... » Ainsi pense tout simplement Rânefer, alors que son maître est rentré pour poursuivre son étrange recherche.

Car Hemyonou a fait porter, depuis Memphis, dans cette retraite privilégiée, la maquette partielle de la pyramide ainsi que divers modèles de leviers articulés qu'il a fabriqués lui-même. Le maître d'œuvre n'a pas abandonné l'idée première qui fut toujours la sienne : il pense que ces pierres énormes pourront être élevées au-dessus du sol en faisant appel à l'astuce et à l'intelligence de l'homme beaucoup plus qu'à sa force. Son instinct, son expérience des grands chantiers, lui ont fait toucher, de ses deux mains, aux limites physiques qui s'opposent à la multiplication et à la conjonction des efforts humains : l'espace restreint d'évolution des haleurs, en grand nombre, est trop souvent un obstacle. De plus, il ne croit pas à ces déplacements d'énormes volumes de terre devant constituer des rampes de cheminement des traîneaux jusqu'au sommet de la pyramide. Le temps, si précieux, réservé à la réalisation de cette construction monumentale, ne devrait pas être grevé par l'édification progressive et la démolition de ces ouvrages de terrassement provisoires, nécessitant des myriades d'ouvriers.

Aussi, dans sa chambre, maintenant largement éclairée par la chaude réverbération de la terrasse, Hemyonou dispose sur la maquette de la pyramide en construction un modèle réduit de ce levier qu'il a si souvent employé. C'est un bras en bois, dont l'extrémité inférieure se trouve articulée sur un axe horizontal ; ce dernier est encastré en pied sur deux joues verticales solidaires d'une platine reposant au sol. Le levier ainsi conçu, comme un rayon en rotation autour de son axe inférieur, peut donc balayer d'un mouvement circulaire un demi-cercle avant de toucher le sol horizontal d'assise. Il est relié, au quart de sa hauteur, à une corde destinée au halage de la charge. C'est donc à l'extrémité supérieure du levier que doit être appliquée la force destinée à le mettre en action, pour produire la traction maximum sur la corde. Un tel engin a été mis au point par Hemyonou pour assurer la progression de traîneaux chargés de lourds monolithes, lorsque l'évolution à l'avant n'était plus possible pour des équipes de haleurs : à l'approche des sites, lors de la mise en œuvre de volumes imposants, la distance plus réduite de manœuvre entre le traîneau et la future assise du bloc implique, en effet, un autre procédé de traction. Ce levier fut expérimenté, avec succès, lors de la construction d'une des pyramides de Snefrou.

Ainsi, cette machine à échelle réduite, qu'il a implantée au niveau de l'entrée du monument, sur la maquette, ne l'inspire toujours pas, après de longs moments de recherche : il ne sait encore pas comment élever, à une quarantaine de coudées (environ 21 m) au-dessus du sol, les linteaux gigantesques (une trentaine de tonnes) destinés à protéger cet accès vers les galeries et chambres funéraires.

La veille, il avait matérialisé, à l'aide d'un plan incliné en bois, une rampe axialement perpendiculaire à l'un des côtés de la base de la pyramide, s'élevant jusqu'à l'altitude de la quatrième assise. En actionnant son levier, ancré en pied sur cette assise, il avait pu tester la puissance de traction de l'engin : le halage du traîneau et de son bloc miniature s'était opéré sans difficulté, par glissement sur la rampe lubrifiée à l'aide d'une argile liquide ; les mouvements alternatifs du levier, accompagnés d'ajustements successifs de la corde de halage, lui avaient confirmé la capacité de traction de sa

Leviers de halage à distance

Le levier de halage à distance permet de produire une force maximale en supprimant l'encombrement d'une file de haleurs : 6 hommes actionnant le levier déplacent une charge de 2 000 kg alors qu'il faudrait 23 haleurs pour produire le même travail.

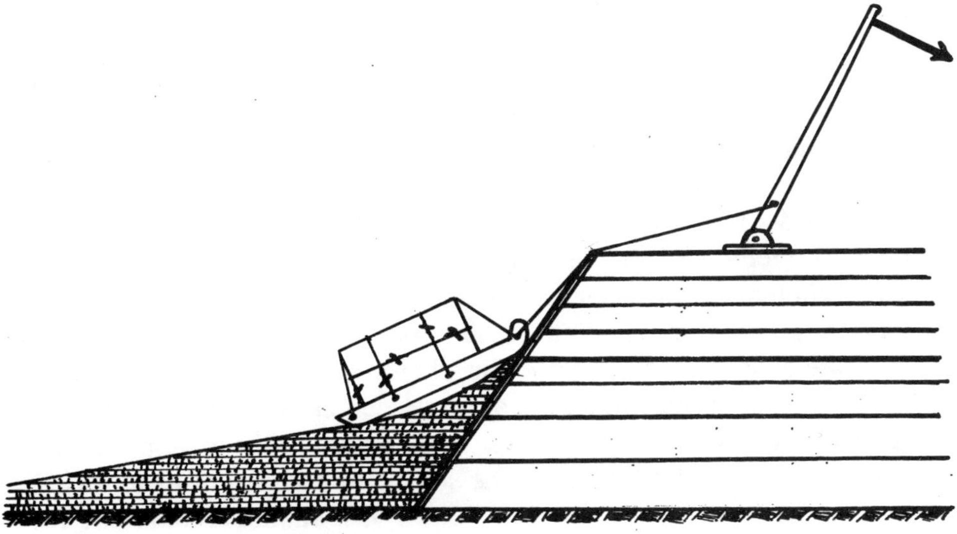

Le traîneau, d'abord halé sur la rampe de transition jusqu'à la hauteur de la 4e assise, peut être tiré jusqu'à emprunter la pente de la face même de la pyramide, grâce à la puissance du levier de halage.

machine. La seule imprécision résidait dans l'importance de la charge qu'il avait appliquée, à l'extrémité supérieure du bras de levier, pour vaincre les forces de pesanteur et de frottement s'opposant au halage. En effet, en suspendant à l'extrémité du levier, jusqu'à son basculement, un poids de plus en plus pesant, constitué d'une fraction de roche de même nature que celle arrimée sur le traîneau, Hemyonou avait seulement approché grossièrement le rapport qui pouvait exister entre le poids des deux pierres. Il avait ainsi vérifié l'efficacité et la puissance de sa machine sur cette rampe de faible inclinaison. Cette expérience était loin de le satisfaire : il n'envisageait pas d'exhaussement ni d'extension possible du plan incliné aboutissant à la quatrième assise, pour les raisons déjà évoquées.

C'est cependant au cours d'une de ces manipulations du traîneau sur la rampe perpendiculaire à une face de la pyramide qu'il eut soudain l'idée audacieuse, pour ne pas dire folle, d'envisager une poursuite du cheminement du véhicule vers le haut. Il compléta alors la maquette en y ajoutant plusieurs assises au-dessus de la quatrième et en fixant les plaques matérialisant le revêtement du monument. Il positionna le traîneau à l'extrémité supérieure de la rampe, au droit de son intersection avec la face de la pyramide. Le levier qu'il actionna en y suspendant une charge plus importante répondit à cette sollicitation, déplaçant le traîneau et son monolithe : le véhicule bascula progressivement vers le haut, acceptant sans problème le brusque changement vers une pente plus raide ; lors d'une troisième manœuvre du bras, Hemyonou constata que le véhicule chargé continuait d'obéir à la force de traction vers le haut, imprimée par sa machine ; mais il redescendait inévitablement vers sa position de départ, glissant sur le côté plus pentu de la pyramide dès que la corde était détachée de son point de halage sur le levier, lors du réarmement vertical de celui-ci. Si le maître d'œuvre ne fut pas surpris du résultat négatif constitué par le glissement arrière du traîneau, il fut cependant étonné, émerveillé par la nouvelle preuve de puissance de son engin de halage : celui-ci, convenablement lesté à son extrémité, développait une force de traction vers le haut suffisante pour élever le traîneau et sa charge. Malgré l'inclinaison considérable du nouveau passage, en dépit du frottement parasite de la corde sur le bord de l'assise où se trouvait ancrée la machine, le véhicule et sa pierre étaient tirés sur la pente abrupte.

Une telle performance conforta Hemyonou dans l'orientation de ses recherches. Il commença à réellement croire en l'amélioration de son levier de halage à distance. Celui-ci révélait d'immenses capacités d'adaptation à des efforts toujours plus grands et le maître d'œuvre entrevoyait le moyen d'accroître encore ses potentialités : il avait en effet éprouvé, à l'aide de plusieurs modèles fabriqués de ses propres mains, suivant le même principe, que les engins dotés de plus longs bras au-dessus du point d'attache de la corde développaient de plus grandes forces de traction. Une telle observation ne manquait pas de lui donner des espérances nouvelles ; d'autant qu'il s'était jusqu'alors cantonné, modestement, au halage de monolithes ne dépassant pas la dizaine de tonnes (toutes proportions conformes à l'échelle de la maquette partielle de la pyramide).

Cet horizon prometteur, plus dégagé, concernant l'exploitation des capacités de son engin, ne lui faisait pas oublier les obstacles toujours insurmontables...

En ce septième jour, Hemyonou interroge encore le modèle réduit de sa machine, posé sur l'assise de l'entrée de la pyramide, et les mêmes questions reviennent : comment produire cet effort surhumain de basculement d'un levier de plus en plus grand ? Car le maître d'œuvre a augmenté la dimension de cette machine afin de l'adapter aux efforts de halage des traîneaux sur une face du monument. Et c'est bien une charge d'une trentaine de tonnes qu'il faut faire progresser sur cette pente abrupte.

En retenant le traîneau et son chargement, sur la face de la pyramide, grâce à la pression de son index sur l'extrémité du levier, Hemyonou, inquiet, se dit :

« Sur une aussi grande pente, le maintien en équilibre du véhicule et de son monolithe, sans la participation de la machine, relèverait d'un subterfuge du dieu Thot. Et pourtant il faudra bien aboutir à cet équilibre, chaque fois que le bras du levier sera relevé pour procéder à une nouvelle traction vers le haut... »

Et l'absence d'une solution technique, pour parer à cet inquiétant phénomène de glissement arrière du traîneau chargé, le conduit invariablement à penser :

« Seul ce dieu au pouvoir magique pourrait de la sorte se jouer de la pesanteur. »

Mais il préfère, momentanément, rejeter à plus tard la recherche d'une solution à ce problème essentiel. Il s'est trop nourri de l'espoir offert par les surprenantes capacités de son levier articulé pour affronter aussitôt un nouvel obstacle, pour lequel il n'entrevoit de remède que dans une intervention surnaturelle.

Aussi, pour le moment, concentre-t-il toute la force de son instinct et de son intelligence sur le moyen de produire le basculement de son cher levier articulé. Chaque fois qu'il cherche dans ce sens, il se souvient que cette machine de traction à distance trouvait ses limites dans le nombre restreint d'ouvriers qui pouvaient la manœuvrer, faute de place pour s'y agripper : seulement 6 à 8 hommes tiraient et poussaient sur le bras, alors que d'autres aidaient à l'avancement du traîneau au moyen de leviers simples appliqués à l'arrière de ses patins. Cette dernière poussée complémentaire n'était d'ailleurs pas négligeable.

En opérant dans ces conditions, Hemyonou se rappelle avoir fait glisser les plus gros volumes de pierre de la dernière pyramide de Snefrou. Le souvenir de ces expériences le ramène pourtant, toujours, vers la même conclusion :

« Me voilà encore bien éloigné de la réalité présente. Les monolithes conçus par Khaesnofrou pour composer la voûte à chevrons de l'entrée du tombeau de Kheops sont aussi volumineux et pesants que les plus gros qui ont été déplacés avec ma machine, sur des passages très peu pentus. Quelles dimensions donner à cet engin pour tirer de telles charges sur une pente dix fois plus élevée ? Comment lui appliquer cette force surhumaine qui mettrait en rotation son énorme bras pour l'amener en position horizontale ? Ne faudrait-il pas envisager de suspendre à son extrémité des quantités de pierre jusqu'à le faire basculer partiellement ? Une telle opération prendrait déjà beaucoup de temps pour abaisser totalement le levier. Il faudrait y ajouter le délai de délestage de la nacelle avant relevage du bras. »

Hemyonou ne cesse d'interroger la machine miniature dressée sur la maquette de la pyramide. Il se demande, après plus de six jours de recherche, quelle tentative nouvelle pourrait bien le guider vers la source divine de création.

Au cours d'une de ces réflexions, où sa machine lui apparaît de plus en plus inachevée, inapte à la fonction envisagée, avec son fragment de roche suspendu à l'extrémité du bras de levier, son regard égaré se pose, encore une fois, sur l'un des papyrus qui ornent les murs de sa chambre. Il y retrouve Thot, patron des scribes. Le dieu à tête d'ibis, armé d'un pinceau, trace des hiéroglyphes sur une tablette. Combien de fois n'a-t-il pas invoqué ce dieu de Chmounou [1] dont la puissance créatrice fulgurante en fait le magicien le plus puissant ! Aujourd'hui encore, il s'adresse à lui, avec toujours plus de conviction dans son désarroi :

« Dieu des écritures, je suis dans ta main. Ne me laisse pas tomber. Toi, le "cœur de Rê [2]" et la "langue de Ptah", accorde-moi la part de cette intelligence des choses qui mène à l'idée nouvelle : celle qui me permettrait d'actionner ma machine de traction. Et pourquoi n'intercéderais-tu pas auprès des autres dieux pour... »

Des cris et des rires d'enfants, provenant du jardin, interrompent le fil de sa fervente prière. Hemyonou, étonné de ce tapage inaccoutumé, gagne la terrasse extérieure ; a priori, ce qu'il voit ne le surprend pas. Les trois petits-enfants de Rânefer ont rejoint leur grand-père. Ils courent d'un figuier à un autre, se réfugiant dans les arbres avec des piaillements de bonheur, improvisant ainsi une sorte de jeu de chat perché. Cette distraction rappelle bien des souvenirs d'enfance au maître d'œuvre...

Soudain, l'un d'eux, le plus âgé, échappe de justesse à son poursuivant ; il s'agrippe, en catastrophe, aux cordes de la balançoire suspendue à l'une des branches d'un figuier. Celle-ci oscille dans un long balancement qui rapproche du sol ses feuilles et ses fruits. Pas suffisamment, au gré du gamin resté au sol. Celui-ci, faute de proie, abandonne un moment le jeu et tend son bras pour cueillir l'une de ces figues que le soleil a mûri d'une teinte rosée. Il crie au troisième joueur, perché sur son arbre, de faire la trêve et de venir l'aider à atteindre les fruits mielleux qu'il convoite de toute sa hauteur. Son frère quitte son refuge et, guidé par l'une de ces astuces instinctives qu'ont certains enfants, au lieu de se mettre en position de courte échelle, il s'élance et se suspend aussi aux deux cordes de

1. Cité de moyenne Égypte, à 300 km au sud du Caire, sur la rive gauche du Nil, aussi dénommée, par les Grecs, Hermopolis, et de nos jours Achmounein. Elle fut le siège de sanctuaires dédiés à Thot.

2. C'est-à-dire l'essence de la pensée créatrice (le cœur étant l'organe de la pensée) (D.C.E.).

la balançoire sur laquelle se tient déjà son autre frère. La branche s'abaisse encore sous l'effet de cette seconde charge, déclenchant un cri victorieux : le gamin au sol se saisit des rameaux et arrache enfin deux figues, les exhibant à ses compagnons de jeu encore juchés sur la balançoire. Ceux-ci, ayant compris tout l'intérêt d'une manœuvre aussi bénéfique, sautent de tout leur poids sur leur perchoir, pour tenter d'abaisser encore la branche chargée de fruits, réclamant une troisième figue. C'est alors qu'intervient grand-père Rânefer qui en a assez de ces cris, de ces manières de sauvage, et il sermonne ses petits-enfants. Il leur rappelle qu'ils n'ont pas le droit de toucher à ces fruits, propriété du maître. Il leur ordonne de les déposer sur la table de la terrasse...

Hemyonou n'entend plus que le bourdonnement lointain de ce cher vieux bonhomme de serviteur et de ses diables de petits-enfants. Frappé par la providentielle révélation qu'il vient si heureusement de recevoir, il porte un regard reconnaissant vers l'ouest, vers Rê qui achève sa navigation diurne derrière une voile nuageuse. C'est alors qu'il capte ce signe étonnant : la lueur orangée de multiples rayons convergeant vers la base de cette voile céleste. Dans un dernier clin d'œil, le dieu suprême offre à la terre l'image d'une lumineuse pyramide. En ce moment sublime où les auspices les plus favorables des dieux du ciel et de la terre se sont conjugués, le maître d'œuvre se sent subjugué, étourdi, par autant de bonté divine.

Rânefer, gêné, est là devant lui et lui tend les deux figues chapardées. Hemyonou ne le voit pas ; le regard encore perdu dans la nuée, il avance vers le jardin, vers cette branche de figuier équipée de la balançoire. Il n'écoute pas son serviteur venu excuser les méfaits de ses petits-enfants, suivi à bonne distance par les trois trublions qui baissent la tête. Le bourdonnement humain initial est devenu insignifiant, inaudible. Montrant la pièce de bois suspendue aux deux cordes, il dit à Rânefer, inquiet de cette attitude étrange :

« Crois-tu que nous pourrions y monter tous les deux sans mal ? »

Éberlué par une telle question de son maître qu'il croyait fâché, Rânefer hésite un temps, pendant que les enfants écarquillent leurs yeux étonnés. C'est alors qu'Hemyonou, sans attendre, se suspend lestement aux deux cordes de la balançoire, montrant une agilité insoupçonnée pour un homme de sa corpulence. La branche du figuier fléchit dans un faible craquement. Il invite joyeusement son serviteur à faire de même. Dévoué, mais ignorant encore l'objet de cette gymnastique, Rânefer s'exécute : il trouve place pour ses pieds nus sur le bois de la balançoire, alors que ses mains noueuses ont agrippé les cordes. Il parvient ainsi à se hisser face à face avec son maître. Celui-ci sourit, satisfait de constater que la grosse branche qui les supporte frôle le sol de ses feuilles à son extrémité. Il crie :

« Allez, les enfants, cueillez tous les fruits mûrs que vous pourrez ! N'hésitez pas, il en faudra pour tous ! »

Les trois gamins s'activent comme une volée de moineaux libérés de toute crainte. Ils tournent les figues dodues et molles à pleine main, avant de les arracher à leur rameau ; ils les déposent sur l'herbe. Une quinzaine de beaux fruits sont ainsi cueillis et regroupés lorsque les deux hommes abandonnent leur perchoir. Hemyonou offre une figue à son serviteur, en épluche une pour lui-même et dit chaleureusement :

« Prends-les toutes, elles sont à toi, et que tes garçons en mangent tant qu'ils en voudront.

« Dorénavant, poursuit-il, ces figuiers produiront autant pour toi que pour moi, car tes petits-enfants sont bénis de Thot. À travers eux, grâce à leur jeu, ce dieu généreux m'a fait connaître la réponse que j'attendais depuis des lunes et des lunes. Aujourd'hui, en ce septième jour de mes recherches, il s'est enfin manifesté, favorablement, en choisissant ta famille pour me transmettre son divin message. Ces trois enfants ont été ses interprètes : je n'ai eu qu'à les observer dans leurs gestes pour saisir toute l'importance de l'idée sublime que Thot a bien voulu me communiquer. Sois heureux, Rânefer, d'avoir dans ta descendance ces messagers du dieu des écritures et de la magie. Dès demain, je te donnerai l'explication détaillée du contenu même de la pensée créatrice qui m'a ainsi été transmise. »

Hemyonou gagne en hâte sa « chambre-laboratoire ». Le vieil homme et les enfants ramassent leurs fruits, encore plus intrigués par le discours nébuleux du maître : ils se sentent vaguement impliqués dans la transmission d'une étrange communication divine du dieu de Chmounou, exprimée au travers d'une banale histoire de figues cueillies par jeu dans le verger.

Lorsqu'ils quittent le jardin peuplé d'ombres, vraisemblablement encore hanté par l'esprit de Thot, ils aperçoivent, sur la véranda, la silhouette dansante d'Hemyonou, projetée au gré de la flamme capricieuse d'une torche.

Le maître d'œuvre travaille d'arrache-pied durant les dernières heures de ce septième jour, donnant plusieurs formes à cette « idée sublime », et ce jusqu'à épuisement de la lumière du flambeau crachotant.

Sur des morceaux de papyrus, il esquisse plusieurs sortes de leviers de tailles différentes. À leur extrémité, celle pour laquelle il désespérait de trouver cette « force surhumaine » susceptible de produire une rotation, il fait figurer le point d'attache de huit suspentes obliques, au bout desquelles se trouve liée une plate-forme carrée. C'est une sorte de balancelle qui est ainsi croquée, avec sa plate-forme suspendue par les quatre coins à l'extrémité libre du levier.

Pour matérialiser totalement la force qui lui a été inspirée par Thot, il esquisse, sur cette balancelle, des équipes d'hommes convenablement alignés et rangés. Suivant la taille du levier, le platelage est plus ou moins spacieux et permet d'accueillir de 15 à 30 hommes. Il imagine, également, le moyen d'atteindre cette plateforme suspendue, grâce à un ponton élevé au même niveau que celle-ci. Des échelles en constituent les accès.

De la sorte, se trouve astucieusement traité le problème, jusqu'alors insoluble, de la production d'une force de rotation du levier : la force de pesanteur d'origine humaine, ayant fait fléchir la branche du figuier sous les poids conjugués d'Hemyonou et de Rânefer, agira de même sur l'extrémité du bras de levier ; dans ce cas, c'est le poids propre d'un équipage suffisant en nombre, embarqué dans la nacelle suspendue, qui assurera la force de traction verticale vers le bas. Suivant ce principe, le travail humain se trouve ainsi réduit à un simple déplacement d'hommes de bas en haut et de haut en bas. Lorsque la nacelle touche le niveau d'assise du levier et que le bras de celui-ci se trouve rabattu à l'horizontale, les hommes quittent la plate-forme. Ils la retrouvent à nouveau, au niveau du ponton, le bras du levier et sa nacelle vide ayant été préalablement relevés.

Cependant, sur ses esquisses, Hemyonou est conscient de ne pas maîtriser les différentes dimensions des levier et plate-forme. Pas plus qu'il n'appréhende la valeur de la force de rotation nécessaire.

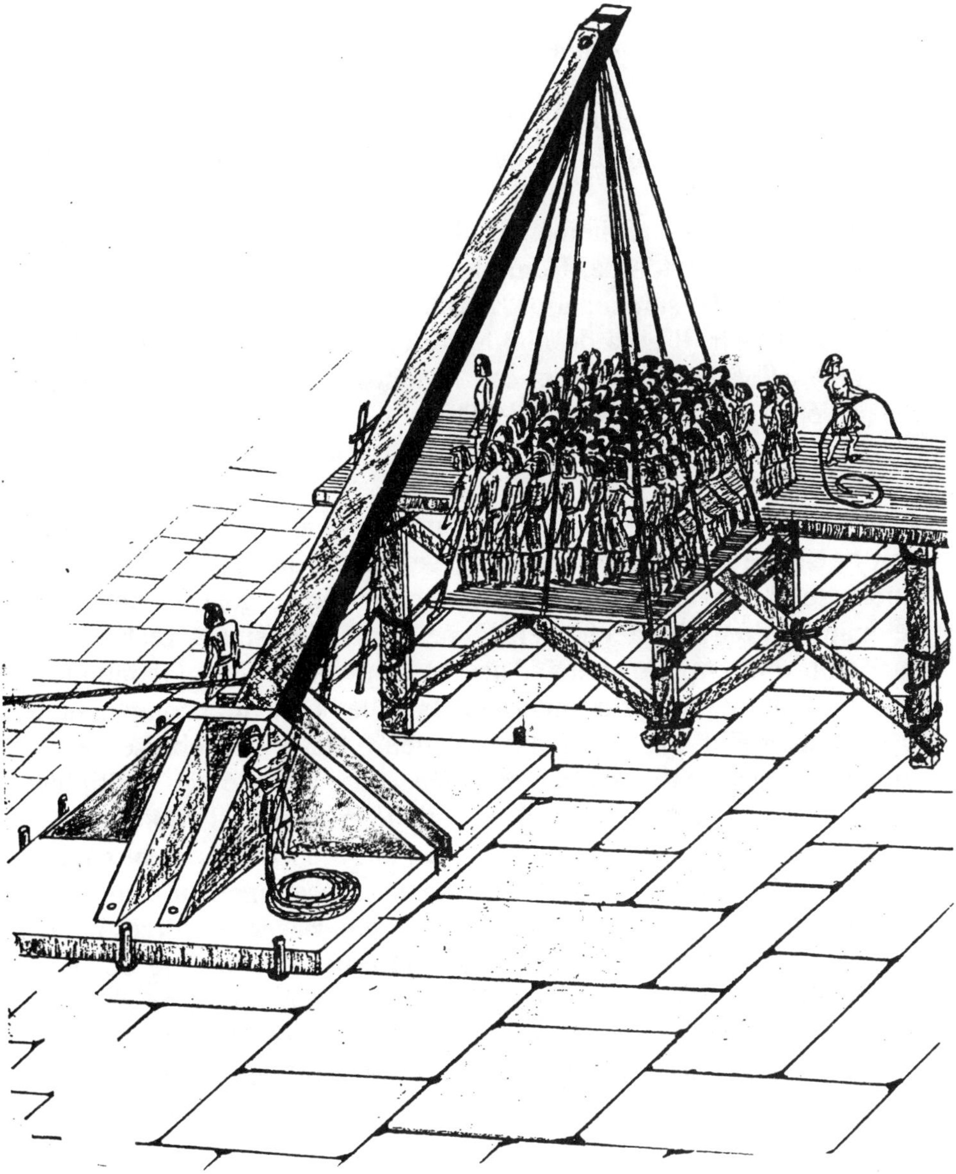

Levier et sa nacelle chargée d'hommes

Par contre, il pressent tout le parti qu'il pourra tirer de ses multiples expérimentations sur des modèles. Comment ne pas y croire ? après ses derniers tâtonnements fructueux qui lui ont confirmé l'adaptation possible de sa machine à des efforts plus grands. N'a-t-il pas vérifié, grâce à la maquette, qu'il serait possible d'envisager un halage des traîneaux chargés sur les faces mêmes du monument en construction ?... À condition qu'il puisse inventer, aussi, un équilibre du véhicule.

Dans d'ultimes crépitements, alors que s'étiolent les dernières flammèches de la torche, Hemyonou s'étend sur son lit. Il se sent dans un état de surexcitation extrême. Son cœur est gros d'un immense espoir. Il aura du mal à trouver le sommeil : tant d'idées nouvelles l'assaillent, depuis ces instants sublimes qu'il vient de vivre, sous l'impulsion divine de Thot...

Depuis ce jour béni où l'esprit d'invention a soufflé, Rê en est à son troisième périple sur la mer céleste. Alors que ce dieu suprême atteint le plus haut de sa course, un certain doute gagne à nouveau le maître d'œuvre. Il en vient à se demander si ses recherches méritent d'être poursuivies dans le sens où il les a conduites jusqu'alors. En effet, aux premiers élans de bonheur accompagnant la découverte d'une force de pesanteur, facile à mobiliser et à moduler, pour actionner sa machine, ont succédé de multiples essais, infructueux lorsqu'il s'est agi de maintenir l'équilibre du traîneau et de son monolihe. Ainsi, un autre découragement gagne Hemyonou, l'amenant à ne plus croire en ce cheminement simple et direct qu'il a envisagé. N'est-ce pas trop jouer avec les forces naturelles de pesanteur qu'imaginer un traîneau et sa charge de plusieurs dizaines de tonnes en équilibre sur cette pente vertigineuse ? Car tout le problème réside maintenant dans le glissement arrière du véhicule : celui-ci redescend invariablement vers sa position de départ lorsque le levier est relevé verticalement pour son réarmement.

Hemyonou a tenté plusieurs artifices pour retenir le traîneau après ses progressions successives vers le haut. Il a initialement projeté de disposer des cales à l'arrière des patins. La mise en place de ce calage, à l'aide de pièces de bois biseautées, lui a paru une solution acceptable. En effet, en ménageant de part et d'autre de la voie de passage de chaque véhicule des escaliers intégrés dans la face de la pyramide, des ouvriers pourraient, après chaque élévation, placer ces pièces de bois à l'arrière des patins. Mais ce procédé a bien vite montré ses défaillances. Lorsque la pente est lubrifiée — il ne peut en être autrement, pour réduire l'effort de traction et l'usure des surfaces en contact — les cales glissent aussi sous la poussée arrière du véhicule chargé. Il y a donc là un risque certain de chute du traîneau et de son monolithe, alors qu'ils ne sont plus retenus par la corde de traction : celle-ci est en effet totalement déliée du bras pour y être retendue après relèvement de celui-ci. Aussi le maître d'œuvre abandonne-t-il cette solution dangereuse.

C'est alors vers une autre technique, apparemment plus sûre, que s'oriente Hemyonou. Il imagine une seconde corde de rappel, parallèle à la corde de traction et aboutissant à une sorte de plot d'amarrage encastré verticalement sur le bord d'assise où opère la machine de halage. Cette corde de sécurité pourrait être tendue à chaque progression du traîneau et enroulée de plusieurs tours autour du plot pour retenir le véhicule lors du relèvement du bras de levier. Théoriquement et sur maquette, la manipulation semble possible. Mais concrètement, en vraie grandeur, Hemyonou conçoit mal quel dispositif pourrait tendre suffisamment cette corde de rappel, sur des dizaines de mètres, pour éviter que le véhicule ne redescende lorsqu'il serait pris en charge par celle-ci. D'autre part, il lui apparaît qu'une mise en tension efficace de ce câble de sécurité, si elle était rendue possible, prendrait autant de temps qu'un cycle de manœuvre du levier.

En résumé, bien qu'il ait été séduit par le principe de ce plot d'amarrage utilisé en poulie fixe, le chef des travaux de la nécropole sait, d'expérience, qu'une telle technique n'est pas rentable : la faible course de traction de sa machine vers le haut serait systématiquement réduite, sous l'effet du glissement arrière du traîneau, jusqu'à la remise en tension du câble de rappel.

Aussi, lorsque Rê amorce sa descente vers l'ouest, dans la chaleur intense en cette saison, Hemyonou ressent à nouveau la profonde déception d'une recherche inachevée. En dépit de l'immense progrès obtenu dans la découverte d'une force humaine susceptible d'actionner la machine et de haler une pierre de gros volume, il n'a pas réussi à assurer une progression ascendante sur la face du

1ère utilisation dans ce livre du mot "poulie".

monument. L'objectif final de son expérimentation n'est pas atteint.

Après une courte collation, il se laisse aller à une pause à l'ombre fraîche d'un figuier. Étendu dans une herbe toujours verte grâce à l'irrigation quotidienne consciencieusement pratiquée par Rânefer, il tente d'oublier ces dernières journées stériles. Des heures de tâtonnements infructueux n'ont fait que réaffirmer le doute premier d'un cheminement possible des traîneaux sur les faces de la pyramide...

Dans le calme de cette chaude après-midi, seuls quelques oiseaux osent s'agiter encore parmi les feuillages sous lesquels le maître d'œuvre s'assoupit et trouve un profond sommeil.

Lorsqu'il s'éveille, seul dans ce jardin tranquille, voué au repos du dixième jour de la semaine [3], Hemyonou devine Rê, par son sillage lumineux qui filtre à travers la voûte de larges feuilles. Il se rend compte, progressivement, qu'il s'est endormi durant deux bonnes heures, pendant lesquelles il a été loin de ses préoccupations techniques ; son évasion, hors du temps et de l'espace, a été si complète qu'il lui faut un moment pour comprendre où il se trouve. Toujours allongé, un peu engourdi, ses yeux captent les premières images de ces figuiers indolents, de ce jardin et de sa petite maison baignés de lumière. Non, il n'est pas à Memphis, mais bien dans le nid primordial, celui de son enfance. Alors, dans ce moment propice où le corps et l'esprit jouissent de la mollesse de l'éveil, le maître d'œuvre ne résiste pas à la rêverie. Son regard se perd dans la feuillée ; il suit un pigeon venu roucouler et qui change de branche, méfiant de la présence humaine qu'il soupçonne ; il le voit attaquer du bec une figue bien mûre, tendant le cou avec des hésitations inquiètes.

Une branche plus bas, une araignée, infatigable, lance ses fils luisants des feux du dieu céleste. Elle a bien avancé sa toile. Elle tisse les ultimes filaments périphériques de son ouvrage. En homme de l'art, Hemyonou a toujours été émerveillé par le travail méticuleux accompli sans hésitation par l'animal acrobate, qui enchaîne avec dextérité ses évolutions intelligentes. Après avoir grimpé le long de son fil vertical qu'elle colle à l'un des rayons de la toile, l'araignée

3. La semaine comportait dix jours dont un était jour de repos.

emprunte un parcours oblique la conduisant à un second rayon, auquel elle fixe le fil magiquement déroulé en continu ; à la suite d'un trajet presque horizontal, la voilà de nouveau suspendue verticalement de l'autre côté de la toile...

La construction rayonnante, les trajectoires verticales symétriques, la lumière de Rê accrochée à ces fils sur lesquels la laborieuse araignée monte et redescend elle-même son propre poids, toutes ces séquences répétées se mélangent et s'assemblent dans l'esprit d'Hemyonou, suivant une autre « trame » dont l'analogie lui suggère une idée fulgurante. Il se retrouve machinalement debout, devant le bassin où il s'asperge le visage, tant il croit encore rêver de ce nouveau signe du dieu suprême.

Tout ruisselant, il se propulse vers sa maquette, ses traîneaux et ses chers leviers à nacelle. Il n'est pas long à mettre en place, sur le bord d'assise où se trouve la première, une seconde poulie fixe constituée d'un nouveau cylindre de bois encastré verticalement à une dizaine de coudées (environ 5 m) du premier, selon l'échelle de la maquette.

Par ailleurs, attachant une seconde corde à l'avant du traîneau chargé du monolithe, qui progresse sur la pente, il passe ce câble sur les deux poulies fixes, puis noue son autre extrémité à l'arrière d'un traîneau non chargé. Il positionne ce dernier en descente, parallèlement au cheminement du traîneau chargé. L'espacement entre les deux traîneaux se trouve donc déterminé par celui des deux poulies fixes. Ainsi se trouve matérialisé un système de contrepoids : celui-ci est en effet assuré par la force résultante de traction vers le bas du traîneau descendant, accrue des forces de frottement du câble sur les deux poulies fixes et sur le bord d'assise.

En expérimentant ce système de contrepoids, Hemyonou est stupéfait, heureux de vérifier qu'il suffit d'une faible charge sur le traîneau descendant pour obtenir une position d'équilibre des deux traîneaux, lorsque le levier (en cours de réarmement) ne produit plus sa traction.

Mais l'araignée, ouvrière zélée, montant et redescendant son propre poids le long d'un fil, lui a suggéré une autre idée de génie : pourquoi ne pas lester le traîneau descendant d'une partie de l'effectif des hommes d'équipage qui ont halé le traîneau montant et son monolithe jusqu'au pied de la pyramide ? De la sorte, certains de ces hommes qui doivent suivre le monolithe et aider à sa

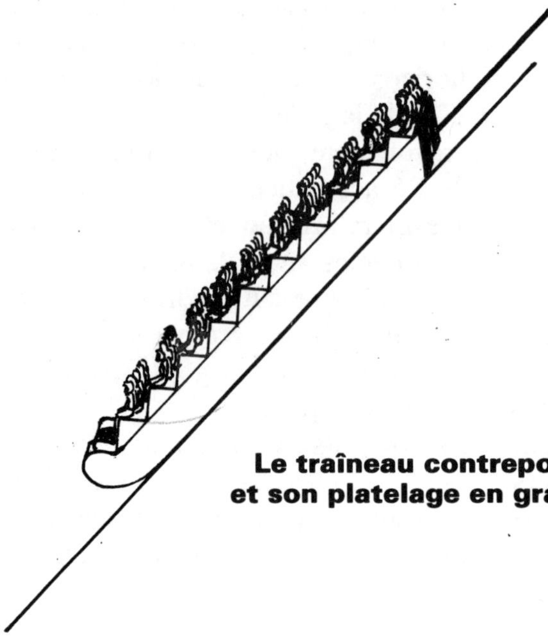

Le traîneau contrepoids et son platelage en gradins

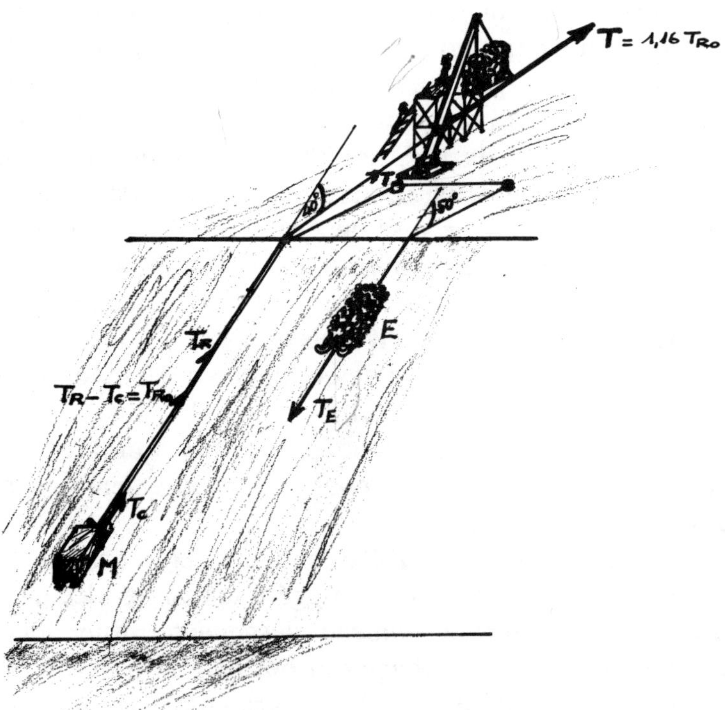

Principe de la synergie

mise en place sur une assise en redescendront en pesant de leur propre masse dans le traîneau contrepoids.

Par approximations successives, il charge donc le traîneau en descente d'un poids équivalant approximativement au nombre de haleurs pouvant s'y asseoir. Il constate alors, lors du relèvement du levier, que le système de contrepoids maintient un parfait équilibre : le traîneau chargé de son monolithe ne redescend plus en arrière. Il observe aussi que la rotation du levier s'opère en appliquant dans la nacelle une force de pesanteur légèrement plus faible, du fait de la traction exercée par le traîneau descendant chargé d'hommes.

Au cours de multiples essais, le maître d'œuvre fait varier le poids du monolithe, la dimension du bras de levier, les charges qui correspondent aux effectifs d'hommes dans la nacelle et dans le traîneau descendant. Il enregistre, systématiquement, les résultats positifs de ses tentatives successives, qu'il pousse jusqu'à des limites extrêmes en ce qui concerne le poids des blocs de taille exceptionnelle. Il s'assure, de cette façon, à échelle réduite, de l'efficacité probante de cette merveilleuse synergie dont il vient de découvrir et d'expérimenter les principes de base.

Hemyonou est au comble de l'émotion, de la félicité, alors que la dixième lune apparaît tout juste au-dessus du jardin de l'humble demeure familiale. Tout s'est joué là, dans le berceau de son enfance heureuse, où les dieux les plus puissants se sont donné rendez-vous pour lui communiquer le souffle premier menant à la connaissance des choses secrètes : ce fut d'abord Thot, maître du savoir créateur, le « cœur de Rê », qui le guida vers la découverte de cette force divine astucieusement engendrée par le seul poids propre des ouvriers ; comme si le dieu des écritures avait aussi voulu évaluer, par un jeu de son esprit sublime, à l'aide du poids de plusieurs hommes, la valeur ou le prix de l'élévation d'une pierre d'éternité ; ce fut enfin Rê lui-même, désignant de ses rayons lumineux la fabuleuse ouvrière qui esquissa dans l'espace l'idée des deux cheminements parallèles, montant et descendant, et celle du retour des haleurs retenus par le second câble.

En faisant retraite, le chef des travaux de la nécropole n'espérait pas autant de faveurs divines. En effet, la prédiction du grand prêtre, le désignant unique élu du dieu Ptah pour recevoir la pensée créatrice, n'avait pas convaincu Hemyonou. Chez lui le pragmatisme l'emportait sur la spiritualité. Il ne pouvait imaginer détenir, en si peu de temps, les artifices techniques qui rendraient possible le projet de Khaesnofrou, alors que cette œuvre grandiose lui paraissait irréalisable quelques jours auparavant. Ce qui tenait de la puissante magie, hier, lui apparaissait aujourd'hui une réalité palpable, exploitable. Car, en fait, cette inspiration surnaturelle qui avait agité son cœur, il l'avait ressentie en ce lieu, grâce au concours indubitable des dieux auxquels il s'était adressé. N'avait-il pas, dans un de ses moments de découragement, sollicité Thot, le dieu magicien, pour le voir immédiatement se manifester sous la forme de trois gamins lui montrant comment user opportunément de son poids grâce à une balançoire ? Et comment ne pas reconnaître l'intervention de Rê, esquissant de ses traits lumineux cette demeure d'éternité et l'idée — araignée astucieuse — d'un fil redescendant parallèle à celui qui avait été élevé en rappel ?

C'est d'abord au dieu de l'intelligence créatrice qu'il s'adressera, douze jours plus tard, après avoir accompli la lente navigation sur le fleuve-dieu le conduisant au plus près du sanctuaire de Chmounou. Dans ce lieu saint où, avec la permission et l'assistance des prêtres, il brûlera l'encens et remerciera Thot de sa généreuse protection, il dira à ce dieu combien sa puissance d'invention sera reconnue et glorifiée, là-bas, dans les *nomes* de basse Égypte. Il lui promettra de faire bonne application des idées astucieuses qu'il a reçues de sa bonté et de son indulgence divines.

De retour chez lui, il préparera les offrandes destinées au dieu suprême. Il se rendra à Onou [4] pour les présenter à Rê, en signe de reconnaissance pour sa bienveillante assistance céleste tout au long de la difficile recherche entreprise dans la maison familiale.

Ainsi Hemyonou, le maître d'œuvre, l'homme de chantier, s'était-il rendu compte de la merveilleuse intervention divine, dans ces moments d'impuissance où le seul savoir et l'expérience du technicien n'avaient pu le conduire qu'à l'immobilité du cœur.

---

4. Onou ou Heliopolis : cette cité de basse Égypte, à environ 40 km au nord de Memphis, où le dieu Rê était adoré, fut un centre spirituel très ancien.

CHAPITRE VII

L'ÉPREUVE D'UNE SYNERGIE

C'est par l'expérience que la science et
l'art font leurs progrès chez les hommes.

ARISTOTE, *Métaphysique*

La première préoccupation du chef des travaux de la nécropole, lorsqu'il revient à Memphis, est d'annoncer au grand prêtre que son oracle s'est réalisé suivant les meilleurs auspices, par les grâces de Rê et de Thot : sans fournir de détails techniques, Hemyonou lui précise qu'il a bien reçu « cette lueur fulgurante » du divin maître des hiéroglyphes et du dieu des espaces célestes.

Khaesnofrou, étonné de n'avoir pu le joindre, à plusieurs reprises — pendant le temps de sa retraite imprévisible — est intrigué par cette heureuse et importante révélation. Il veut savoir si tous les monolithes de son projet pourront être élevés. Comment seront-ils véhiculés à pied d'œuvre ? Quelle surprenante technologie, particulièrement puissante, permettra de développer les forces surhumaines nécessaires à leur appareillage à ces hauteurs ?

Autant de questions qui n'obtiennent aucune explication détaillée. Hemyonou tient à garder le secret de son invention, pour plusieurs raisons évidentes.

La première est qu'il veut s'assurer de la viabilité de ses conceptions techniques, en éprouvant sa synergie en grandeur réelle. C'est donc sa sagesse d'homme de terrain qui le conduit à la vérification préalable. Il en profitera pour effectuer toutes les mises au point indispensables, inévitables dans une telle entreprise. Les différents organes de l'ensemble fonctionnel qu'il a conçu doivent travailler en parfaite harmonie. Les matériaux et les ouvriers seront sélectionnés, quantifiés, en fonction de l'objectif à atteindre, dans chaque cas d'espèce. En résumé, il imagine un véritable banc d'essai de cette synergie, avant de l'appliquer à la construction de la « demeure d'éternité » de Kheops.

La seconde raison relève aussi de la prudence : celle de l'inventeur qui veut préserver la paternité de sa découverte. Les scribes et artisans du temple de Ptah recherchent, depuis des lunes, cette technique merveilleuse qui leur permettrait de produire des forces exceptionnelles. Hemyonou ne souhaite pas que ses idées soient exploitées par un quelconque plagiaire, alors que la pièce maîtresse de sa synergie, le levier de traction à distance, est son invention. En un sens, il se méfie des techniciens du temple.

Enfin, il n'a pas apprécié la légèreté, la désinvolture avec lesquelles Khaesnofrou l'a mis devant le fait accompli en ne lui demandant pas son avis et en présentant, seul, son projet à l'approbation du pharaon. Ayant été écarté de cette première démarche de maîtrise d'œuvre, il s'estime totalement libre de dévoiler sa solution technique au moment qu'il jugera le plus opportun.

Malgré le voile du secret maintenu par Hemyonou, et la curiosité insatisfaite en résultant, le grand prêtre se déclare soulagé de l'effacement de cette incertitude grandissante qui pesait sur la réalisation de son projet taxé de gigantisme. Il brûle cependant de connaître, enfin, les moyens de réalisation imaginés par cet homme de chantier dont l'ingéniosité et l'expérience cristallisèrent tout son espoir. Et, s'il n'insiste pas outre mesure pour que le chef des travaux de la nécropole lui livre ses artifices, c'est bien parce qu'il se sent coupable d'un manque de coopération évident lors de l'établissement de sa première étude.

Hemyonou entreprend de réunir, sans tarder, la matière et les compétences indispensables à l'établissement de ce fameux banc d'essai qui devrait révéler, en vraie grandeur, l'efficacité ou les défaillances de sa synergie inédite. Afin de s'assurer toute discrétion, il regroupe, au sein des ateliers du « Domaine perpétuel » de Memphis, les artisans avec lesquels il a travaillé, durant de nombreuses années, lors de la construction de la pyramide de Snefrou. Il constitue ainsi un noyau d'« anciens », tous solidaires et dévoués à leur chef de travaux, avec cet attachement sans faille que connaissent bien les « hommes de terrain ». Il nomme Hebenou, maître charpentier, chef du « Domaine perpétuel ». C'est à lui qu'il confiera, tout particulièrement, la construction des organes de cette synergie, la conduite des essais et les réajustements indispensables au bon fonctionnement, dans leur assemblage, des diverses pièces de bois. Hebenou s'est déjà illustré dans la fabrication des premiers leviers de halage. Ce fin constructeur de navires possède une connaissance approfondie des diverses variétés de bois et de leur adaptation à certains usages. Des différentes essences, il sait les qualités de résistance qu'il peut attendre, les précautions pour le façonnage de leurs fibres. En outre, la confection des cordelettes et câbles de toutes sortes, la technique même de tressage et de cordage, n'ont plus de secret pour cet artisan rompu depuis son plus jeune âge aux diverses activités d'un chantier naval.

La confiance que Hemyonou porte à Hebenou ne se limite pas à ses capacités professionnelles. Le maître charpentier est aussi son beau-frère ; ils se connaissent depuis plus de vingt ans, au cours desquels Hemyonou a eu l'occasion d'apprécier cet homme appliqué, juste et courageux, tant sur les chantiers que dans la vie familiale.

À Debeheni, qu'il place sous les ordres de Hebenou, le maître d'œuvre attribue la charge de maître des maçons de la nécropole royale. Cette promotion est importante pour ce technicien de l'armée du pharaon qui maîtrise parfaitement les différents procédés d'appareillage des maçonneries, faisant aussi bien usage de briques crues que de la pierre d'éternité. Ce maître artisan travaille déjà aux travaux d'édification de la chaussée d'accès à la future pyramide. Il a aussi montré son savoir-faire et son sens de l'organisation lors des phases délicates de mise en place des blocs exceptionnels de la dernière pyramide de Snefrou.

Avec Sekhemka, maître carrier déjà désigné pour diriger l'exploitation des différents sites d'extraction de la pierre, le chef des travaux de la nécropole dispose des trois principaux acteurs aptes à assurer la conduite des ouvrages essentiels du complexe funéraire. Au sein du « Domaine perpétuel », Hemyonou et Hebenou parachèvent l'organisation d'une multitude d'autres activités indispensables à la bonne marche des nombreux chantiers. Des ateliers fabriqueront et entretiendront, en permanence, les matériels et outils utilisés pour l'extraction, la taille, le transport et la mise en œuvre des monolithes. Un véritable arsenal est nécessaire pour ces activités : traîneaux, cordages, brancards, leviers, nacelles, percuteurs en diorite et ciseaux de cuivre pour la taille des blocs de calcaire, pointes et lames diverses de silex, herminettes, forets de cuivre ou de silex mus en rotation par deux coussinets en cuir ou par un archet, lames de scie en cuivre, maillets, etc., seront produits ou réparés.

Parallèlement, des équipes de scribes comptabiliseront les approvisionnements en matériaux, vivres et vêtements des artisans et ouvriers. Tandis que d'autres disciples de Thot, en déplacement sur les sites, assureront la gestion des différents chantiers de la nécropole ; ils transmettront, aux ateliers et entrepôts royaux, les états de consommation et les besoins relatifs à la logistique des différentes zones d'activité. Jusque dans les carrières de granite les plus reculées du royaume de haute Égypte, dans les îles d'Abou [1] et de Senmout [2], ces comptables appliqués veilleront à la juste circulation et distribution des matériaux, outils, vivres et vêtements.

Hebenou, à partir des dessins fournis par Hemyonou, a bien avancé la fabrication de deux leviers de halage à distance. Le chef des travaux de la nécropole veut, en effet, tester sa machine de traction et la synergie à laquelle elle se trouve associée, dans deux cas d'espèce.

L'un intéresse la majeure partie du gros œuvre de la future pyramide : il s'agit de l'élévation d'un bloc dont les dimensions devraient être celles d'un monolithe courant du tombeau de Kheops. Pour ce volume, il adopte, arbitrairement, les mesures suivantes : 2,5 coudées de long, 2 coudées de large et 1,05 coudée de hauteur (ce qui correspond à 1,30 m x 1,05 m x 0,78 m, soit un poids approximatif de 2,5 t.).

Dans le deuxième cas, Hemyonou a envisagé le transport d'un des monolithes de granite constituant le linteau à chevrons de l'entrée du monument. C'est un volume d'environ 8 coudées de long, 6 coudées de hauteur et 2 coudées d'épaisseur (soit : 4,20 m x 3,14 m x 1,05 m, pour un poids de l'ordre de 30 t.).

---

1. Île d'Éléphantine, proche d'Assouan.
2. Île située à une dizaine de kilomètres plus au sud.

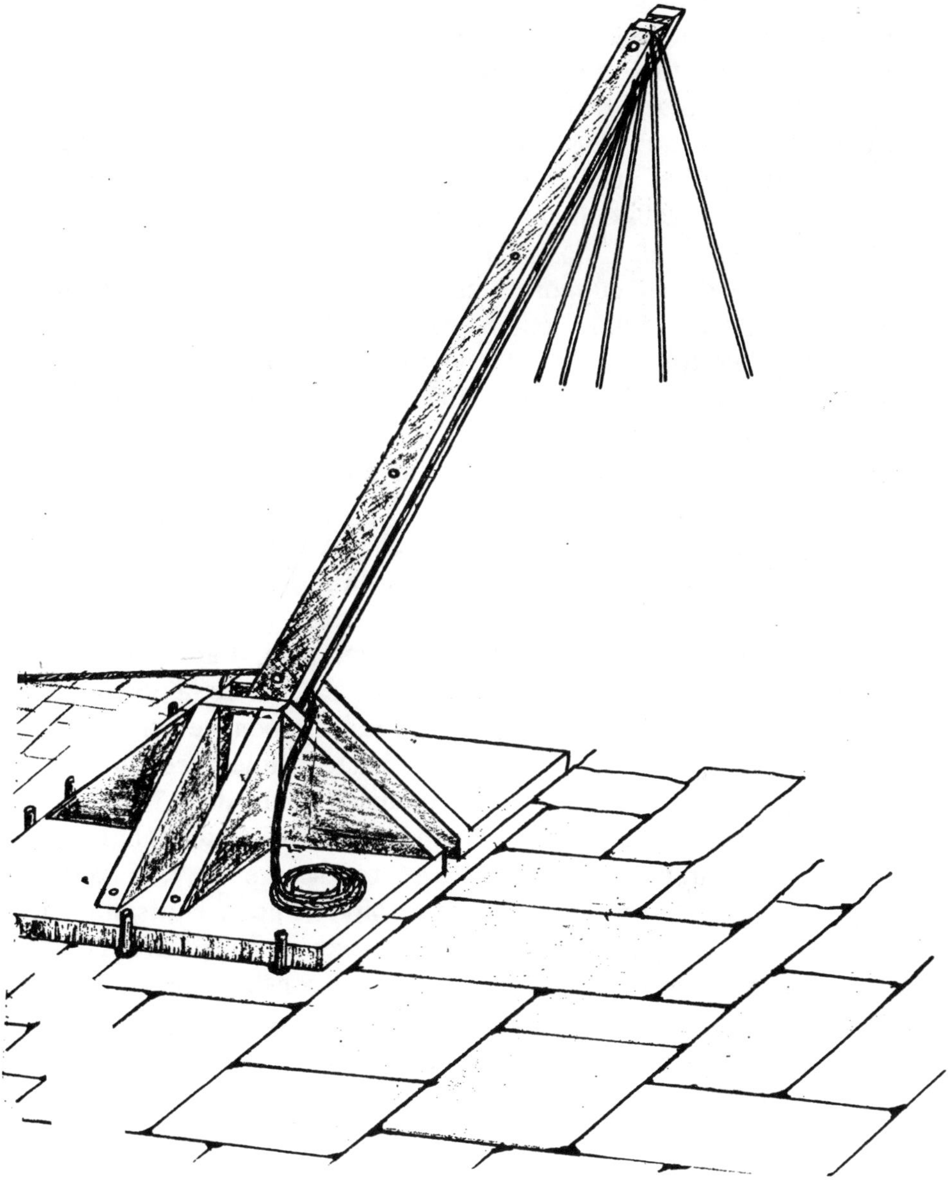

Levier à deux poutres moisées destiné au halage des monolithes de 30 t.

En vue de la réalisation de ces deux machines, Hebenou a choisi des grumes rectilignes, en bois de cèdre, dans les stocks, encore importants, non utilisés lors du règne de Snefrou. Il confectionne dans ce matériau le bras de chaque levier : celui destiné à haler des monolithes courants est une poutre simple, d'une seule pièce ; celui conçu pour élever les monolithes de taille exceptionnelle se compose de deux poutres moisées en plusieurs points. Les piètements entretoisés comportent deux flasques : ces dernières recevront l'axe horizontal de rotation du bras. Cet axe, qui sera soumis à l'usure due au frottement et aux efforts importants générés par le bras, est taillé dans de l'acacia épineux noir, bois dur habituellement utilisé en construction navale.

Les nacelles devant supporter les hommes sont depuis longtemps achevées. Afin de réduire leur poids et de faciliter le relevage du levier, les plate-formes ont été construites en matériaux légers et résistants. Seules les deux poutres maîtresses, soutenues par les huit suspentes, sont en bois de cèdre ; le reste du plancher est composé d'un platelage en treillis de roseaux convenablement dimensionnés, servant d'entretoise.

Parallèlement à ces travaux de charpentage, Hemyonou a demandé à Hebenou de faire procéder à la reproduction, grandeur nature, d'une portion de pyramide permettant un développement complet de la synergie qu'il a imaginée. Pour cela, d'après les cotes d'esquisse des plans fournis par le chef des travaux de la nécropole, Debeheni a entrepris, depuis deux lunes, l'aménagement d'une rampe. Celle-ci matérialise la pente exacte d'une face du futur monument de Kheops, sur une hauteur de plus de 25 coudées (13,07 m) et sur une largeur de 40 coudées (21 m), autorisant l'évolution des deux traîneaux, en montée et en descente. Ce plan incliné aboutit à une plate-forme, en cours de nivellement, suffisamment vaste pour y implanter leviers et poulies fixes. Afin d'éviter l'utilisation d'un volume important de pierre pour construire cet ouvrage provisoire, Hemyonou a profité astucieusement du relief du plateau de Gizeh. Il a donc fait procéder à la taille d'une partie de l'éperon rocheux qui borde ce massif, choisissant un site propice à un minimum de façonnage. Seules quelques maçonneries de remplissage et de calfeutrement ont nécessité le transport de blocs de calcaire de la carrière toute proche. Sur une hauteur de 10 coudées (5,23 m), une rampe de transition à courbure concave, en brique crue, a été maçonnée. Elle doit permettre aux traîneaux de passer progressivement du plan horizontal, situé en pied de rampe, au plan incliné matérialisant la face de la pyramide.

Les organes divers de la synergie sont enfin apportés à pied d'œuvre, depuis les ateliers du « Domaine perpétuel ». Des trous cylindriques verticaux, d'une coudée (0,523 m) de diamètre et deux coudées de profondeur, ont été aménagés à une distance de 20 coudées (10,46 m) du bord de la plateforme horizontale. Deux troncs d'acacia noir y ont été encastrés, après un ajustement serré. Leur partie supérieure visible a été consciencieusement polie pour constituer une surface de glissement. Ces deux poulies fixes, distantes de 20 coudées, reçoivent le câble de retenue des deux traîneaux : l'un chargé du monolithe en montée, l'autre, servant de contrepoids, véhiculant un équipage en descente[3].

Le premier essai de halage est prévu avec le traîneau porteur d'un monolithe de 2,5 tonnes. C'est donc le plus petit levier qui est implanté sur la plate-forme supérieure, située à environ une trentaine de coudées au-dessus du pied de rampe. Le plan de rotation de ce levier et sa corde de halage passent, parallèlement, à proximité immédiate de la corde de retenue du traîneau chargé (corde liée, à son autre extrémité, au traîneau servant de contrepoids, et coulissant sur les deux poulies fixes).

Le pied du levier a été ancré sur la plate-forme, non loin de la première poulie fixe, derrière celle-ci. Deux rondins, en bois d'acacia noir, coiffant horizontalement le bord de la plate-forme supérieure, y ont été encastrés au droit des deux passages de câbles reliés aux traîneaux. Ces pièces de bois, polies aussi finement que les poulies fixes et lubrifiées, permettront le changement d'inclinaison des câbles de halage et de contrepoids, en limitant leur usure.

Le bras du levier, d'une longueur totale de 13 coudées (6,80 m), est assemblé sur son pied tandis que la nacelle, pouvant supporter une trentaine d'hommes, est attachée à l'extrémité du bras[4]. Un ponton d'accès à celle-ci se trouve déjà édifié.

Hemyonou est anxieux le jour du premier essai de sa machine. Même si les tentatives sur maquette se sont avérées probantes, elles

3. Suivant dimensionnements adoptés en annexe 9.III. p 284
4. Suivant dimensionnement de l'annexe 7.III.2 à 6. p 267

**Le traîneau contrepoids
chargé d'hommes**

furent approximatives, notamment en ce qui concerne les charges utilisées.

Alors que le traîneau portant le monolithe est hissé en partie supérieure de la rampe de transition, le maître d'œuvre vérifie que l'axe de rotation du levier est bien huilé ; il surveille, aussi, la phase de préparation de sa machine, dont le bras a été relevé à la verticale. La corde de halage est alors tendue, au mieux, par une équipe d'hommes, puis attachée sur la poutre, à 3 coudées (1,57 m) au-dessus de son axe de rotation. Cet espacement correspond au quart de la distance entre l'axe et le point de suspension de la nacelle. Le rapport 4 du bras de levier ainsi adopté a été estimé lors des essais sur maquette. Parallèlement à ces opérations sur la machine, le traîneau qui doit servir de contrepoids est basculé sur la pente, juste au sommet de celle-ci. Ce véhicule a été tout particulièrement étudié pour permettre aux hommes d'équipage de s'y tenir assis, malgré la forte inclinaison, voisine de 52° sur l'horizontale. Pour ce faire, des gradins ont été aménagés sur le platelage du traîneau. Six rangées ont ainsi été prévues, autorisant une capacité totale de 18 places. Constatant, enfin, que toutes les surfaces en contact avec les câbles ont été convenablement lubrifiées (poulies fixes verticales, rondins horizontaux des bords d'assise), il ordonne à Hebenou de mettre en charge la nacelle et le traîneau contrepoids. Dans ce dernier, 12 hommes sont assis, face au vide ; tandis que, du ponton, une équipe d'ouvriers commence son embarquement sur le platelage de la nacelle. Dès réception des trois premiers, le levier proche de la position verticale s'incline très légèrement, augmentant la tension du câble de halage ; les roseaux, les bois et les cordes grincent et craquent sous l'effet de la charge qui s'accroît. Alors que le levier ne bouge plus d'un pouce, le huitième homme se trouve embarqué. Avec une certaine hésitation, vite écourtée par un encouragement d'Hemyonou, le reste de l'équipe continue de passer du ponton dans la nacelle, à une allure plus lente. Le dixième homme qui y prend place provoque des craquements supplémentaires de la machine. Hemyonou, les yeux rivés sur l'extrémité supérieure du levier, qui lui paraît trembler imperceptiblement, a le cœur qui cogne. Quatre ouvriers de plus montent et c'est le cri de soulagement, repris par plusieurs : il ne rêve pas, le bras s'abaisse, d'abord lentement, puis de plus en plus vite, jusqu'à ce que la nacelle touche terre. De toutes parts, des exclamations fusent ; les ouvriers sautent de joie. L'émotion est à son comble, aussi bien au sommet qu'au bas de la pente où Debeheni, les mains en porte-voix, lance un chiffre :

« Près de deux coudées [5] ! »

C'est ce qu'a compris Hemyonou, qui s'est précipité au bord de la plate-forme d'assise. Le traîneau et son monolithe ont effectué leur première ascension, sur une distance de deux coudées environ ; tandis que le traîneau contrepoids est descendu d'autant, avec ses passagers. Ils bavardent, ils rient, à demi soulagés par ce premier déplacement en descente ; mais ils craignent encore la manœuvre de réarmement du levier.

Lors du lent relevage du bras de levier, tout se passe comme l'a prévu Hemyonou qui coordonne l'opération, prêt à la stopper : les deux traîneaux restent dans leur dernière position. Les hommes d'équipage du traîneau ne se sont pas rendu compte du relèvement total du levier.

En augmentant progressivement le nombre d'hommes faisant basculer le levier, le cycle est ainsi répété plus de cinq fois avant que le traîneau et son bloc ne quittent la rampe transitoire pour amorcer un glissement sur le plan incliné à 52°. Hemyonou note à nouveau quelle est l'augmentation de la charge de la nacelle : 34 hommes constituent l'effectif nécessaire à la rotation du levier, lorsque le traîneau et son monolithe évoluent totalement sur ce qui représente une face de la pyramide [6].

C'est au moment du relevage du levier que l'inquiétude est à son comble. Le traîneau chargé de ses 12 hommes réussira-t-il à retenir le véhicule transportant le bloc de pierre en équilibre sur cette pente abrupte ?

Pourtant, le bras de la machine est très lentement relevé, sans que le traîneau et son équipage ne bougent d'un pouce. Les hommes embarqués dans le véhicule extériorisent leur joie et leur soulagement quand ils apprennent qu'ils ont réussi à retenir le pesant monolithe avec le seul poids de leurs corps et du traîneau [7].

---

5. Suivant calcul de l'annexe 7.III.4.

6. Suivant résultats de l'annexe 7.III.5 majorés pour tenir compte des forces de frottement sur l'axe du levier.

7. Suivant les calculs justificatifs de l'annexe 5, deux hommes auraient suffi à réaliser le contrepoids.

En une vingtaine de cycles, répétés avec de plus en plus de dextérité par les équipes d'ouvriers, la pierre d'éternité gagne le plan horizontal d'assise de la machine, tandis que le second traîneau contrepoids atteint le haut de la rampe de transition avec son équipage.

Ce premier essai concluant chasse le doute possible sur la faisabilité et l'efficacité de la synergie pratiquée en vraie grandeur. En remerciant les dieux, le maître d'œuvre sait cependant qu'il lui reste à démontrer la puissance suffisante de son invention pour de plus lourds convois.

Deux jours plus tard, tout est fin prêt pour une autre simulation, dont l'importance est dix fois supérieure par les forces mises en jeu : au pied de la rampe concave, l'énorme volume de pierre d'une trentaine de tonnes repose sur son traîneau. Sur la plate-forme d'assise, deux immenses leviers, dont les bras sont longs de 25 coudées (13,07 m), sont ancrés parallèlement pour tirer conjointement. Chacun d'entre eux est équipé d'une nacelle dimensionnée pour embarquer une cinquantaine d'ouvriers. Afin de profiter au maximum du rapport de levier, l'attache du câble de halage a été prévue à 2 coudées de l'axe de rotation, alors que la nacelle se trouve suspendue à 24 coudées de ce dernier. Hemyonou a ainsi obtenu, par expérience, une énorme démultiplication de la force de halage. (Archimède aurait pu expliquer, quelque 2 300 ans plus tard, que la composante de halage, perpendiculaire au levier, est douze fois plus grande que la force normale de manœuvre de celui-ci, appliquée à son extrémité supérieure et dans le sens opposé.)

Deux pontons d'accès aux nacelles ont également été élevés à une hauteur de 11 coudées (5,75 m) au-dessus du sol de la plate-forme.

Le traîneau contrepoids, chargé d'hommes, est de mêmes dimensions que celui véhiculant le monolithe. Sa longueur est de 15 coudées (7,85 m). Cependant, la largeur de son plancher en gradins, rapporté sur les patins, atteint 7 coudées (3,66 m). Ce véhicule peut admettre une soixantaine d'hommes assis.

Les sections des câbles de halage et de retenue du contrepoids ont été très sensiblement augmentées et ceux-ci ont été doublés par mesure de sécurité.

Tous les dimensionnements, en section, des pièces de bois ont été revus à la hausse, en vue de pouvoir répondre à la mise en œuvre de forces gigantesques, inconnues expérimentalement, aucune machine n'ayant été conçue, à ce jour, pour le halage de telles charges.

Hebenou a particulièrement prêté attention aux ancrages des deux platines d'assise des leviers et au dimensionnement de leurs axes de rotation. Son expérience de charpentier et son instinct lui ont fait pressentir que ces organes du pied des leviers seraient très durement sollicités. Il a également jugé prudent de doubler les poulies fixes assurant le coulissement des câbles de contrepoids : en encastrant verticalement, dans la plate-forme, deux autres troncs d'acacias, implantés tangentiellement aux câbles tendus, il prévient ainsi tout danger de déséquilibre brutal des deux traîneaux par rupture d'une poulie fixe.

La même émotion, les mêmes craintes étreignent Hemyonou et ses artisans lorsque les ouvriers embarquent dans les deux nacelles et que grincent les structures et les cordages de ces monstrueuses machines. Chaque platelage suspendu reçoit les 50 hommes prévus. Les leviers ne bougent pas d'un pouce. En se serrant un peu, les ouvriers déjà embarqués permettent l'accès d'une dizaine d'hommes supplémentaires dans chacune des deux nacelles, dont les planchers accusent des courbures limites. Il ne se passe rien : les bras des deux imposants leviers restent toujours immobiles, malgré les craquements inquiétants que laisse échapper le bois, dans la sollicitation de toutes ses fibres étirées ou comprimées par des forces inconnues du maître d'œuvre.

Craignant le pire, Hemyonou stoppe cette seconde expérience, jugée infructueuse. Déçu de n'avoir pu évaluer du premier coup la puissance nécessaire du poids des hommes et celle des leviers, il ne doute cependant pas un seul instant d'y parvenir, tant il a été fermement convaincu de l'efficacité de sa synergie.

Sans hésitation, il demande à Hebenou de faire procéder à la réalisation d'un troisième levier, identique aux deux premiers. Celui-ci sera positionné à l'arrière des deux autres, dans l'axe du halage. Son câble de traction passera entre les deux premières machines. L'implantation de ce troisième levier avait d'ailleurs été envisagée comme un recours possible, sur maquette, avant de procéder aux essais en vraie grandeur.

Alors que se préparent ces mises au point, une nouvelle encourageante parvient : l'amiral Tchenti est revenu accoster au port de Memphis avec ses vingt navires chargés du bois noble du pays de Nega.

Lors du débarquement de la cargaison, Hemyonou et Hebenou inspectent les grumes, apprécient leur longueur et leur rectitude ; ils sont rassurés par le choix de Kanefer et du maître charpentier, chargés de la délicate mission de sélection et d'abattage des arbres, de leur préparation en vue de leur chargement sur les vaisseaux. Les quantités ainsi approvisionnées, ajoutées à celles en stock, devraient largement couvrir les besoins du chantier de la nécropole de Gizeh.

Hebenou organise, sans tarder, l'équarrissage et les conditions de stockage de ces énormes billes qui doivent sécher lentement pour libérer leur sève et gagner en dureté. Il a déjà prévu les entrepôts couverts qui favoriseront une dessication progressive en évitant des déformations ou des gerçures préjudiciables.

Enfin, alors que s'échafaude progressivement la logistique du futur chantier, Khaesnofrou fait savoir à Kheops que l'astronome Ankhmahor a déterminé la nuit la plus propice pour la cérémonie de fondation de la future pyramide : dans trois lunes, les étoiles de la Jambe de bœuf et surtout leur voisine privilégiée, retenue pour la visée d'implantation, seront brillantes dans le ciel nocturne, alors que l'œil d'Horus [8], à demi fermé, éclairera encore suffisamment le plateau de Gizeh.

Depuis le port d'accueil nouvellement mis en eau, Pharaon est transporté sur le site, assis sur un trône sculpté reposant sur un énorme brancard porté par 10 guerriers nubiens de haute taille. Derrière lui, suivent les prêtres du temple de Ptah. Khaesnofrou ouvre leur marche. Tous sont revêtus de la tunique de lin blanche, et les crânes rasés luisent sous les derniers éclats de Rê. À l'exception du grand prêtre, ils portent chacun un objet différent.

Des joueurs de sistre et de tambourin suivent, rythmant de tous leurs instruments la lente cadence de la marche ascendante vers le plateau. En queue de procession, quatre prêtres ont du mal à main-

8. Les Égyptiens ont, pendant un temps, considéré que le soleil et la lune étaient les yeux du dieu faucon.

tenir à l'épaule la perche sur laquelle ont été liées les pattes de l'oryx, capturé vivante, qui gigote sans cesse.

Sur le site d'implantation les attendent Hemyonou, Ankhmahor et plusieurs prêtres chargés de l'organisation de la cérémonie. Ils font brûler des boulettes d'encens devant eux.

Tandis que tout ce monde se prosterne, le brancard est lentement abaissé par les géants nubiens. D'un ordre bref, Kheops leur ordonne de se relever et commande à Khaesnofrou de commencer.

Suivant un cérémonial bien établi, les musiciens et les guerriers nubiens s'éloignent. Ils iront attendre, jusqu'au matin, au pied du plateau de Gizeh, qu'un prêtre leur demande de revenir.

Seuls les prêtres désignés, ainsi que Ankhmahor et Hemyonou, doivent assister le pharaon dans le rituel de fondation de sa future demeure d'éternité.

Alors qu'un groupe de religieux psalmodie des chants destinés aux dieux du ciel, leur demandant de favoriser la bonne orientation de cet escalier monumental, Kheops, toujours assis sur son trône, assiste à la phase technique décisive de cette implantation tant espérée.

Ankhmahor, qui avait déjà préparé ses points de visée astrale, se positionne sur l'un deux ; à l'aide d'un bâton fourchu, il vise dans la direction d'un aide qui maintient à bout de bras une tige horizontale, coudée à son extrémité, à laquelle se trouve suspendu un fil lesté d'une pierre oblongue : c'est plus précisément le coude qui fait l'objet de la visée. Suivant différentes lignes très voisines, tracées à la chaux et piquetées sur le sol, les deux hommes se déplacent, passant de l'un à l'autre des alignements. Ces tracés convergent tous vers le sanctuaire d'Horus, en direction de Khêm. Ils ont été déterminés à l'aide du miroir solaire disposé sur le faîte de cet édifice, comme l'avait déjà annoncé Khaesnofrou au souverain.

Toujours visant l'extrémité du bâton horizontal, Ankhmaho cherche à s'aligner sur une des étoiles impérissables, située au nord, dans la constellation du Dragon. Après quatre changements, une visée plus longue lui permet de trouver le bon alignement avec cet astre, dieu parmi les dieux. Il matérialisera, avec le sanctuaire d'Horus, la ligne des forces célestes devant assurer la protection du futur monument et sa reconnaissance par les divinités bienveillantes.

Averti de cet aboutissement par un signe conventionnel, le grand

***Merkhet* : instrument de visée astrale**

prêtre du temple de Ptah invite solennellement Pharaon à venir lui-même vérifier, symboliquement, l'orientation axiale de sa future demeure d'éternité, dans le champ de ces forces divines vers lesquelles il devra s'élever à l'aide du grand escalier monumental. Alors que l'encens continue de brûler et que les prêtres ont stoppé leurs chants liturgiques, Kheops parcourt, lentement, le chemin qui le sépare du dernier alignement retenu. Il répète, fourche en main, la visée astrale sur l'étoile, tout en prononçant à l'adresse des dieux du ciel les phrases consacrées : il réclame aide et protection pour cet immense ouvrage qu'il va bientôt entreprendre. Deux piquets sont alors fichés en terre, suivant le dernier alignement ainsi agréé par Pharaon. Ce rite essentiel achevé, le dieu roi regagne son trône.

Alors que les chants incantatoires des prêtres trouvent un nouveau souffle, Hemyonou prend la conduite d'une autre opération d'ordre technique. Grâce à un cordeau, il matérialise, à l'aide du « triangle sacré », la direction perpendiculaire à l'axe du monument, sur une longueur de 220 coudées (115 m), de part et d'autre de cet axe. Ainsi se trouve défini le tracé d'un des côtés de la base de la future pyramide.

En fait, ces deux phases de visée et d'implantation ne sont qu'une répétition de préparatifs minutieux : depuis trois jours, des arpenteurs, dirigés par Hemyonou et Ankhmahor, ont effectué divers piquetages possibles, encadrant le tracé définitif qui vient d'être rituellement arrêté. De sorte que le chef des travaux de la nécropole a pu faire creuser, dans la limite de la surface d'emprise du monument, près du côté est et de l'axe nord-sud, un puits circulaire, profond de 4 coudées (2,09 m), dans lequel seront déposés, sous les futures fondations de la pyramide, les différents objets symboliques. La paroi intérieure de cette excavation, de 6 coudées de diamètre, a reçu une maçonnerie de parement en blocs de calcaire blanc et fin de la carrière de Tourah. 6 poutres de granite provenant de haute Égypte, stockées à proximité du puits, seront ensuite ripées en temps opportun pour en obturer l'ouverture.

Lorsque le cordeau, tendu de piquet en piquet sur plus de 440 coudées (230 m), a entièrement matérialisé ce côté est de la base du monument, le grand prêtre, reprenant la direction de la cérémonie, convie Pharaon à venir assister à la séance de fondation. Le groupe de religieux, porteurs d'objets divers, s'est déjà rangé à proximité du puits. Agenouilllés, sur une seule ligne, ils présentent à Kheops les objets symboliques. Il y en a de toutes sortes : plaquettes d'or portant son nom et celui donné à sa pyramide (« la région de lumière »), brique de granite, mœllon de calcaire, outils et matériels miniaturisés. Parmi ceux-ci, en dehors des traditionnels houes, herminettes, ciseaux en cuivre ou à pointe de silex, brancards, traîneaux, figure le modèle réduit de la machine d'Hemyonou. Le souverain, intrigué, saisit l'étrange objet et demande quel est l'usage de ce curieux bras articulé supportant une nacelle en roseaux et une ficelle. Le chef des travaux explique au souverain qu'il s'agit d'une nouvelle et puissante machine de traction qu'il vient tout juste de mettre au point pour élever, sans trop d'effort, les lourds monolithes de la demeure d'éternité. À la fois amusé et sceptique, Kheops dit à l'inventeur :

« J'aimerais que tu me montres, au plus tôt, le fonctionnement de ta machine qui ose ainsi défier les dieux. L'as-tu déjà expérimentée ?

— Divin Seigneur, cette machine, actionnée par une trentaine d'ouvriers, a déjà élevé à une quarantaine de coudées de hauteur un monolithe qui aurait nécessité la force conjuguée de près de 200 hommes pour le même travail. Je t'informerai, dès que possible, du prochain essai : car je dois améliorer ma technique pour pouvoir élever des volumes de pierre dix fois plus importants. »

Satisfait des explications et de l'audace du chef des travaux, Pharaon poursuit l'examen des objets symboliques tout en lançant :

« Fais vite, Hemyonou ! Les travaux commencent demain. En attendant, j'accepte que ta précieuse invention figure dans l'inventaire des objets indispensables que nous allons maintenant réunir dans ce puits. »

Khaesnofrou s'est avancé pour examiner de plus près l'étrange équipement que tient toujours le prêtre ; il ne saisit pas comment un tel engin, avec sa balancelle, pourrait produire un effort équivalent à celui de 200 ouvriers.

Hemyonou est soulagé d'avoir enfin convaincu le souverain de prendre en considération sa machine, comme un organe essentiel pour la construction du futur monument ; il vient, par la même occasion, de concrétiser officiellement la paternité de son invention, sous les yeux étonnés et curieux du grand prêtre. Celui-ci découvre en effet pour la première fois, après le pharaon, le modèle réduit de cette performante machine, dont il ignorait la représentation inopinée au sein du futur dépôt de fondation.

Écourtant sa réflexion désabusée, il poursuit le cours de la cérémonie ; il demande alors aux prêtres de présenter l'oryx qui se contorsionne, toujours suspendu à sa perche.

Tout se déroule très rapidement. L'animal, sans être détaché de son support, est amené juste à la verticale de l'excavation. Alors que l'un des prêtres se saisit, à deux mains, des longues cornes effilées de l'antilope, la perche est posée diamétralement sur les bords du puits. Khaesnofrou s'approche de la bête. Saisissant un énorme coutelas de cuivre que lui présente un prêtre, d'un geste brusque il tranche la gorge de l'oryx ; un jet de sang saccadé asperge les parois et le fond de l'excavation, tandis que les prêtres chantent de nouvelles incantations, conjurant les maléfices de Seth [9]. L'animal, né de ce dieu du mal, connaît ses derniers soubresauts, et deux prêtres enlèvent sa dépouille.

Le moment est venu de déposer dans le puits, ainsi purifié des mauvais esprits, les objets symboliques. En une chaîne continue, ceux-ci sont présentés au pharaon, qui appose ses mains sur chacun d'eux avant qu'ils ne soient rangés dans le fond de l'excavation par un prêtre qui y est descendu. Ce travail rituel achevé, le prêtre remonte ; le puits est à nouveau purifié : un encensoir, suspendu à une corde, y brûlera des boulettes d'encens jusqu'à sa fermeture par les énormes poutres de granite.

Ainsi s'achève, durant cette nuit propice, la cérémonie de fondation de Kheops, « région de lumière ». Tout le processus de construction du gigantesque escalier se trouve maintenant engagé sous les meilleurs auspices.

Demain et les jours suivants, des centaines, des milliers d'hommes participeront à la réalisation de cette montagne de pierre qui doit permettre au pharaon de rejoindre Horus et Rê dans les espaces célestes...

Depuis un court instant, Pharaon, immobile, scrute attentivement le ciel déjà embrasé, où Rê dirige son char de feu dans une lente ascension. À la verticale du plateau de Gizeh, le dieu faucon

9. Seth : Voir note 17 ch. I. p 31

continue de tournoyer majestueusement dans un océan d'une transparence et d'un bleu aveuglant, comme s'il veillait à ces opérations décisives. Kheops ne l'aperçoit pourtant plus, à ce moment, car son regard intense reste accroché aux extrémités de ces immenses poutres qui tremblent dans l'azur. Pas une trace d'émotion humaine ne transparaît sur ce visage de pierre dont les yeux fixent un ciel d'éternité.

Car ce sont trois immenses leviers identiques, légèrement inclinés sur la verticale, qui reçoivent respectivement leur chargement d'hommes sur les plate-formes.

Seuls les ordres brefs donnés par Hebenou et les craquements du bois et des cordages troublent le silence de plus en plus angoissant qui s'est propagé parmi les ouvriers, maîtres d'œuvre et prêtres assistant à l'opération.

Quinze à vingt hommes sont déjà embarqués sur les trois platelages suspendus à plus de 10 coudées (5,5 m) au-dessus du sol.

Sur la pente abrupte, l'énorme traîneau-contrepoids reste en équilibre malgré la charge de ses 50 hommes assis. Tous observent, en contrebas, la masse impressionnante du monolithe de calcaire sur son traîneau : ils attendent ce mouvement magique qui fera bouger le mastodonte. Les deux câbles qui se tendent progressivement, à quelques coudées de là, leur font savoir, par des craquements significatifs, la lutte qui s'est engagée. Soudain le monolithe amorce un pivotement saccadé. Ils ressentent des soubresauts dans leur véhicule, sans que celui-ci ne marque un déplacement sensible. Le traîneau et son monolithe sont maintenant parfaitement positionnés suivant la pente de la rampe de transition, tandis que les câbles de halage continuent de se plaindre.

Là-haut, sous la direction d'Hebenou, les ouvriers poursuivent leur embarquement, deux par deux, dans les trois nacelles maintenant pourvues d'une trentaine d'hommes chacune. Les bras des leviers et les roseaux des nacelles grincent de plus belle. Leurs platelages sont d'ailleurs les seules structures fléchissant raisonnablement sous la charge croissante.

Hemyonou observe, légèrement en retrait du trône sur lequel siège le pharaon. À ses côtés, Khaesnofrou et quelques prêtres du temple de Ptah sont venus assister au prodige qui leur a été annoncé.

Dans un grincement presque simultané, les trois bras de levier, longs de 24 coudées, s'ébranlent sous la charge supplémentaire de deux ouvriers embarqués sur les platelages suspendus : les extrémités des poutres s'abaissent dans une trajectoire circulaire, hésitante et lente, s'accélérant progressivement, alors que deux clameurs montent dans le même temps.

Au pied du plateau, le monolithe s'est lui aussi déplacé ; sur la rampe de transition, il a parcouru non moins d'une coudée, sous les yeux émerveillés d'une centaine d'ouvriers toujours aussi impressionnés par la puissance surhumaine des machines d'Hemyonou. Les passagers du traîneau contrepoids ont vu leur véhicule progresser d'autant en descente.

Pharaon est debout au moment où les trois nacelles chargées d'une trentaine d'hommes touchent terre. C'est alors que plusieurs grappes humaines se suspendent aux cordages, amenant les bras de levier en position finale, presque horizontale, jusqu'à toucher les platelages au sol.

Cette première démonstration étonne le dieu roi. Il veut vérifier quelle est l'efficacité de ces étranges machines. S'approchant du bord de la plate-forme, il repère les positions des deux traîneaux. Il demande à Hemyonou de répéter la manœuvre.

À plusieurs reprises, les leviers sont relevés, les câbles sont retendus, les nacelles chargées de leur équipage font basculer les bras gigantesques, et Kheops constate la progression en montée du traîneau transportant le volume de pierre sur la rampe de transition. Il s'inquiète cependant :

« Es-tu assuré, chef des travaux, que ces machines pourront aussi tirer cette énorme pierre d'éternité sur la pente plus abrupte représentant la face de la future pyramide ? »

Hemyonou qui suivait le souverain et s'attendait à une telle question réplique :

« Divin maître des Deux Terres, grâce au génie de Thot et avec la bénédiction de Ptah, notre vénéré patron, nous avons pu éprouver, sur la plus grande pente, la puissance conjuguée de ces machines ; celles-ci ont vraiment permis le halage du traîneau chargé de son bloc gigantesque, sur cette rampe où un homme ne pourrait se tenir debout. Il nous a suffi d'augmenter le nombre d'ouvriers embarquant dans les nacelles, pour produire la force surprenante que devraient développer plus de 1 000 hommes tirant sur des câbles.

— Je suis en effet curieux d'apprécier l'efficacité de ta technique, lorsque le traîneau et son monolithe se trouveront, précisément, sur la pente abrupte.

« Enfin, par quel subterfuge divin un traîneau chargé de 50 hommes peut-il retenir, en descente, une pierre d'éternité qui mobiliserait la force de plus de 1 000 ouvriers pour son halage sur la même pente ? Aussi, je te demande de poursuivre l'élévation du bloc. Je vérifierai ainsi s'il se maintient en équilibre, malgré son énorme poids qui le tire vers le bas. Si tel est le cas, Hemyonou, tu as la faveur des dieux. »

Le pharaon, impressionné par la puissance des engins de Hemyonou, reconnaît déjà tout le génie du maître d'œuvre. Mais un phénomène le trouble. Lorsqu'il compare la masse du monolithe de 30 tonnes au poids des 50 hommes susceptibles de le retenir, assis dans leur traîneau-contrepoids, il y pressent quelque chose de magique [10], digne de Thot. Cet équilibre, avéré possible sur la rampe de transition, lui paraîtrait extraordinaire, surnaturel, sur la face abruptement inclinée de sa future pyramide. Il n'est d'ailleurs pas le seul à éprouver un tel scepticisme, à douter réellement que Thot et Ptah en même temps aient pu « grossir le cœur » d'Hemyonou au point de lui donner cette faculté de concevoir une aussi stupéfiante synergie.

En effet, en dépit de l'oracle favorable prédisant qu'une inspiration divine éclairerait le maître des travaux de la nécropole, Khaesnofrou reste tout aussi incrédule que le pharaon : la même comparaison des masses du bloc et des hommes du traîneau contrepoids lui fait craindre un retour en arrière du véhicule et de son gigantesque monolithe, dès le réarmement des leviers.

Hemyonou ordonne donc à ses hommes d'accélérer les quelques manœuvres nécessaires à l'approche et au positionnement du traîneau et de son bloc sur la rampe inclinée à 52° de l'horizontale.

De toute la résistance de leur structure, les bois et les cordages expriment encore plus bruyamment les tensions internes qui les sol-

---

10. Thot, réputé dieu magicien, pouvait transformer les choses par la seule force du verbe et des mots. Mais dans ce cas particulier, les seules connaissances de la mécanique élémentaire permettent de démontrer, comme cela a été proposé en annexe 5, qu'une force suffisante est exercée par le traîneau contrepoids et ses 50 hommes, grâce à la nature même des forces de frottement exponentielles des cordages sur les poulies fixes (et non par la grâce de forces surnaturelles !).

licitent. Sur chacune des trois nacelles, 45 hommes sont embarqués, puis 47… ; une vibration intense de l'air surchauffé laisserait croire à un mouvement des extrémités des leviers. Ce n'est qu'au quarante-neuvième ouvrier que les craquements, annonciateurs d'un intense frottement entre les axes et les poutres, font place au tremblement tant attendu. Tandis que deux hommes supplémentaires ont eu tout juste le temps de monter sur les platelages, la rotation s'amorce, dans un grincement libérateur [11].

Le pharaon voit s'ébranler le lourd monolithe, sur la pente la plus abrupte encore jamais empruntée par un tel convoi. Le véhicule s'arrête, après un parcours ascendant proche d'une coudée [12]. Les leviers sont tous les trois relevés à la verticale, pendant que le dieu roi surveille la position de l'énorme pierre d'éternité : il constate que celle-ci n'a pas bougé d'un pouce, sur cette rampe pentue où l'incroyable équilibre s'est établi avec le traîneau contrepoids et son équipage [13]. Kheops découvre ainsi, en même temps que Khaesnofrou et bien d'autres, la prodigieuse, la divine efficacité de la synergie mise en pratique par Hemyonou.

Tout s'est passé comme si Thot, le dieu magicien, voulant se jouer des forces brutes, avait donné au maître d'œuvre élu la faculté merveilleuse de transgresser les lois de la pesanteur.

---

11. Suivant résultats de l'annexe 7.III.5, majorés pour tenir compte des forces de frottement sur les axes des trois leviers.

12. Suivant calcul de l'annexe 7.III.4.

13. Suivant hypothèses de l'annexe 7.III.2.

CHAPITRE VIII

L'ORDONNANCEMENT DES TRAVAUX

La mise au point d'une telle synergie devait se poursuivre en vraie grandeur durant les différents essais qui suivirent. Entre autres, les concepteurs s'aperçurent, lors du halage de gros monolithes, à l'aide de trois leviers identiques travaillant simultanément, que les platelages des nacelles, supportant une cinquantaine d'hommes, se trouvaient rudement éprouvés par la chute accélérée provoquée par le rabattement des leviers, tandis que les équipages embarqués subissaient les chocs d'atterrissage.

Par ailleurs, lorsque ces platelages atteignaient le sol d'assise, il fallait encore que des grappes d'hommes se suspendent aux cordes des nacelles, pour amener les leviers en fin de course, en position horizontale.

En vue de pallier ces inconvénients, les concepteurs finirent par recourir au principe d'une triple nacelle comportant trois platelages suspendus à des niveaux différents, centrés sur le même axe vertical.

Par tâtonnements, après plusieurs tentatives, ils adoptèrent une inclinaison du levier de 24 coudées, de façon à ce que, la corde de halage étant parfaitement tendue, les platelages des nacelles P_1, P_2 et P_3 se trouvent situés respectivement à 6 coudées (3,14 m), 12 coudées (6,28 m) et 17 coudées (8,89 m) au-dessus du sol d'assise[1]. La plate-forme P_1, la plus vaste, de 4,5 coudées

1. Suivant annexe 7.III.7.

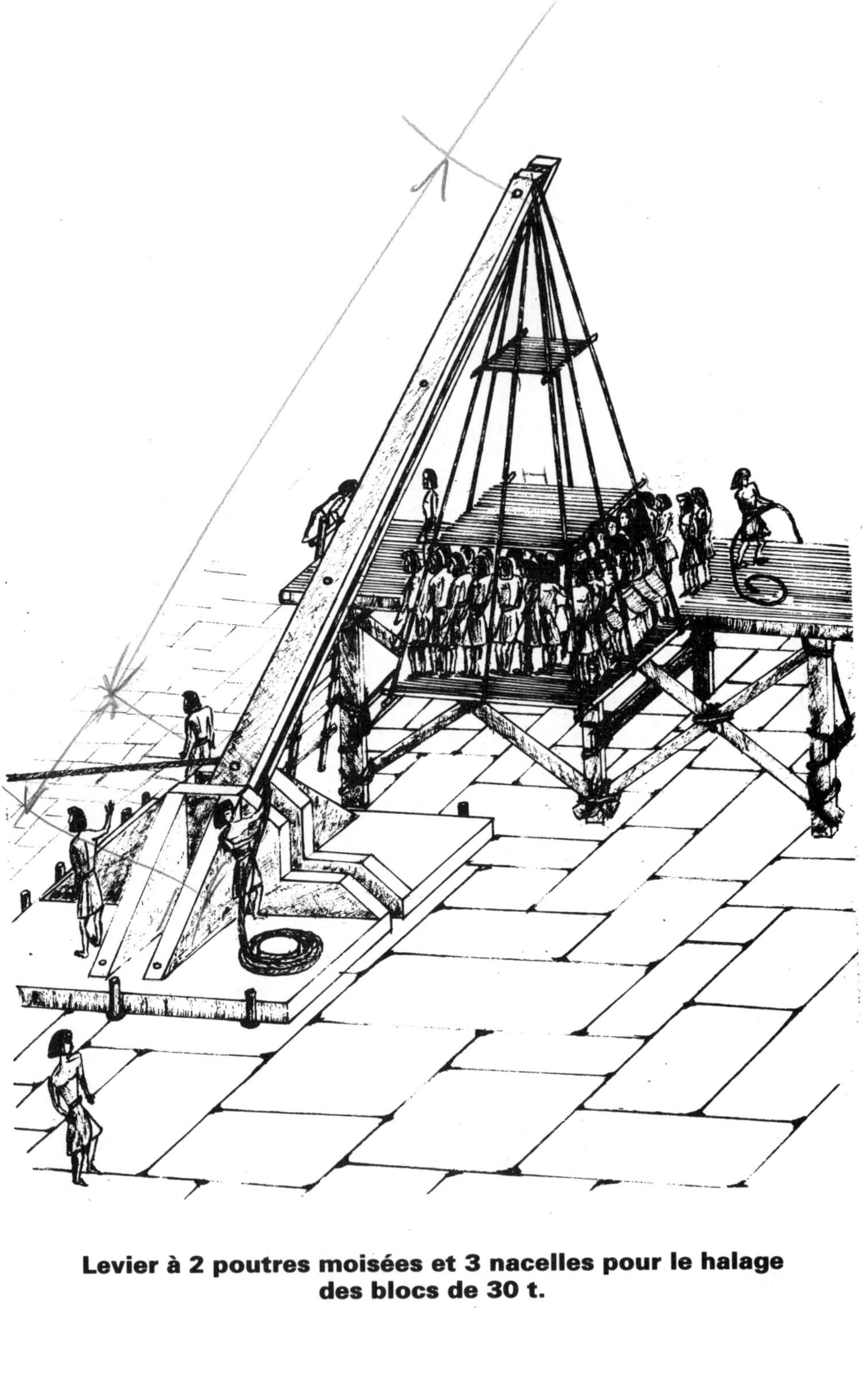

Levier à 2 poutres moisées et 3 nacelles pour le halage des blocs de 30 t.

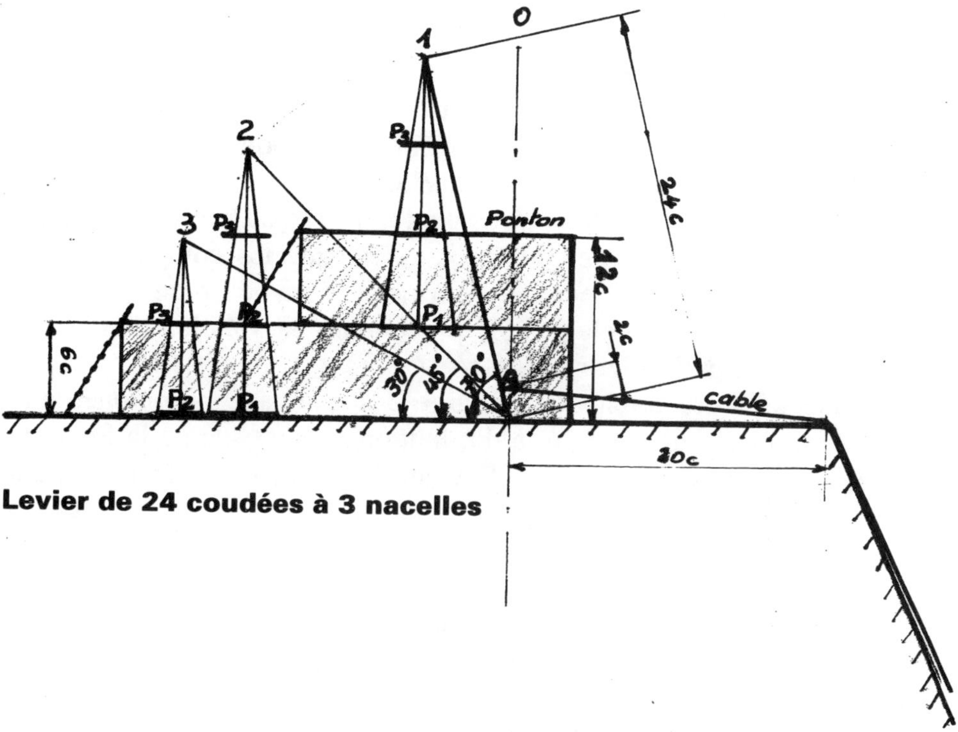

Levier de 24 coudées à 3 nacelles

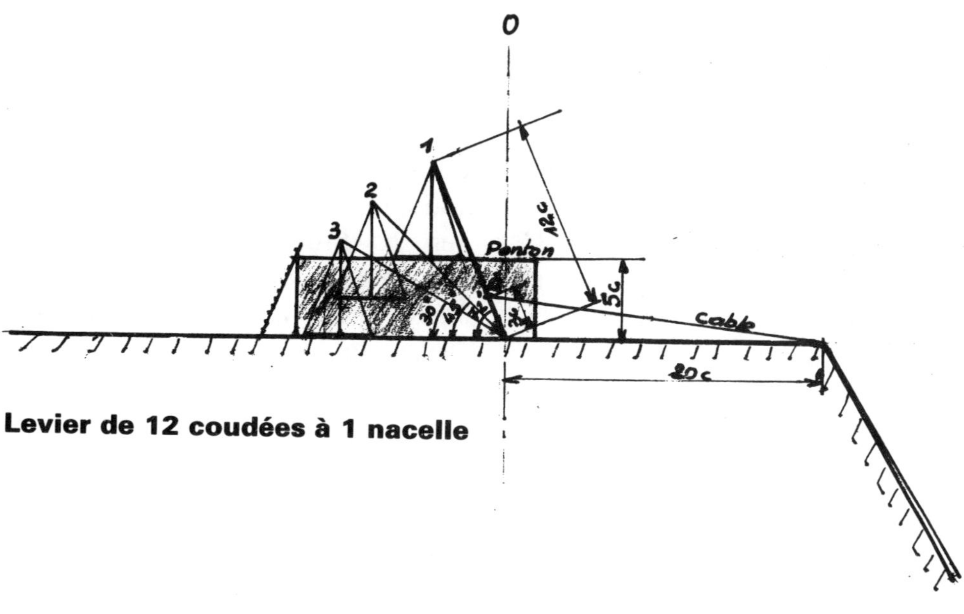

Levier de 12 coudées à 1 nacelle

(2,35 m) de côté, permettait d'accueillir 36 hommes, tandis que 16 et 9 hommes pouvaient embarquer respectivement sur chacun des platelages des nacelles P_2 et P_3.

Des pontons à deux étages, autorisant un accès aux niveaux des plate-formes P_1 et P_2, permettaient l'embarquement d'une cinquantaine d'hommes au total sur les nacelles correspondantes.

Lorsque les hommes des nacelles P_2 avaient atteint le sol d'assise, les nacelles P_3 se trouvaient amenées au niveau de l'étage bas des pontons d'embarquement. Alors que les équipages de P_2 finissaient d'évacuer leur plate-forme, 9 hommes prenaient place sur chacun des platelages P_3, provoquant la rotation finale des leviers jusqu'à l'horizontale.

Une telle gradation de la charge des équipages, appliquée aux leviers, répondait mieux à la diminution progressive de la force de pesanteur nécessaire à leur descente. Parallèlement se trouvaient maîtrisés, dans des limites raisonnables, la vitesse de chute des nacelles et les risques d'accident.

Bien d'autres améliorations furent pratiquées, par ajustements successifs, sur les différents organes des leviers de halage, dans leurs conceptions dimensionnelles et structurelles. Les maîtres d'œuvre eurent le temps d'effectuer les mises au point préliminaires indispensables avant la mise en fabrication de ces énormes machines de traction. En effet, la première assise de la pyramide commençait tout juste d'être matérialisée par les premiers blocs de ceinture, transportés par une succession de traîneaux, tandis que l'excavation de la descenderie d'accès à la chambre souterraine était bien avancée.

Le levier de 12 coudées (6,28 m) avait posé moins de problèmes. Seule une approche dimensionnelle s'était avérée nécessaire. Car, avant le lancement de sa confection en plus de cent exemplaires, il était apparu opportun de s'assurer des dimensions optimales des pièces de bois. Il fallait en effet éviter tout gaspillage des grumes de cèdre du pays de Nega, déjà stockées dans leur séchoir, sous treillis de feuillages. Par ailleurs, les contraintes de flexion, de cisaillement, sollicitant sévèrement l'axe de rotation du levier, et l'usure qui en résultait, imposaient un dimensionnement adapté et une fabrication soignée. Comme il a déjà été précisé, c'est le bois d'acacia épineux noir qui fut retenu pour réaliser cette pièce essentielle, devant encaisser toutes les forces et charges en rotation. Utilisé en construction navale, parce qu'il se comporte bien dans l'eau, ce bois dense devait autoriser un fonctionnement durable des axes des leviers, moyennant une bonne lubrification au moyen d'huile de lin. Lorsque l'axe était usé par de multiples fonctionnements, il était rapidement déclaveté et remplacé par un axe neuf.

Parallèlement à la mise au point de cet engin, les maîtres d'œuvre avaient étudié plus précisément, à l'aide d'une maquette de la pyramide, le développement ergonomique de la synergie de halage des monolithes. Des modèles réduits de leviers et de traîneaux, disposés sur une face du monument, les avaient guidés dans la détermination de l'espacement entre les organes d'un même ensemble synergique (traîneau montant et traîneau descendant, levier et poulies fixes de contrepoids). De même, le choix d'une distance minimale entre traîneaux de deux ensembles synergiques voisins les préoccupait. De la sorte, ils mesuraient toutes les conséquences des diverses implantations testées lors de ces simulations : le nombre de leviers pouvant opérer sur les quatre faces de la pyramide, résultant des différents espacements, conditionnerait le temps mis à la réalisation de la gigantesque « échelle des dieux ».

Dès le départ, il leur apparut raisonnable d'envisager l'emploi des leviers de halage à partir du niveau fini de la quatrième assise. En effet, les quatre premières assises seraient réalisées à l'aide de rampes perpendiculaires, en brique crue, rehaussées progressivement, d'une assise à la suivante, en fonction de la hauteur à atteindre. Ces rampes présenteraient une longueur limitée (moins de 125 coudées soit moins de 65 m) pour atteindre le niveau de construction de la quatrième assise (environ 9,5 coudées soit 5,00 m).

En vue de raccourcir le temps d'exécution, les concepteurs avaient porté à 200 traîneaux et équipages les moyens d'approvisionnement et de construction de ces quatres assises. Celles-ci seraient constituées de monolithes plus importants que ceux devant matérialiser les assises supérieures. Des blocs, dont les volumes dépassaient couramment 3 m^3, étaient déjà utilisés au droit de la première assise en cours, et chaque traîneau effectuait journellement deux allers et retours entre les carrières du plateau de Gizeh et la base de la pyramide. Un important débit de monolithes, à ciel ouvert, était pratiqué pour répondre à la cadence de construction précitée. D'autres sites d'extraction que ceux situés au sud-est de

Kheops avaient été mis en exploitation, et des stocks de pierres taillées attendaient d'être chargés, depuis leurs lits de carrière, en cas de rupture d'approvisionnement.

Ainsi, dix heures par jour et, en moyenne, vingt-quatre jours par mois [2] (en fonction des fêtes qui venaient s'ajouter au jour de repos par décade), les constructeurs s'activaient, impulsant un avancement spectaculaire à la première assise du monument. Des alignements de blocs de ceinture, parfaitement réglés, délimitaient presque totalement l'implantation de la base brute du monument. Seuls des passages, destinés à l'approvisionnement, avaient été réservés dans cette enceinte de pierre. Une précision étonnante avait pu être obtenue, lors du tracé des côtés orthogonaux, par application du « triangle sacré ». Plusieurs vérifications des arpenteurs, effectuées à l'aide de cordeaux tendus, suivant les quatre côtés de la base d'implantation, avaient révélé une précision relative [3] très satisfaisante sur la longueur moyenne de 440,5 coudées (230,38 m) de chacun des côtés.

Les constructeurs pouvaient déjà prévoir, d'après les rotations quotidiennes des traîneaux, que les travaux de la première assise seraient achevés en un temps qui n'excéderait pas trois cycles de lune : ils avaient pris en compte dans leur estimation la présence d'un socle rocheux, opportunément conservé en relief, au centre de l'emprise, lors du nivellement de la surface de fondation du monument. L'horizontalité de cette immense superficie de plus de 1 900 setats (1 900 coudées carrées, soit plus de 5 hectares) avait pu être astucieusement contrôlée grâce à un caniveau périphérique intérieur, creusé parallèlement aux côtés de l'emprise d'implantation. Le niveau de l'eau dans cette rigole et dans ses branches secondaires avait servi de référence au nivellement horizontal du sol rocheux de fondation. Pour assurer une étanchéité suffisante de cette ceinture d'eau et de ses ramifications internes, les ouvriers avaient tapissé les canaux, creusés dans le calcaire, d'une couche

---

2. Le mois était divisé en 3 décades de dix jours. Chaque décade comportait un jour de repos correspondant à notre dimanche. Cependant de nombreuses fêtes, parfois différentes d'un *nome* à un autre, constituaient les jours fériés : ce qui explique la moyenne adoptée de vingt-quatre jours ouvrables par mois.

3. La différence entre le plus long côté et le plus court n'est que de 20 cm.

Système de réglage de l'assise de fondation de Kheops
à l'aide d'un réseau de caniveaux remplis d'eau
donnant l'horizontalité

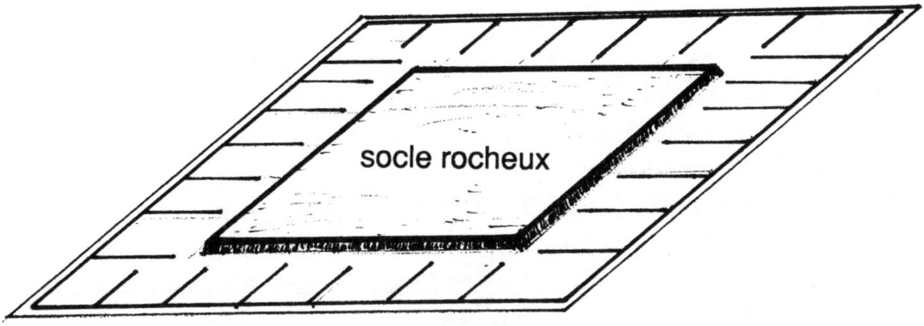

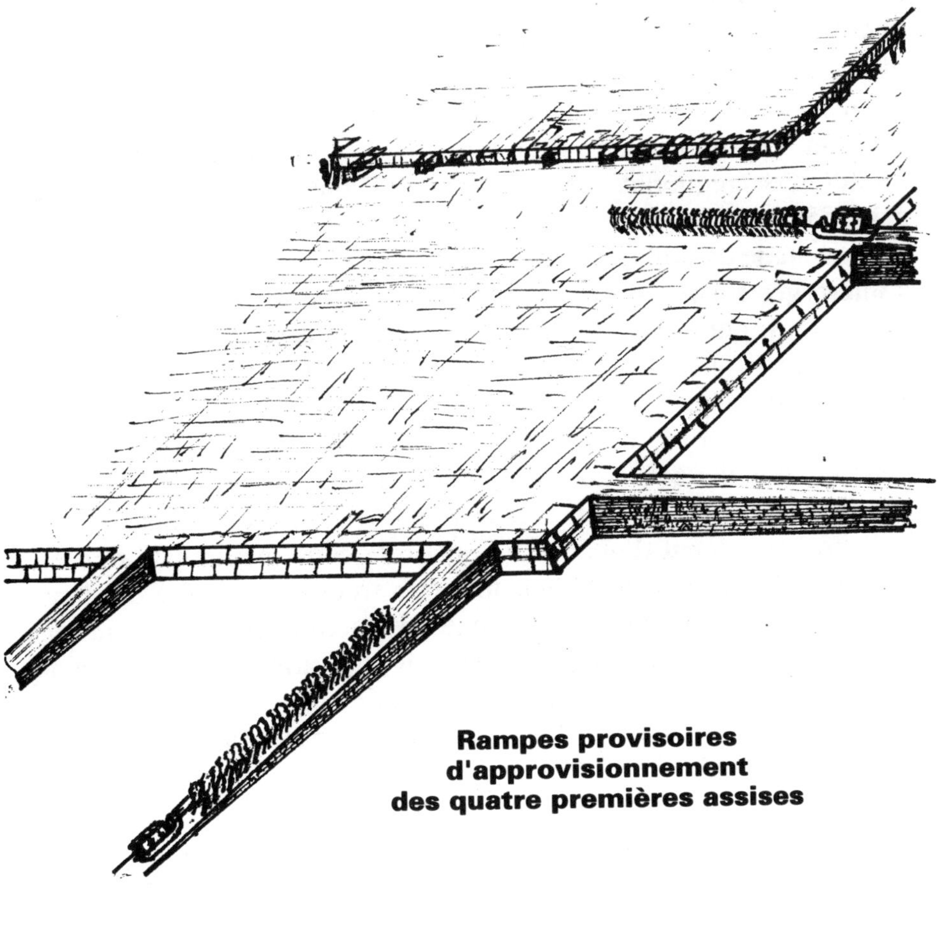

**Rampes provisoires
d'approvisionnement
des quatre premières assises**

d'argile humide. Plus de 3 000 hommes furent mobilisés pour remplir en deux journées cet important réseau comprenant près de 38 000 hegats d'eau (399 500 litres).

Alors que se complétait le blocage intérieur de cette première assise du monument, en divers points de son périmètre des équipes spécialisées dans la confection des rampes en briques crues s'affairaient à l'édification de cheminements perpendiculaires aux alignements des blocs de ceinture. D'une largeur de 12 coudées (6,28 m) à leur sommet, ces rampes devaient permettre l'évolution de 4 files de haleurs : car un traîneau chargé d'un bloc de 3 m^3 nécessitait un effectif de l'ordre de 200 hommes pour tirer sa charge, voisine de 8 t. En vue de satisfaire à la cadence d'approvisionnement de 40 monolithes par heure, 16 rampes de ce type étaient en construction, réparties judicieusement en direction des carrières de pierre. Convenablement lubrifié par de l'argile humide, le sol de ces montées, bâties avec une pente de 6 %, présentait une surface propice au glissement des traîneaux ; les importantes superficies de ces premières assises ne poseraient aucun problème pour le développement et l'évolution des files de haleurs : chacune, comprenant 50 hommes, requérait une longueur de câble de traction comprise entre 55 et 60 mètres.

À ce stade de réalisation de la première assise, il est important de s'interroger sur le processus de déchargement et d'ajustement des monolithes, quel que soit leur volume. Comment déplacer un bloc de plusieurs tonnes et le plaquer contre d'autres volumes déjà en place ? Cette phase de mise en œuvre pose déjà un problème difficile lorsque le bloc pèse une demi-tonne et que l'on ne dispose, pour seuls outils et instruments, que de leviers et de cordes. Qu'en était-il lorsque le monolithe accusait une vingtaine de tonnes ?

Il importe, avant d'aborder le détail de cette manipulation, d'en connaître l'objectif final. Pour tout constructeur en quête d'efficacité, il convient d'adapter l'ouvrage de maçonnerie aux conditions structurelles et esthétiques auxquelles il doit satisfaire : ainsi, on ne conçoit pas et on n'exécute pas la taille et la mise en place d'un bloc de pierre de la même façon s'il doit figurer en parement ou en volume de remplissage, participant exclusivement à la solidité de la structure (monolithe de blocage par exemple). Le bloc de parement peut aussi constituer un élément structurel : les dalles de plafond des chambres funéraires représentent bien ce type de maçonnerie.

Ces observations préliminaires ne sont pas sans importance. Et je ne doute pas qu'elles aient été prises en considération par les architectes de Kheops. Confrontés à l'édification d'un monument de plus de 2 500 000 m^3, dans un délai compatible avec la durée du règne d'un roi qui, s'il était pharaon, n'en était pas moins mortel, les maîtres d'œuvre ont manifestement marqué la différence de traitement des blocs de maçonnerie suivant leur position dans le monument, en vue de réduire les temps de réalisation.

Les monolithes de parement (nous les appellerons ainsi, même s'ils ont aussi une fonction structurelle) des chambres funéraires, galeries, qu'ils soient en granite ou en calcaire fin de Tourah, ont un aspect de surface poli et une planéité parfaite ; leur appareillage présente des joints si serrés qu'une lame de couteau ne pourrait y être introduite (comme le remarquaient W. F. Petrie et d'autres égyptologues). Par contre, les volumes de remplissage du gros œuvre de Kheops et de diverses pyramides en pierre sont faits de blocs de calcaire grossier, dont la taille et l'ajustement semblent bien moins précis. C'est ce qui ressort de l'examen des faces et des joints des blocs visibles à l'extérieur de la Grande Pyramide, notamment sur sa dernière assise. Pour ces monolithes, les constructeurs limitèrent, vraisemblablement, la taille et le dressage en carrière à l'obtention de parallélépipèdes dégrossis. Seule leur hauteur devait être déterminée avec précision, en fonction de l'assise à laquelle ils étaient destinés : en effet, tout laisse à penser que les ouvriers des sites d'extraction surveillaient particulièrement cette hauteur de taille pour une même assise. Les inscriptions retrouvées sur les pierres en témoignent. Des graffiti de carriers, peints ou gravés sur celles-ci, mentionnent, en ocre ou en noir, les indications « haut » ou « bas ». Les blocs du gros œuvre de la pyramide de Pepi Ier laissent apparaître de nombreuses écritures de ce genre, renseignant sur la position, les dimensions, la date d'extraction des monolithes. Ces hiéroglyphes de caractère technique mettent en évidence toute une organisation de chantier et font parfois état du visa du contrôleur des travaux et du nom de l'équipe ayant participé à la mise en œuvre de la pierre.

De tels vestiges écrits, qui rendent compte des modalités et des responsabilités de réalisation, révèlent en fait tout l'intérêt que portaient les bâtisseurs à cette organisation méthodique de leur chantier et à la bonne définition des tâches. En outre, la distinction évidente qu'ils marquèrent entre les blocs de parement et les blocs de remplissage prouvent leur souci constant de limiter les délais d'exécution de l'ensemble de l'ouvrage.

Tout porte à croire que les blocs de remplissage des assises de la pyramide de Kheops furent donc, probablement, appareillés avec des tolérances d'ajustement assez larges. Une seule de leurs dimensions méritait d'être précisée, car elle est imposée par la hauteur uniforme de chaque assise.

La proximité des carrières, les considérations relatives à l'organisation des approvisionnements en monolithes et au débit de ceux-ci, permettent d'estimer que les constructeurs avaient pu atteindre des cadences de mise en œuvre de l'ordre de 400 volumes par jour.

Mais comment décharger ces blocs de plusieurs tonnes à partir d'un traîneau ? Comment les plaquer contre les autres volumes déjà en place, et les déplacer à plusieurs reprises pour les retailler, les ajuster au mieux ?

La phase de déchargement d'un monolithe de deux à trois tonnes peut nous paraître déjà un réel problème. Et pourtant, sa solution se trouve presque totalement et explicitement contenue dans les caractéristiques fonctionnelles adoptées lors de la conception du traîneau de transport. Ses ingénieux constructeurs l'ont en effet doté de patins relevés à l'avant, tandis que leur extrémité arrière est biseautée, avec une légère courbure. Ces dispositions présentent de précieux avantages, tout autres que la seule faculté à surmonter les obstacles pouvant surgir sur le cheminement. Elles autorisent, notamment, l'insertion de leviers entre le sol et le dessous des patins, facilitant ainsi leur appui et leur action en vue d'un soulèvement du traîneau.

De la sorte, quatre de ces leviers, agissant à l'avant, simultanément sous les bords relevés des patins et sous l'entretoise reliant ceux-ci, peuvent assurer un soulèvement progressif du véhicule. Grâce à des calages successifs, le traîneau et son monolithe se trouvent progressivement inclinés vers l'arrière. Cette manœuvre est aussi facilitée par la taille particulière des extrémités arrière des patins, là où se trouve positionné le bloc. Ce dernier, préalablement délié de ses amarres, finit par glisser jusqu'à rencontrer le sol d'assise en un point proche du lieu de son appareillage définitif. Ce glissement peut être favorisé par une lubrification de la partie supérieure des patins du traîneau.

Déchargement d'un monolithe de 30 tonnes facilité par les caractéristiques géométriques du traîneau

Basculement progressif
à l'aide de 4 leviers
et de cales.

Pour une inclinaison proche de 20°,
glissement arrière du monolithe,
les cales sont enlevées.

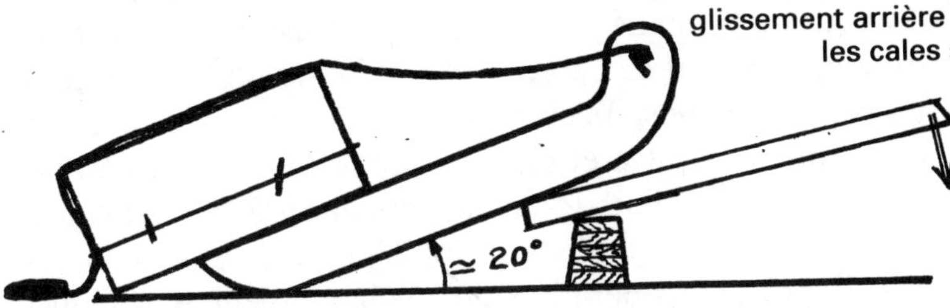

Une traction T vers l'avant,
dans l'axe et de gauche à droite,
permet d'extraire le traîneau,

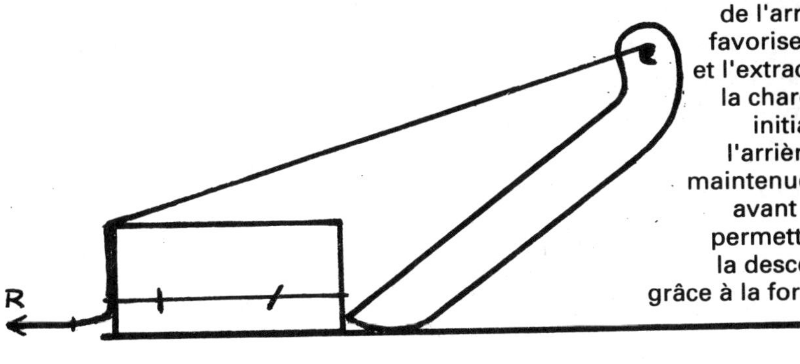

jusqu'au moment
où la forme galbée
de l'arrière du traîneau
favorise le basculement
et l'extraction totale sous
la charge. Les élingues
initialement fixées à
l'arrière du monolithe,
maintenues tendues juste
avant le basculement,
permettent de contrôler
la descente du traîneau
grâce à la force de retenue R.

À ce moment du déchargement du monolithe, dont une arête repose sur le sol, le traîneau révèle une autre propriété astucieuse de conception : comme il est possible de le vérifier à l'aide d'un modèle réduit, les extrémités arrière, biseautées et arrondies, des patins du véhicule, ont tendance à échapper à la pression du bloc en glissant vers l'avant, surtout lorsque le sol d'assise a été convenablement aspergé d'argile liquide. Il apparaît alors qu'une faible traction ou un simple mouvement latéral de va-et-vient de l'extrémité libre du traîneau provoque son avancement sous le poids du volume de pierre qui le chasse vers l'avant. Lorsque le monolithe ne pèse plus que sur les extrémités biseautées des patins, ce mouvement de dégagement du véhicule s'accentue soudainement : celui-ci se cabre brusquement en déposant complètement sa charge sur l'assise. Pour éviter un rabattement brutal du traîneau (dont l'inclinaison maximale, lorsqu'il se cabre, est proche de 45°) et sa détérioration, plusieurs élingues, liées à son extrémité avant, peuvent s'opposer à sa chute précipitée et assurer sa descente maîtrisée : ces câbles arrivent à produire leur force de retenue grâce à leur arrimage approprié sur le bloc qui vient d'être déposé.

Ainsi, cette importante opération de déchargement des monolithes les plus volumineux se trouve considérablement facilitée par de simples et géniales dispositions fonctionnelles adoptées lors de la fabrication des traîneaux. De la sorte, par tâtonnements successifs, les bâtisseurs égyptiens avaient réussi à obtenir cette maîtrise des forces brutes de pesanteur, sans autres connaissances que les enseignements pratiques tirés de l'utilisation du levier et de la démultiplication des forces qui en résulte. Parallèlement, il leur était apparu que des formes et des dimensions particulières, expérimentées sur les patins d'un traîneau, permettaient de canaliser favorablement ces importantes forces de pesanteur. La position du monolithe en bordure arrière des patins, leur galbe aux extrémités, représentaient autant d'éléments propices au basculement d'une charge et à l'extraction du traîneau sous celle-ci.

L'ajustement du bloc de pierre, déchargé à proximité immédiate de son lieu d'appareillage, pouvait dès lors se faire : son glissement sur le sol d'assise lubrifié d'argile humide était obtenu à l'aide de plusieurs leviers du deuxième genre, agissant simultanément en partie basse du monolithe et prenant appui sur le sol d'assise. Le monolithe était abouté, ses aspérités et défauts de planéité ou d'orthogonalité se trouvaient repérés au contact des toiles de lin imbibées d'ocre recouvrant les faces apparentes des volumes sur lesquels il était plaqué. Puis il était ripé en arrière, suffisamment pour autoriser le travail des tailleurs de pierre s'activant à réduire, de leur ciseau, les plus importantes imperfections révélées par les taches de poudre d'ocre. Ainsi, après quelques va-et-vient successifs, ponctués de tailles et de dressages de plus en plus fins, le bloc était définitivement appareillé. Un mortier de sable et d'argile pouvait être coulé dans les joints trop importants, lorsqu'il s'agissait de maçonnerie grossière. Lors de l'ajustement des monolithes de parement, les joints, d'une grande finesse et d'une parfaite rectitude, étaient confectionnés d'un mortier de chaux.

Après avoir décrit, plus en détail, ces opérations élémentaires qui conditionnaient la mise en œuvre d'une assise de la pyramide, et après avoir introduit cette distinction entre les blocs de parement et les blocs de remplissage ou de blocage, il convient d'estimer quel put être le délai d'exécution global des quatre premières assises. Celles-ci, nous l'avons dit, pouvaient être réalisées par le seul moyen de traîneaux empruntant des rampes provisoires en briques.

Les cadences d'approvisionnement précédemment évoquées pour la réalisation de la première assise et les volumes décroissants des trois autres assises permettent d'évaluer ce délai global à dix mois. En effet, en adoptant pour simplifier les calculs un volume moyen unitaire de 3 m^3 par monolithe, on dénombre alors 86 783 blocs pour les 260 347 m^3 constituant les quatre premières assises. Une cadence de pose de 400 blocs par jour conduit à un temps d'exécution théorique très proche de neuf mois (à raison de vingt-quatre jours de travail par mois). En pratique, il faut ajouter à ce temps celui de deux rehaussements successifs des rampes pour atteindre les niveaux supérieurs des assises 2 et 3. C'est donc un délai global de dix mois qui sera retenu pour l'édification de ces quatre premières assises, grâce à 16 rampes provisoires d'accès, perpendiculaires à ces assises.

Pendant ce temps, les travaux d'excavation de la chambre souterraine et de la descenderie, pratiqués dans le socle rocheux de l'emprise de la pyramide, s'étaient achevés. Près de 300 m^3 de calcaire grossier avaient ainsi été taillés en morceaux et extraits des entrailles du plateau de Gizeh. À l'aide d'instruments rudimentaires, ciseaux, herminettes, percuteurs, masses en silex ou en diorite, ciseaux de finition en cuivre, les ouvriers carriers durent avancer lentement, péniblement, pour débiter la centaine de mètres cubes constituant la descenderie : ils ne pouvaient creuser le boyau à plus de deux à la fois, du fait de l'étroitesse du front de taille, de 2 coudées (1,05 m) de large sur 2,3 coudées de haut (1,20 m). Par contre, lorsqu'ils atteignirent le niveau de la chambre souterraine, situé à près de 60 coudées (31,40 m) au-dessous de l'assise de Kheops, les bâtisseurs purent renforcer les équipes de carriers, opérant dans un volume de plus en plus spacieux. En effet, en moyenne, sa hauteur finale de 6,70 coudées (3,50 m) et sa largeur de 15,30 coudées (8 m) autorisèrent l'intervention d'un plus grand nombre d'ouvriers. Parallèlement, une équipe de manœuvres procédait au chargement des déblais rocheux sur un traîneau qu'ils présentaient en montée au bas du tunnel. Depuis l'extrémité supérieure de celui-ci, une équipe de halage assurait la traction ascendante du véhicule, son déchargement sur le plateau, puis son retour à vide dans le tunnel, en vue d'un nouveau convoyage.

Ainsi avait été préparée la première « demeure d'éternité » du pharaon, celle qui pourrait le recevoir si les dieux venaient à écourter son passage sur la terre.

Suivant des plans établis par les maîtres d'œuvre, la descenderie creusée dans le roc fut prolongée au travers des quatre premières assises et des suivantes, avec la même inclinaison. Ainsi, pour la première fois, les concepteurs faisaient une galerie d'accès dont l'entrée serait implantée bien au-dessus du terrain naturel, très probablement pour échapper à l'ensablement : celle-ci devait s'ouvrir à une altitude proche de 48 coudées (25 m).

Alors que s'achevaient les blocages intérieurs de la quatrième assise, les maçons avaient pratiquement terminé la mise en œuvre des énormes dalles de parement sur l'ensemble du périmètre de la pyramide. Celles-ci, en calcaire blanc et fin de Tourah, présentaient des faces carrées, de l'ordre de 4 coudées (2,09 m) de côté, et une épaisseur voisine d'une coudée. Parfaitement polies, elles étaient prêtes à recevoir les inscriptions hiéroglyphiques que des artistes scribes viendraient graver ultérieurement. Ces premières dalles de couverture avaient été dressées, sur toute la hauteur des quatre premières assises, entre les 16 rampes en brique crue continuant de draîner les flux d'approvisionnement des monolithes de blocage de la quatrième assise. Déjà apparaissait, sur une hauteur de plus de

9 coudées (près de 5 m) au-dessus de la base du monument, le profil définitif de celui-ci, avec l'amorce de ses faces inclinées de près de 52° sur l'horizontale. Un soin particulier et des contrôles fréquents avaient été prodigués à la mise en œuvre de ces ouvrages de finition, dont la blancheur contrastait avec la teinte jaunâtre du calcaire grossier du plateau de Gizeh. En effet, ces parements inclinés, convergeant vers un sommet fictif, devaient servir de guide au réglage de la pente égale et régulière de la future pyramide, sur toute sa hauteur. Les pierres angulaires de parement, matérialisant la naissance des quatre arêtes inclinées du monument et les quatre côtés de sa base, furent, très logiquement, des éléments fondamentaux du réglage de la forme géométrique, jusqu'à son achèvement par la pose du pyramidion. L'expérience de construction des pyramides à parement lisse du roi Snefrou avait servi à la mise au point de plusieurs techniques de tracés, de réalisation et de contrôle de leur forme parfaite. Par ailleurs, les maquettes partielles ou totales du tombeau de Kheops ne révélèrent pas seulement toutes les difficultés pratiques et les solutions spécifiques relatives à l'élévation des gigantesques monolithes, elles avaient aussi permis aux concepteurs et artisans de modéliser, dans les trois dimensions, les procédés d'implantation, d'alignement, de dressage des faces inclinées du volume régulier. Cependant, les lignes de pente adoptées ne pouvaient être tracées à l'aide d'un des angles du triangle sacré égyptien, dont les bâtisseurs maîtrisaient bien la construction. Aussi imaginèrent-ils, bien avant la cérémonie de fondation du monument, toutes les astuces qui devaient les rendre maîtres de la réalisation et du contrôle de ce volume gigantesque, jusqu'alors représenté par des plans et des modèles réduits.

L'absence de ce sommet de la pyramide, qui ne pourrait se concrétiser qu'à l'achèvement de celle-ci, provoquait une épineuse contrainte de mise en œuvre. Le centrage de ce point de convergence conditionnait la symétrie des quatre arêtes. Il fallait donc imaginer la position de ce sommet avec une grande précision, tout au long de l'édification de la pyramide. Une faible erreur dans cette convergence des lignes directrices, matérialisées par les arêtes, aurait abouti à la réalisation d'un volume irrégulier.

De nos jours, la vérification des divers éléments géométriques composant la pyramide de Kheops prouve que ses constructeurs avaient pu surmonter une telle difficulté avec une grande compétence. Ils maîtrisèrent, effectivement, la définition et le contrôle de la forme géométrique du monument : les erreurs relatives qui ont été décelées, par rapport au volume théorique parfait, sont suffisamment faibles pour être dignes des procédés actuels qui seraient couramment employés pour la réalisation d'un tel monument.

Quels moyens techniques à leur portée avaient-ils donc imaginé pour accomplir de telles performances ?

Là encore, l'absence de vestiges nous contraint à imaginer des procédés rustiques et simples d'implantation et de vérification des ouvrages, notamment adaptés au volume particulier de la pyramide.

Des cordes, des bois rectilignes, de l'eau, tels furent les éléments dont disposaient les constructeurs pour dresser de manière régulière les faces polies de cette gigantesque « échelle des dieux » : les cordes et les bois rectilignes, pour délimiter et régler des alignements, une surface, ou pour matérialiser la verticale de chute d'un corps pesant ; l'eau, pour régler cette surface par rapport à l'horizontale. Sur les chantiers d'aujourd'hui, les maçons perpétuent l'utilisation de ces mêmes matériaux pour bâtir la plupart des édifices. En effet, le contrôle d'implantation du gros œuvre de nos immeubles, de nos monuments, est encore généralement le fruit de l'usage, plus ou moins habile, du cordeau, de la règle, du fil à plomb et de niveaux à eau, certes plus perfectionnés.

Ajoutons à ces dispositifs matériels un organe essentiel du bâtisseur : l'œil exercé, irremplaçable, du maçon ou du contrôleur. Il permet d'implanter des alignements ou de déceler des irrégularités, en ligne ou en plan, suivant l'angle de vision.

À partir de ces éléments simples, rustiques, il est possible de concevoir une méthodologie de mise en œuvre et de vérification.

Nous avons vu que les tracés des côtés de la base de la pyramide furent déterminés, lors de la cérémonie de fondation et ultérieurement, à l'aide de cordeaux tirés perpendiculairement, en usant des propriétés du triangle sacré. C'est toujours le cordeau, tendu de proche en proche (avec une marge d'erreur de tension et de report), qui permit de contrôler la longueur, presque identique, des côtés de la base carrée du monument.

Mais la grande difficulté ne réside pas dans le plan horizontal. Lorsque les bâtisseurs voulurent matérialiser cette troisième dimension, élevant vers le ciel le fantastique monument, ils conçurent, vraisemblablement, l'idée de concrétiser cet angle unique, devant être reproduit quel que soit le lieu d'implantation : il s'agit de l'angle de plus grande pente des faces de la pyramide. Car c'est bien là le problème qui se posait en réelle grandeur. Une équipe de maçons travaillant à n'importe quelle altitude, en n'importe quel point du gigantesque édifice, devait pouvoir reproduire, avec précision, cet angle d'inclinaison par rapport à l'horizontale, de façon identique pour chaque face.

Lorsqu'une telle maîtrise est atteinte, il est alors possible, théoriquement, à partir des côtés égaux de la base de la pyramide, d'élever des plans inclinés symétriques par rapport à son axe vertical : cette seule condition est géométriquement suffisante pour obtenir un pentaèdre régulier. Le résultat pouvait être obtenu par un dispositif simple et pratique. L'angle supplémentaire de l'angle de plus grande pente des faces de la pyramide est très proche de 128°. Il peut être construit à l'aide de deux règles de bois assemblées entre elles. Au sommet de cet angle, l'ouverture constante de 128° est assurée grâce à deux bras latéraux. Si l'une des règles est maintenue dans un plan horizontal, la seconde marque exactement cette ligne de plus grande pente des faces de la pyramide. Pour satisfaire à cette exigence, il suffit d'équiper la règle devant représenter le plan horizontal, longue de 2 coudées environ (1,05 m), d'un niveau à eau de conception élémentaire. Un canal longitudinal est creusé sur sa face plane située vers l'intérieur de l'angle ; ce canal, suffisamment large, est rempli d'eau ; ainsi se trouve matérialisée l'horizontalité de la surface supérieure de la règle et le plan horizontal servant de base à la définition de l'angle de plus grande pente d'une des faces de la pyramide (soit 52°).

Trois exigences de construction de cet instrument simple conditionnent sa précision d'utilisation : la constance de l'angle de 128° ; le bon parallélisme des deux faces de la règle inclinée, dont la longueur peut être proche de 4 coudées (environ 2,10 m) si l'on veut régler l'inclinaison des dalles de parement sur une longueur suffisante ; l'horizontalité transversale de la surface plane supérieure de la règle à niveau d'eau, destinée à assurer la recherche optimale de la ligne de plus grande pente.

En résumé, cet équipement de contrôle, assimilable à une fausse équerre à ouverture fixe de 128°, équipée d'un niveau d'eau, pouvait être reproduit à des dizaines d'exemplaires identiques, étalonnés. Il pouvait servir de gabarit de contrôle aux équipes de maçons

Réglage de l'inclinaison des faces de la pyramide à l'aide d'une fausse équerre à angle fixe et à niveau d'eau

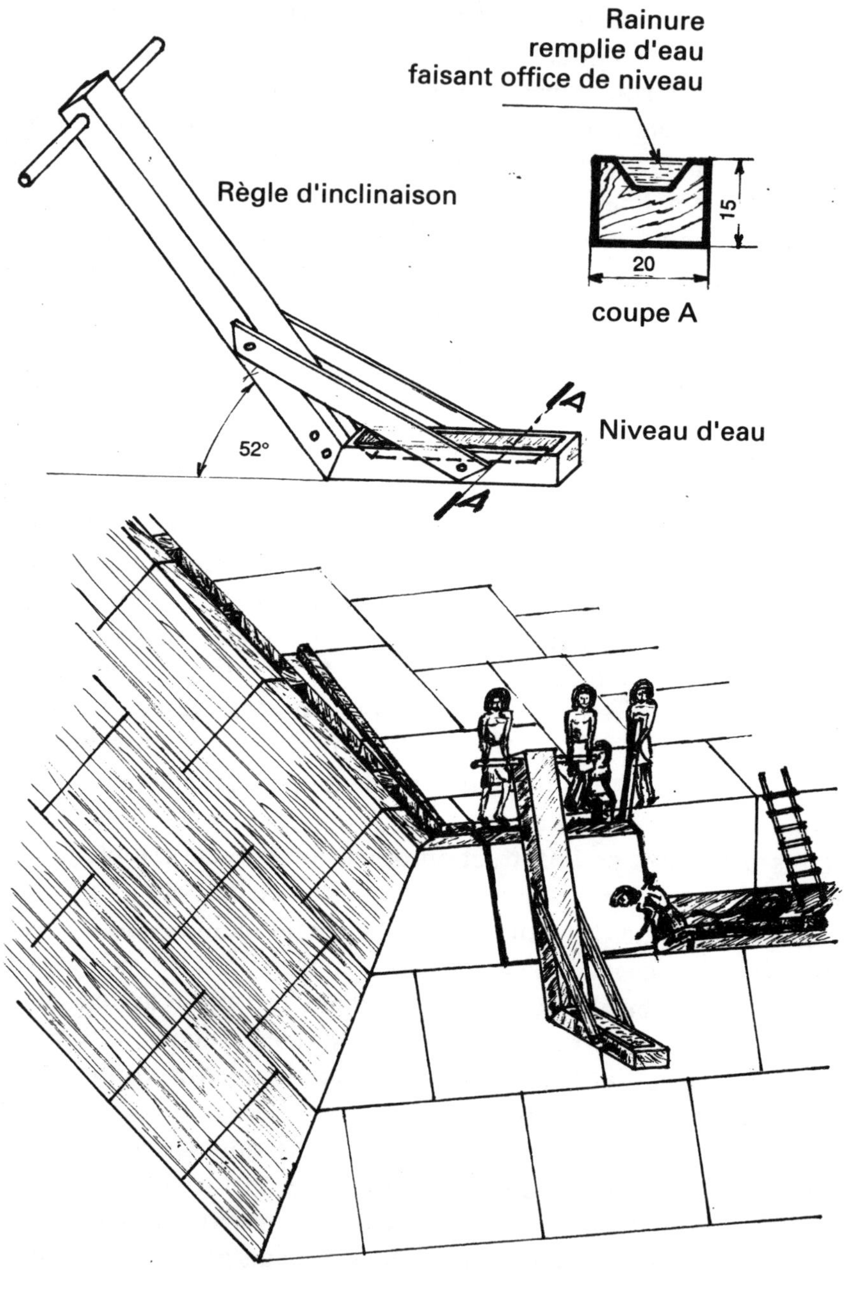

responsables du réglage des dalles de revêtement en calcaire. Il leur suffisait de plaquer la règle inclinée de l'instrument sur la dalle de parement provisoirement calée en attendant son réglage, de remplir d'eau le canal de la règle d'horizontalité, et d'incliner celle-ci transversalement et longitudinalement, pour conserver le niveau d'eau au ras de la face supérieure de cette règle. Quand cette position finale était obtenue, alors se trouvait matérialisé l'angle de 128° marquant la plus grande pente. De la sorte apparaissait la différence d'inclinaison de la dalle, et le complément de réglage à lui apporter.

Ce procédé de contrôle de la pente des quatre faces de la pyramide était évidemment utilisable, aussi, lors de l'implantation des bords d'assise. Le retrait des gradins supérieurs pouvait ainsi se faire suivant l'angle final qui serait adopté : il suffisait de plaquer la règle inclinée sur les arêtes des gradins et, de la même façon qu'il a été indiqué précédemment, de faire « jouer » le niveau de la règle horizontale.

Cet instrument de vérification ponctuelle, utilisé en de multiples endroits de l'édifice, ne devait pas être le seul dispositif de réglage et de vérification de l'implantation régulière du parement de la pyramide. D'autres moyens de recoupements pouvaient garantir aux bâtisseurs la définition géométrique correcte du monument, tout au long de son édification.

Les quatre arêtes inclinées de celui-ci constituaient, nous l'avons signalé, des bases essentielles de réglage et de contrôle du volume à construire. Elles furent donc matérialisées et prolongées, au fur et à mesure de l'édification d'une nouvelle assise, par les pierres angulaires. Celles-ci, positionnées sur chaque assise, concrétisaient également l'inclinaison de deux faces consécutives du monument. La bonne direction de leurs arêtes méritait une constante surveillance : les maçons pouvaient déjà s'assurer de l'exactitude de leur position, dans le plan bissecteur de chaque angle droit de l'assise en cours, par des tracés reportés sur les deux faces consécutives de la pyramide. En effet, à partir d'un point de cette arête, il est possible de décrire deux arcs de circonférence, de même longueur sur chaque face, coupant en deux points symétriques les côtés perpendiculaires de la base du monument ou d'une même assise. Ces deux points d'intersection doivent se situer à égale distance du sommet de l'angle droit correspondant. Cette équidistance est une condition du maintien de l'arête dans le plan bissecteur précité.

Enfin, des alignements au cordeau et des mesures systématiques des côtés des différentes assises devaient être pratiqués pour contrôler leur section carrée et les retraits successifs des gradins, d'une assise à l'autre.

Ainsi, au-delà des prouesses techniques qui conduisirent ces bâtisseurs à inventer des machines aptes à déplacer d'écrasantes forces de pesanteur, se révèle à nous cette étonnante, cette merveilleuse précision dans la définition d'une forme géométrique symbolique. Et de la sorte s'exprime totalement, dans la puissance et la perfection finale d'un volume, l'œuvre intelligente et le génie accompli de ces hommes.

Il me paraissait essentiel d'insister sur cet aspect de la réalisation, sur ces moyens rustiques consacrés au réglage et à la vérification, sans lesquels la matière ne pourrait traduire l'idée exacte du maître d'œuvre.

Cette maîtrise de construction d'un volume régulier fut donc de règle tout au long de l'édification de la pyramide.

Sans attendre que les dernières dalles de calcaire blanc parachèvent le couronnement périphérique de la quatrième assise, des équipes de maçons avaient déjà démonté la plupart des maçonneries des 16 rampes de montée des monolithes, ne laissant en place que des rampes réduites identiques, à courbure concave. Ces ouvrages, ainsi rectifiés, devaient servir de gabarits à l'exécution d'une rampe périphérique, pratiquement continue sur chaque face du monument. Celle-ci se limitait toujours à la hauteur de la quatrième assise, au plan tangent à son sommet, et se raccordait, en partie basse, avec le plan horizontal du terrain de fondation de la première assise. Une telle rampe de transition devait assurer l'inclinaison progressive des traîneaux entre le sol d'assise de la pyramide et les plans inclinés matérialisés par les côtés de celle-ci. Pour favoriser, de la sorte, la rotation de ces véhicules et leur faire franchir l'angle de 52° qui sépare la position horizontale de la position inclinée de chaque face du monument, les maçons avaient donc façonné le profil longitudinal de cette rampe périphérique suivant une large courbure concave. Ainsi conçue, elle se révélait, dans le sens de la montée, de plus en plus pentue et de plus faible développement au sol que les 16 rampes initiales. Les massifs de brique d'argile crue, constituant ces nouveaux ouvrages de transition, étaient armés de branches de palme. Parallèlement, sur tout le pourtour de la quatrième assise, les

Rampe de transition périphérique en briques, montée jusqu'au niveau de la 4e assise

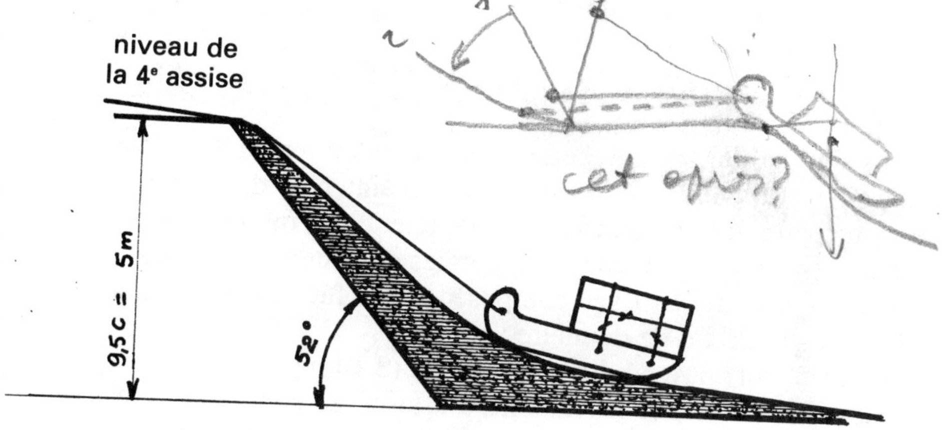

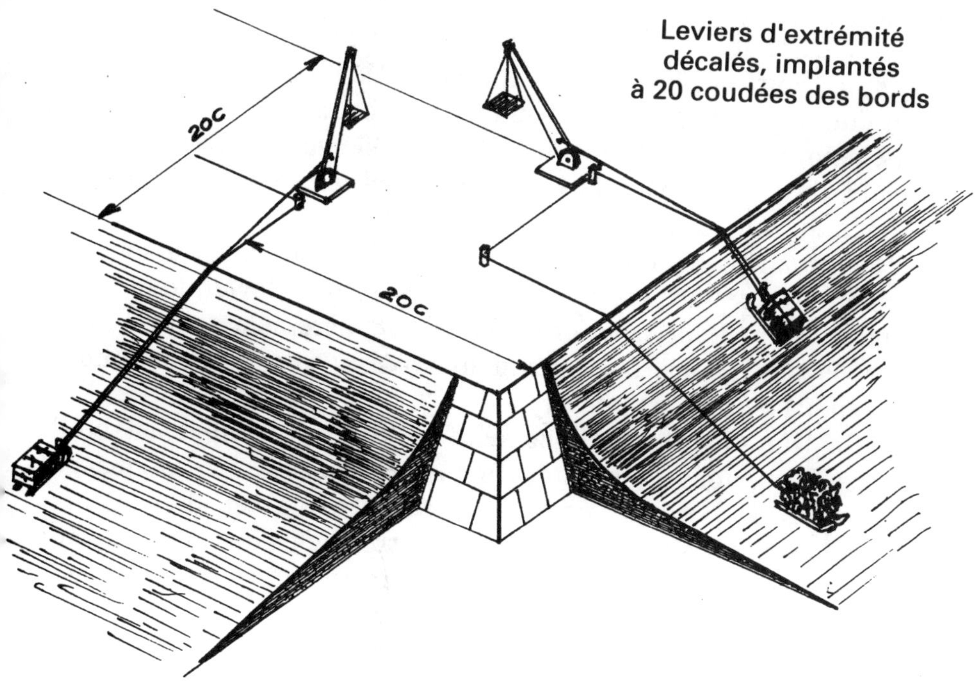

Leviers d'extrémité décalés, implantés à 20 coudées des bords

concepteurs avaient entrepris le montage des leviers de halage. Une douzaine d'équipes de charpentiers s'affairaient à l'assemblage et à l'ancrage de 128 ensembles[4], constitués chacun : d'un pied, d'un bras de levier, d'une nacelle, de deux poulies fixes, d'un ponton d'embarquement et d'un jeu de câbles destiné à arrimer les traîneaux.

Les simulations sur maquette avaient conduit les maîtres d'œuvre à multiplier au maximum les leviers, en maintenant des distances de sécurité entre les traîneaux. Ils adoptèrent les implantations suivantes[5], en ce qui concerne les synergies de halage identiques :

a. Pour les poulies fixes composées de 2 fûts en acacia noir de 1/2 coudée (0,26 m) de diamètre :

— espacement entre poulies : 6 coudées (3,14 m) ;

— distance de ces poulies au bord d'assise : 20 coudées (10,46 m), autorisant l'évolution du traîneau qui devait basculer de la face de la pyramide sur l'assise considérée. Cette distance pouvait être diminuée si nécessaire.

Ces poulies fixes étaient encastrées et bloquées verticalement dans l'assise, où avaient été ménagées les cavités correspondantes.

b. Deux leviers consécutifs se trouvaient distants de 12 coudées (6,28 m). Entre ces leviers, à proximité immédiate de chacun d'eux, était édifié un ponton d'une hauteur de 5 coudées (2,62 m), suffisante pour permettre d'effectuer un embarquement à niveau dans la nacelle, lorsque le levier de 12 coudées était relevé dans sa position de traction haute de départ.

Étant données les forces transmises par chaque levier à son axe de rotation, aux flasques et à la platine de pied de levier, le blocage avant et l'ancrage de celui-ci étaient particulièrement soignés : des butées et des tenons, encastrés dans l'assise, maintenaient solidement en place chaque platine.

Enfin, sur un même alignement de leviers, parallèle au bord d'assise, ceux des extrémités furent, en général, positionnés à 20 coudées du bord de gradin perpendiculaire à cet alignement : l'espace résultant ainsi ménagé, aux quatre angles des assises, était indispensable à l'évolution des leviers d'extrémité se rabattant sui-

4. Suivant calculs de l'annexe 9.
5. Suivant annexe 9.

vant des plans de rotation orthogonaux. En décalant suffisamment ces leviers d'angle et en les implantant à 7 coudées (3,66 m) des bords d'assise, il était possible de les manœuvrer, tout en ménageant l'aire d'évolution nécessaire aux traîneaux chargés d'un bloc de l'ordre de 2,5 tonnes.

Tandis que les ultimes monolithes de remplissage de cette quatrième assise étaient en cours d'ajustement, des leviers de halage fonctionnaient déjà, élevant depuis près d'une lune les traîneaux et leur monolithe. 15 des 16 rampes ayant servi au transit des traîneaux pour la construction de ces premières assises avaient en effet été partiellement démontées, et leurs briques avaient été réutilisées pour la construction de la rampe périphérique de transition.

Lorsque les 128 ensembles synergiques furent finalement mis en œuvre sur toute la périphérie de l'assise, le chantier avait atteint sa pleine cadence d'exécution. Dans un va-et-vient continu, les hommes d'équipages et les blocs glissaient sur leur traîneau, empruntant la rampe de transition et les faces de la pyramide naissante. Dans le même temps, des équipes d'ouvriers, porteurs d'eau et de fine argile, lubrifiaient consciencieusement les voies de cheminement des véhicules. La rampe de brique, très sollicitée, était systématiquement entretenue, remise en forme lorsque les sillons creusés par les patins des traîneaux devenaient un peu trop profonds.

De la même façon, des équipes s'activaient à la maintenance des leviers et de leurs accessoires. Les axes de rotation faisaient l'objet d'une particulière attention : ils étaient nourris d'huile de lin ; leur substitution intervenait dès qu'un jeu notable était décelé, ils étaient alors déclavetés et remplacés par de nouveaux axes. Ainsi se trouvait limitée l'oscillation latérale des bras de levier lors des halages.

Les cordages et les platelages des nacelles méritaient aussi des réparations et le remplacement périodique de certains de leurs éléments. Les poutres de platelage, qui encaissaient les chocs de contact avec le sol d'assise, étaient habillées, en sous face, de bottes de papyrus destinées à jouer un rôle d'amortissement et de protection. Les roseaux des platelages détériorés, sérieusement éprouvés sous le poids des équipages, étaient régulièrement changés. La révision des suspentes de nacelles, des câbles de halage ou de contrepoids, captait l'attention des équipes spécialisées dans la corderie : la sécurité des manœuvres en dépendait. Pour cela, des ouvriers

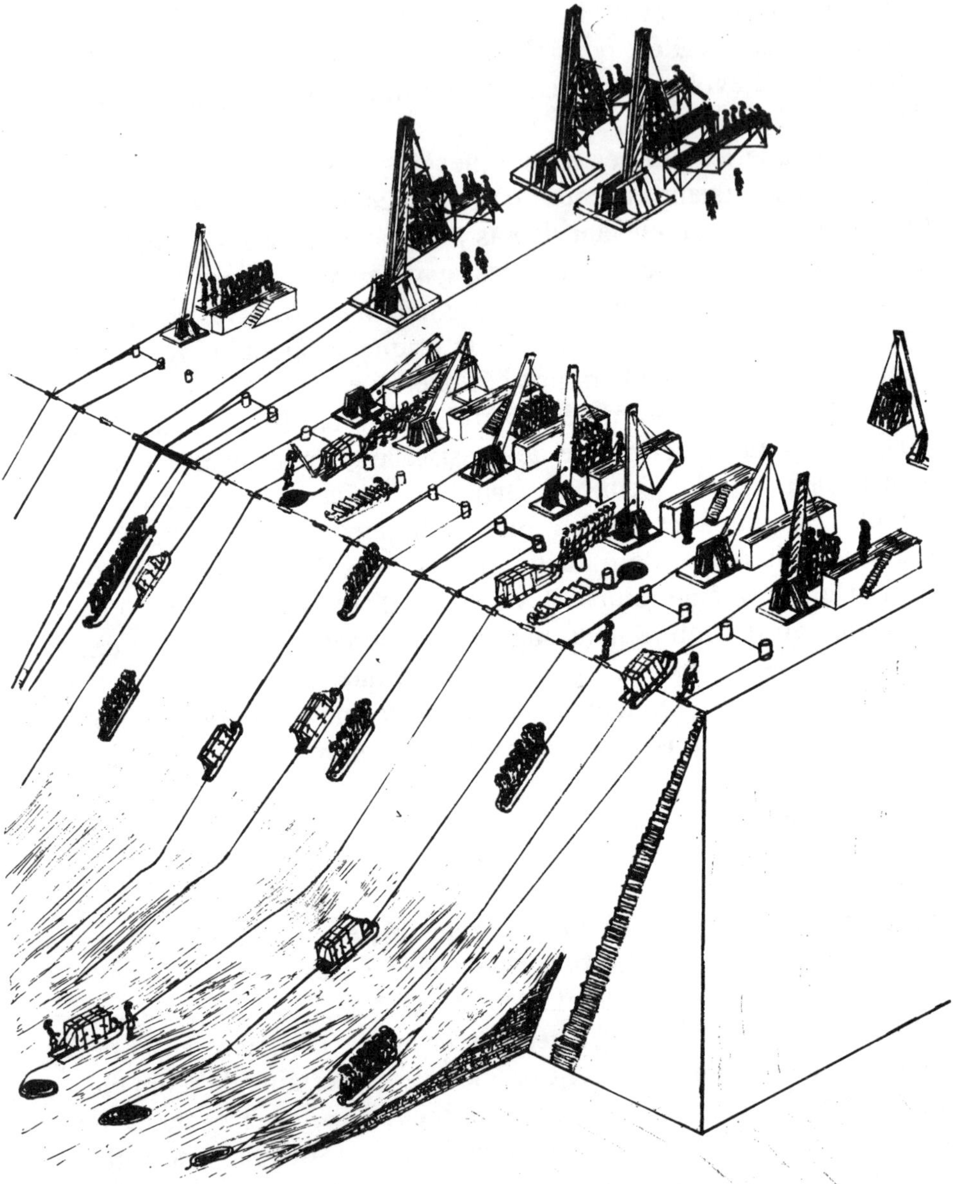

Reconstitution de la synergie d'élévation des monolithes sur l'une des faces de la pyramide de Kheops en cours de constructio

spécialisés, en grand nombre, parfaitement encadrés et compétents dans leur corps de métier, s'activaient, accomplissant des tâches bien déterminées. Durant les diverses phases de leur fonctionnement, les leviers de halage s'élevaient et s'abattaient suivant le rythme des équipes d'hommes qui montaient sur les nacelles et redescendaient avec elles. Un contremaître par ensemble synergique supervisait toutes les opérations. La plus délicate survenait lorsque le traîneau chargé de son monolithe présentait l'extrémité avant de ses patins au-dessus du bord d'assise. Cette phase singulière précédait le basculement du véhicule sur le sol horizontal. Alors intervenait l'expérience du chef et de son équipe : il fallait régler convenablement l'inclinaison du levier et doser le chargement de la nacelle en fonction de la position dernière du traîneau, afin d'atténuer au maximum les effets d'un rabattement trop brutal du véhicule sur le bord d'assise. Des bottes de papyrus, judicieusement disposées au point de basculement, faisaient également office d'amortisseur lors de cette séquence particulière de halage.

Une telle fourmilière d'ouvriers, aux multiples activités, intelligemment organisées, trouvait évidemment son site de convergence sur les pentes d'accès au monument. Depuis le port d'accueil où arrivaient les chalands, et sur les divers cheminements desservant les chantiers de production du plateau de Gizeh, s'étiraient de longues files d'ouvriers contribuant à l'approvisionnement de l'immense massif de pierre en construction. Les outils, bois de construction, équipements divers, vivres et vêtements des artisans du gigantesque chantier, étaient pour l'essentiel déchargés des chalands sur les quais du port, toujours grouillants et encombrés. Parallèlement, la construction de la chaussée royale avait atteint un niveau moyen d'une vingtaine de coudées (10,50 m) sur toute la longueur comprise entre le port et l'éperon rocheux du plateau.

Il apparaît raisonnable de penser que Kheops visita à plusieurs reprises le chantier de sa nécropole, s'inquiétant notamment des délais de réalisation des différents ouvrages. Au fur et à mesure de l'avancement des travaux de la pyramide, il devait vraisemblablement espérer, avec toujours plus de conviction, voir s'élever cette chambre sépulcrale audacieusement prévue en superstructure.

Cependant, comme l'ont déjà supposé L. Borchardt et I.E.S. Edwards [6], c'est probablement en cours de travaux, alors que le gros œuvre de cette chambre était achevé, qu'apparut au pharaon et à ses architectes l'opportunité d'implanter le tombeau royal bien plus haut dans la superstructure du monument. Plusieurs indices témoignent d'une telle improvisation dans la conception : l'abandon des conduits de ventilation de cette salle (dénommée actuellement « chambre de la reine »), l'inachèvement du revêtement du sol de son corridor horizontal d'accès, dont le dallage est resté brut, ce qui constitue une anomalie pour une chambre funéraire.

Tout laisse à penser que le couloir ascendant, d'une hauteur de 2,30 coudées (1,20 m) et d'une largeur de 2 coudées (1,05 m), fut alors prolongé, contrairement aux plans initiaux. En effet, à partir du changement de direction entre ce dernier couloir et le corridor d'accès à la chambre dite « de la reine », se développe la grande galerie. Cet ouvrage monumental, axé sur le couloir ascendant, se poursuit encore sur près de 90 coudées (47 m), avec la même pente, en offrant une hauteur inhabituelle de 16,3 coudées (8,50 m). Sa largeur, qui reste égale à 2 coudées au droit du cheminement, est bordée de deux banquettes latérales, larges d'une demi-coudée environ.

Un tel dimensionnement marque un net changement d'échelle par rapport aux proportions jusqu'alors adoptées pour les circulations d'accès aux chambres mortuaires. Plusieurs tentatives d'explication ont été avancées en ce qui concerne cette particularité architecturale. Une des dernières en date, celle de deux maîtres d'œuvre, MM. Dormion et Goidin, émise en 1987, exploite la thèse avancée par Borchardt, qui avait signalé certains éléments singuliers de cet ouvrage : mortaises dans les banquettes, à intervalles réguliers, engravures longitudinales dans les murs, à mi-hauteur de la grande galerie, permettant de supposer l'utilisation d'un échafaudage provisoire. D'après les deux concepteurs, cet échafaudage, construit sur toute la longueur de la grande galerie, aurait pu

6. L. Borchardt : ingénieur allemand qui avança, en 1926, la thèse d'une élévation des monolithes à l'aide de traîneaux et de rampes, faites de brique crue, perpendiculaires aux faces de la pyramide.

I.E.S. Edwards : égyptologue britannique, membre de l'Egypt Exploration Society, conservateur des antiquités égyptiennes au British Museum à Londres.

Caractéristiques simplifiées de Kheops dans sa conception finale

Coupe nord-sud

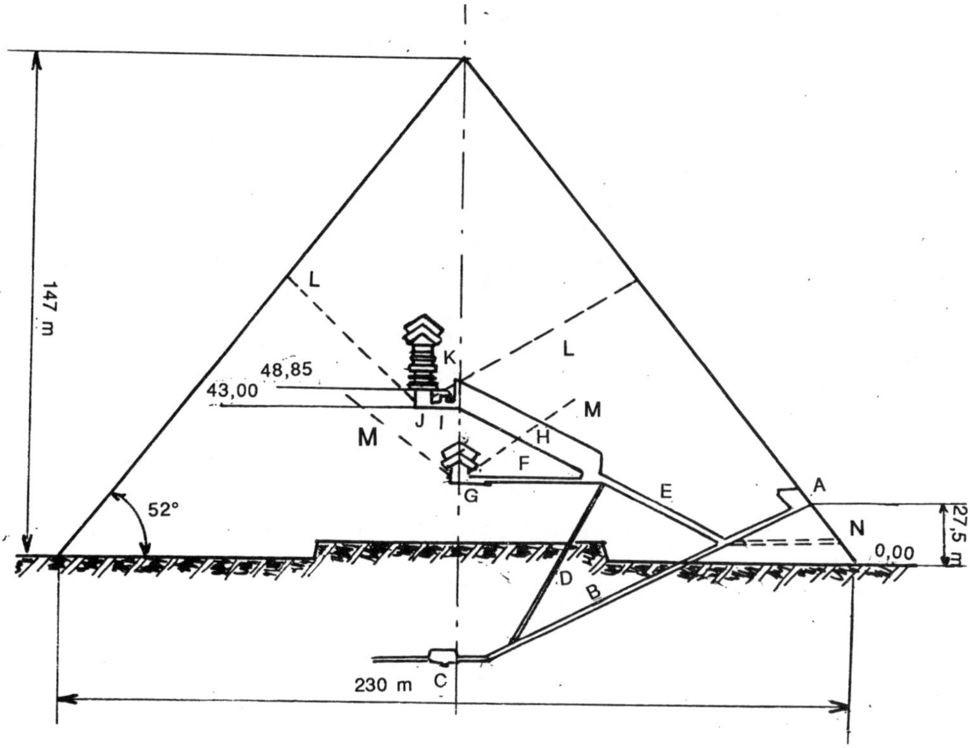

A) Entrée
B) Descenderie vers la chambre souterraine
C) Chambre souterraine
D) Puits de liaison
E) Galerie d'accès en superstructure
F) Galerie d'accès à la chambre de la reine
G) Chambre dite « de la reine »
H) Grande galerie
I) Herse de protection
J) Chambre du roi
K) Chambre de décharge
L) Conduits de ventilation achevés
M) Conduits de ventilation inachevés
N) Entrée pratiquée par le calife Al-Mamoun

Hypothèse pour la grande galerie

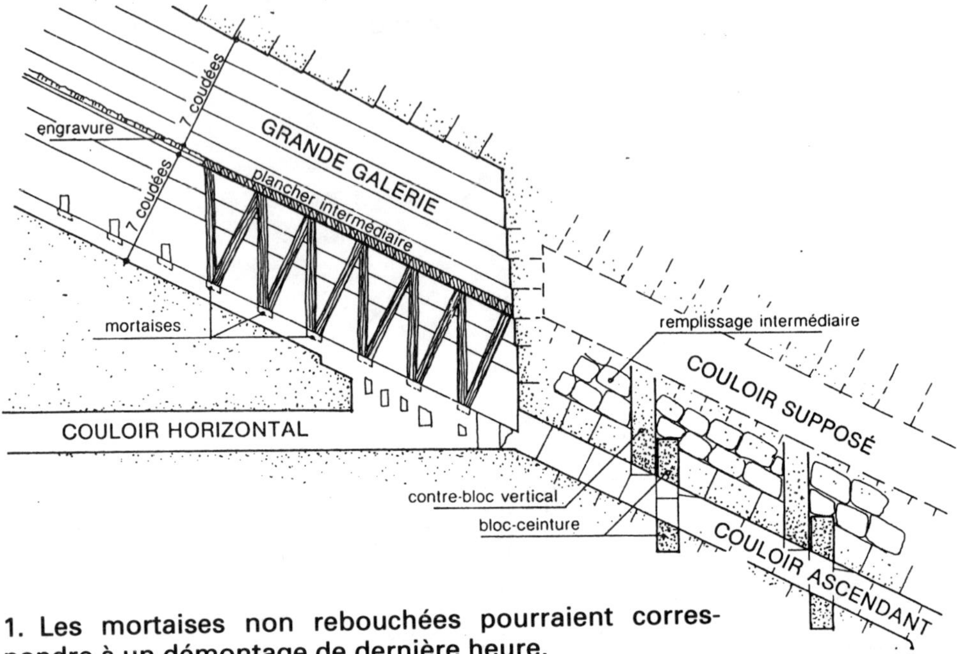

1. Les mortaises non rebouchées pourraient correspondre à un démontage de dernière heure.
2. Les verticales et les perpendiculaires au droit des mortaises se rejoignent sous l'engravure.

Dessin tiré de l'ouvrage de Gilles Dormion et Jean-Patrice Goidin : *Les Nouveaux Mystères de la Grande Pyramide,* Albin Michel, 1987.

constituer un deuxième passage supérieur. L'idée de ce cheminement parallèle se trouve confortée par d'autres particularités relevées sur la maçonnerie de divers ouvrages (dalles de couverture de la grande galerie, appareillage des pierres du couloir ascendant, constitution des dalles du linteau de l'entrée du monument). Les singularités décelées laissent supposer l'existence d'un autre couloir, superposé à celui qui est ascendant, commençant au-dessus de l'entrée de la pyramide. Ce serait, en quelque sorte, un cheminement secret vers une chambre sépulcrale non encore localisée.

Cette hypothèse, basée sur des indices techniques réels, relance l'idée de vides cachés dans le gros œuvre du monument. Comment exclure une telle éventualité, lorsque l'on sait combien les bâtisseurs de pyramides rivalisaient d'astuce pour boucher, masquer les entrées des tombeaux, tentant de les soustraire ainsi à la cupidité des pilleurs de tombes. Les trois bouchons de granite obturant le bas du couloir ascendant et, à proximité immédiate, l'appareillage des pierres du plafond du couloir descendant, masquant le départ du couloir ascendant, semblent concrétiser les précautions prises dans ce sens par les constructeurs.

Pour revenir à cette modification hypothétique du positionnement de la chambre royale, comment l'expliquer ?

Kheops, voulant que sa dépouille mortelle fût la plus proche du ciel et des dieux, pour les raisons spirituelles déjà évoquées, aurait pu décider d'élever encore plus haut sa chambre sépulcrale. Il pouvait promouvoir, en toute sécurité, cette conception avantageuse, d'autant que la chambre souterraine ou la chambre dite « de la reine » étaient prêtes à recevoir son sarcophage, en cas de décès prématuré. Dans ce sens, les conduits, supposés destinés à la ventilation, ménagés dans cette dernière chambre, furent poursuivis dans l'épaisseur de plusieurs assises supérieures, probablement jusqu'à ce que fût totalement construite la chambre funéraire royale, dont le plancher domine de 43 mètres le sol d'assise. Cette nouvelle chambre sépulcrale totalement édifiée à cette altitude exceptionnelle, il pouvait alors se révéler inutile de poursuivre les conduits de ventilation de la chambre inférieure, ce qui expliquerait que ceux-ci ne débouchent pas à l'extérieur de la pyramide. On s'interroge d'ailleurs encore sur la fonction réelle de ces conduits. Car ceux partant de la chambre supérieure aboutissent sur les faces nord et sud du monument. Conduits de ventilation de la chambre funéraire, ou voies de communication vers les divinités et l'au-delà ? Ces deux interprétations subsistent toujours.

Ainsi fut positionnée, au tiers de la hauteur du monument, la chambre royale (son plafond se trouve très exactement à 48,85 m, donc au tiers de l'élévation de la pyramide, d'après Dormion et Goidin) devant recevoir le sarcophage en granite de Kheops.

Les dimensions au sol de la chambre dite « de la reine » sont de 10,9 coudées x 10 coudées (5,70 m x 5,20 m), la plus grande hauteur de sa voûte en chevron étant de 12,8 coudées (6,70 m). Celles de la chambre royale représentent une surface de 20 coudées x 10 coudées (10,45 x 5,22 m) pour une hauteur uniforme de son plafond horizontal de 11,20 coudées (5,85 m).

La comparaison des surfaces au sol de ces deux chambres montre, encore une fois, un accroissement important des dimensions, comme c'est le cas entre le couloir ascendant et la grande galerie.

Une telle augmentation d'échelle, pratiquée à des altitudes croissantes, ne manque pas de surprendre. Lorsque fut atteint le niveau de construction de la chambre « de la reine », le pharaon et ses bâtisseurs pouvaient avoir vérifié leur réelle maîtrise d'élévation et de mise en œuvre, au centre de la superstructure, des énormes monolithes. La résistance de ceux-ci aux charges considérables qui les surmontent fut aussi éprouvée. Cette expérience probante et l'assurance de pouvoir élever toujours plus haut ces gigantesques pierres d'éternité les encouragèrent, vraisemblablement, à faire preuve de plus d'audace. De la sorte pourrait se justifier la démarche technique qui autorisa Kheops à s'approcher au plus près des divinités du ciel.

Ces précisions apportées sur quelques originalités structurelles internes du tombeau de Kheops et sur certaines thèses tentant de les expliquer, il importe de poursuivre l'examen des moyens de réalisation qui permirent aux bâtisseurs d'achever la superstructure du monument.

Il apparaît comme une évidence géométrique que le nombre des leviers de halage disposés sur la périphérie de chaque assise ne pouvait être qu'inversement proportionnel à l'altitude de cette assise. Cela n'améliorait pas les cadences d'élévation des monolithes, cadences qui de plus diminuaient à chaque changement d'assise, avec la plus grande distance de halage sur les faces de la pyramide. Cette particularité devait amener les constructeurs à moduler leurs moyens de réalisation en conséquence. Ainsi, en reconduisant les espacements des 128 ensembles synergiques ayant opéré pour la construction de la cinquième assise, le nombre de machines chuta à 100 sur la quarante-septième assise, à 32 sur la cent cinquantième, à 12 sur la cent quatre-vingtième [7], jusqu'à aboutir au fonctionnement d'un seul levier à partir de la deux cent cinquième assise.

Il est à noter que cette diminution progressive du nombre des leviers était imposée par le développement ergonomique de la synergie adoptée. En effet, aux environs de l'assise 173, située approximativement à près de 55 coudées (29 m) du sommet, la plate-forme n'offre plus qu'un espace de 86 coudées (45 m) de côté. Le retrait des leviers et leur aire d'évolution, par rapport aux bords d'assise, ne permettaient plus d'optimiser le nombre de ces machines en continuant d'adopter une implantation périphérique de celles-ci. C'est pourquoi, dès l'assise 173 et jusqu'à l'assise 189, deux rangées parallèles de leviers devaient haler les traîneaux sur deux côtés opposés de la pyramide [8].

Les dimensions réduites de l'assise 190, mesurant environ 22 coudées (11,50 m) de côté, rendaient encore possible le fonctionnement de 4 leviers de halage de 12 coudées disposés en une seule ligne et élevant les traîneaux et leur monolithe sur une seule face du monument.

À partir des assises 205 ou 206 et jusqu'à l'assise 212, des leviers de 12 coudées pouvaient continuer de haler des blocs de 2,5 tonnes sur une face de la pyramide, en se rabattant sur un échafaudage appuyé sur les trois autres côtés du monument. Cette assise 212 ne présentait plus qu'une surface limitée, de 8 coudées (4,20 m) de côté, autorisant encore l'appui d'un seul pied de levier et l'accueil d'un traîneau. L'échafaudage servait, alors, au rabattement du levier et à l'évolution des hommes d'équipage [9].

Enfin, à compter de l'assise 213 et jusqu'à la pose du pyramidion

7. Suivant les hypothèses et calculs des temps d'exécution de la pyramide produits en annexes 9 et 10.
8. Suivant annexe 9.III.2.
9. Suivant annexe 9.III.2.

(représentant probablement l'« assise » 216), les constructeurs durent sans doute opérer un changement d'échelle dans les dimensions des blocs à élever et celles de l'ensemble synergique unique continuant d'assurer leur halage. Grâce à des échafaudages, identiques à ceux édifiés pour la réalisation des précédentes assises, il était possible de faire fonctionner un levier réduit à 6 coudées (3,14 m), tirant des traîneaux chargés de monolithes d'un poids plus modeste, de l'ordre de la tonne.

Parallèlement à l'édification des différentes assises, dès que la hauteur de la pyramide fut jugée suffisante, le pharaon, ses prêtres et maîtres d'œuvre procédèrent à la cérémonie d'implantation du temple de culte. Adossé à la façade est du monument, celui-ci nécessita à la fois des approvisionnements en monolithes calcaires du plateau de Gizeh et des pierres nobles, embarquées depuis les carrières de la région d'Éléphantine.

Le même matériau d'éternité, déjà ajusté au-dessus des chambres funéraires du tombeau pour les protéger de forces incommensurables de pesanteur, assura aussi la résistance des ouvrages, tels que portes, piliers et plafonds de ce temple. Les monolithes correspondants et leur traîneau empruntèrent la chaussée royale, qui était achevée après dix apparitions simultanées et successives de Sothis et de Rê dans le ciel du matin (plus de dix ans s'étaient ainsi écoulés).

La construction du temple d'accueil, au bas de la chaussée royale, devait être conditionnée par la nécessité de conserver une voie d'accès pour les derniers énormes monolithes devant structurer la voûte à chevrons de protection de la chambre sépulcrale haute de la pyramide. La réalisation prématurée de ce temple aurait constitué un obstacle sur l'axe de passage des traîneaux empruntant la chaussée, d'autant que l'implantation de ce lieu de cérémonie était prévue directement sur le port d'accueil des chalands. Aussi, les structures de ce temple, devant recevoir la dépouille mortelle de Kheops pour le déroulement de l'office rituel d'ouverture de la bouche et des yeux, la galerie de couverture de la chaussée d'accès et les murs d'enceinte délimitant certaines parties de ce vaste complexe funéraire, furent vraisemblablement les derniers ouvrages d'accompagnement achevés dans la nécropole royale.

Enfin, lorsque arriva le moment de poser le pyramidion, pierre unique, symbole de l'achèvement du tombeau royal, véritable pyramide miniature ciselée dans le calcaire fin, et revêtue, dit-on, d'un étincelant plaquage en or, le pharaon devait assister à cette spectaculaire mise en place. Alors se trouvait scellée l'ultime pierre d'éternité, le plus haut point de concentration de l'énergie divine. Alors était posé le dernier échelon de cette gigantesque échelle de monolithes qu'il emprunterait, lui, Kheops, dieu toujours vivant, quittant cette terre pour rejoindre d'autres dieux du ciel, le jour choisi par eux.

CHAPITRE IX

RAPPEL DE DIVERSES THÈSES RELATIVES À LA CONSTRUCTION DE KHEOPS

Nul aujourd'hui n'est censé détenir la vérité sur les procédés de construction de la Grande Pyramide de Kheops. De trop faibles indices techniques, issus des textes anciens ou des vestiges connus, géographiquement et temporellement (lorsque la chronologie peut être vérifiée, ce qui n'est pas toujours aisé), peuvent constituer les jalons épars et parfois divergents d'une tentative de recherche dans ce sens.

L'énoncé de ce qui reste toujours une énigme de l'histoire des technologies se résume donc en une phrase : comment les bâtisseurs de Kheops ont-ils pu vaincre les écrasantes forces de pesanteur qui s'opposent à la mise en œuvre de gigantesques monolithes à des dizaines de mètres au-dessus du sol, dans un délai compatible avec le règne d'un pharaon ?

Ayant proposé, sous forme romancée (pour les raisons évoquées en préambule), une synergie probable d'élévation de ces fantastiques volumes de pierre, je ne doute pas que sa faisabilité sera soumise à l'épreuve des calculs ou de l'expérimentation.

Quel qu'en soit le résultat, il me paraît intéressant de rappeler quelques-unes des conceptions essentielles déjà échafaudées à ce sujet, en signalant leur principe, leur bien-fondé éventuel et certaines défaillances qui pénalisent plus ou moins gravement leur crédibilité, leur fiabilité.

Durant les cinq siècles couvrant, approximativement, l'Ancien Empire[1], les constructeurs des pharaons ont-ils usé de la roue comme d'un instrument de manœuvre des monolithes ?

À cette question préalable il faut apporter des éléments de réponse précis, permettant de juger, plus sûrement, de certaines propositions sur les moyens utilisés lors de l'édification des pyramides. La roue et sa technologie dérivée, la poulie, autorisent, en effet, de bien performantes applications.

Vitruve, architecte et ingénieur militaire du Ier siècle avant J.-C., écrit dans le livre X de son ouvrage intitulé *Les Dix Livres de l'architecture*[2]: la machine est un « système coordonné de pièces de bois par le moyen duquel on peut remuer de très lourdes charges ». Et il décrit, dans le détail, l'usage de plusieurs poulies rotatives développant leurs énormes forces dans d'ingénieuses combinaisons.

Qu'en est-il donc des hypothèses contemporaines qui érigent en postulat l'emploi de cet organe « révolutionnaire » — au sens propre comme au sens figuré — dans des engins de levage exceptionnels ? La roue et la poulie rotative autorisent, assurément, de concevoir des machines complexes, capables d'élever des charges de l'ordre de 30 à 40 tonnes. Si Vitruve utilisait une telle technologie, avait-elle vu le jour, quelque 2 500 ans plus tôt, grâce au génie des bâtisseurs de la Grande Pyramide ?

En ce temps-là, le mouvement rotatif est connu et mis en application : depuis la Ire dynastie les potiers actionnaient des tours. La surface de révolution autour d'un axe était donc exploitée pour façon-

1. D'après le *Dictionnaire de la civilisation égyptienne*. Les égyptologues ne sont pas tous d'accord sur ces dates, très approximatives du fait des renseignements tronqués et parfois discordants qui résultent de la comparaison des documents connus (Manethon, papyrus royal de Turin, Tables royales). La difficulté d'une datation vient aussi du fait que, bien souvent, chaque pharaon inaugurait une nouvelle ère correspondant à son règne.

2. *Les Dix Livres de l'architecture*, VITRUVE, Paris, Errance, « Collection des Hespérides », 1986.

ner ou régler des objets de terre ou de pierre ; il semble cependant que ce procédé technique se trouvait alors limité au seul objectif de l'obtention d'une forme régulière grâce au tournage.

La première représentation égyptienne de la roue, en tant qu'organe de roulement destiné à véhiculer des charges, pourrait cependant être décelée sur la peinture d'un tombeau de l'Ancien Empire, celui de Kaemhesit, à Saqqara : il y figure une sorte d'échafaudage équipé, semble-t-il, de roues ou de boules tournant sur un axe. Mais rien n'est sûr ; il s'agit d'une hypothèse.

Approximativement à la même époque, au-delà du désert arabique, à moins de 2 000 km à l'est de Memphis, les Sumériens utilisaient déjà la roue. C'est ce qui apparaît sur l'« étendard d'Ur ». En effet, lors de fouilles effectuées sur le site de la ville d'Ur, sur les rives de l'Euphrate, l'archéologue Wooley a découvert cet étonnant vestige de la civilisation sumérienne : un « étendard » composé de deux panneaux rectangulaires en céramique, d'environ 0,55 mètre x 0,23 mètre, auxquels viennent s'ajouter deux tenons triangulaires. Il est incrusté de coquillages de nacre sur fond de lapis-lazuli. En dehors des scènes de banquets, de troupeaux, de cortèges de prisonniers, s'y trouve représenté un groupe de guerriers équipés de chars à quatre roues tirés par des chevaux. Le dessin des organes de roulement est clair : chaque roue en bois se révèle composée de demi- plateaux circulaires symétriques, moisés par un couple de deux pièces de bois (ou de laiton ?). Ces éléments d'assemblage, de forme appropriée, devaient vraisemblablement assurer un clavetage s'opposant à la séparation des plateaux semi-circulaires constituant la roue et son bandage.

Ainsi l'usage de la roue, 2 500 ans avant J.-C., peut être certainement reconnu chez les Sumériens des rives de l'Euphrate.

La peinture du tombeau de Kaemhesit, un vestige de pierre semi-circulaire percée d'un orifice en son centre, découvert aux abords de la pyramide de Khent-Kawes, constituent, à notre connaissance, les seuls indices d'une hypothétique utilisation de la roue par les Égyptiens avant la fin de la domination des Hyksos [3]. Ces maigres

3. Envahisseurs asiatiques ayant dominé l'Égypte de la fin du XVIIIe siècle au début du XVIe siècle avant J.-C.

En effet, la plupart des égyptologues s'accordent à reconnaître que la roue fut

traces sont sujettes à interprétation. Elles ne permettent raisonnablement pas d'assurer que les bâtisseurs des pharaons de l'Ancien ou du Moyen Empire s'aidaient de roues ou de poulies rotatives pour véhiculer ou élever des charges. Une telle conclusion se trouve corroborée par l'examen des procédés intermédiaires de transmission de force adoptés en construction navale par les charpentiers égyptiens du IIIe millénaire avant J.-C. Si la poulie rotative avait alors été utilisée, nous devrions en retrouver des vestiges ou des représentations sur les mâts et sur d'autres parties des navires où elles auraient servi à transmettre des forces, notamment pour hisser les voiles. Or rien de cela n'apparaît ni sur la grande barque solaire de Kheops (vaisseau de près de 40 mètres de long, découvert en pièces détachées en 1954 dans sa cavité naviforme) ni sur les maquettes ou sur diverses autres gravures ou dessins de bateaux à voile retrouvés dans des tombes. La poulie rotative est effectivement totalement absente de l'accastillage de ces navires : la fonction de transmission des forces de traction destinées à élever les voiles se trouvait assurée par de simples orifices, percés au haut des mâts, dans lesquels coulissaient les cordages de manœuvre.

Aussi doit-on logiquement rejeter l'idée d'une utilisation de poulies rotatives ou de roues dans le mouvement des charges à cette époque.

Par contre, en matière de transport, les fresques de l'Ancien Empire, les maquettes trouvées dans des tombeaux ou dans des dépôts de fondation accréditent l'usage généralisé des traîneaux pour déplacer de lourds monolithes. On peut voir, gravée sur la pierre des murs bordant la chaussée conduisant à la pyramide d'Ounas (V^e dynastie), à Saqqara, la représentation de chalands transportant de longues colonnes monolithiques palmiformes chargées sur des traîneaux. De même, dans le tombeau de Djouti-Hetep datant de la XIIe dynastie, à Deir el-Bercheh, une peinture murale

---

introduite en Égypte vers 1600 avant J.-C., à la fin de la domination des Hyksos, lorsque les armées commencèrent à constituer des unités d'élite, celle « des attelages », utilisant des chars de combat tirés par un ou deux chevaux. Ces engins très légers étaient composés de deux roues à bandage et rayons supportant une frêle coque, comme ils sont représentés sur plusieurs fresques de la XVIIIe dynastie notamment. De cette époque datent peut-être aussi les premières applications pratiques de la roue en tant qu'organe de transmission puis de démultiplication des forces.

figure une statue colossale, dont le poids est évalué à une soixantaine de tonnes, arrimée sur un traîneau, l'ensemble étant tiré par un équipage de 172 hommes. D'autres représentations de traîneaux ornent, entre autres, les tombes de la princesse Idout et de Ti, à Saqqara, du vizir Ramose, à Thèbes[4].

Ce mode de transport terrestre de pesants fardeaux se trouve être fort adapté aux surfaces des terrains proches des sites des pyramides : sur ces sols, des roues s'enliseraient continuellement, tant dans les sables des abords des constructions funéraires que sur les couches limoneuses des voies de passage sur les rives du Nil. Les traîneaux développent une meilleure répartition de leur charge à la surface de leurs patins. Ils exercent par conséquent une pression au sol qui peut être de l'ordre de 200 à 300 fois plus faible que celle des roues. Ainsi, même si la roue avait pu être utilisée, elle n'aurait pas été adaptée au transport de lourds monolithes sur des terrains de faible consistance et de faible portance. Son usage aurait, de plus, nécessité la construction d'un réseau routier revêtu de pierre, apte à résister aux énormes pressions ponctuelles transmises.

En résumé, en dépit de certaines propositions anachroniques, que nous évoquerons bientôt, l'interrogation des vestiges démontre que la roue a été ignorée des Égyptiens de l'Ancien Empire, aussi bien en tant qu'organe de roulement des charges que comme instrument de transmission ou de démultiplication des forces de traction.

Le traîneau et la poulie fixe sont les seuls vestiges des artifices techniques reconnus aux artisans et maîtres d'œuvre de cette époque.

Hérodote d'Halicarnasse, historien grec qui visita l'Égypte dans le courant du ve siècle avant J.-C., nous laissa pourtant à propos de la construction de la pyramide de Kheops une relation empreinte de conviction. Dans ses *Histoires*, il rapporte ainsi des renseignements communiqués par des prêtres égyptiens : « Voici comment fut construite cette pyramide : d'abord une succession de degrés que

4. Ti : dignitaire qui vécut vers 2500 avant J.-C. et dont le *mastaba,* à Saqqara, comporte une chapelle décorée de peintures représentant des scènes de vie quotidienne.

Idout : princesse de sang royal. Son *mastaba,* qui est également celui du vizir Ihy, comporte aussi de nombreuses représentations de la vie quotidienne.

Ramose : dernier vizir d'Amenophis III (Nouvel Empire).

certains appellent *crossai* et d'autres *bomides* ; quand la pyramide fut construite sous cette forme, on éleva le reste des pierres à l'aide de machines faites de morceaux de bois courts ; on les élevait de terre à la première assise des degrés ; la pierre, montée là, était placée dans une autre machine dressée sur la première assise ; de cette première assise, elle était amenée à la seconde et placée sur une autre machine. Car, autant il y avait d'assises de degrés, autant il y avait de machines ; ou bien la même machine unique et facile à porter était installée successivement sur chacune des assises, après que, chaque fois, la pierre en avait été retirée ; nous devons en effet présenter la chose de deux façons, comme on la présente [...]. »

Ce texte doit être considéré avec prudence : il a été vérifié, en effet, lors de la traduction des *Histoires*, que le récit d'Hérodote contenait certains faits erronés. Fausses informations de ses accompagnateurs, mauvaise interprétation des explications qui lui étaient présentées, défaillance de sa mémoire en l'absence de certaines notes de voyage, lorsqu'il rédigea son étude de retour en Grèce, l'un ou l'autre de ces différents facteurs peut avoir malencontreusement guidé les propos de notre historien.

Les récits sur ce thème divergent fondamentalement, dans cette période de l'Antiquité.

Diodore de Sicile, autre historien grec, du Ier siècle avant J.-C., donne, dans sa *Bibliothèque historique*, sa version de la construction de la pyramide de Kheops, telle qu'elle résulte des informations qu'il a, lui aussi, recueillies en Égypte : « Les pierres qui la composent ont conservé, sans aucune altération, toute leur disposition primitive, et sont jointes aussi exactement qu'à l'origine. On dit qu'elles ont été tirées de l'Arabie (c'est-à-dire de la falaise dite arabique, qui domine le Nil à l'orient), transportées d'une assez grande distance et mises en place au moyen de rampes de terre, les machines propres à élever des fardeaux n'étant encore point inventées à cette époque. Une des singularités les plus dignes de remarque, c'est qu'un monument aussi immense étant placé dans un lieu de toutes parts couvert de sables amoncelés, l'on n'aperçoive aux environs aucune trace ni des terrasses qui ont été élevées ni des opérations qui ont eu lieu pour tailler ou polir la pierre ; ainsi, cette construction étonnante ne paraît pas être le fruit du travail lent de la main des hommes, mais semble avoir été, comme une masse unique, posée en une seule fois par quelque divinité, au milieu d'une mer de sable. Des Égyptiens donnent néanmoins de cette singularité une explication qui a quelque chose de merveilleux ; ils prétendent que ces terrasses étaient construites en sel et en nitre, et que, les eaux du Nil les ayant atteintes, elles se sont dissoutes et ont disparu sans que l'on y ait employé les bras de l'homme ; mais je ne crois pas que ce soit la vérité, et je pense que les mêmes mains qui avaient élevé ces terrasses les ont détruites et ont replacé les terres dans la situation où elles étaient antérieurement. » Pour les mêmes raisons déjà évoquées à propos du « reportage » d'Hérodote, il convient de considérer ce récit de Diodore de Sicile avec une égale circonspection.

Ainsi, quatre siècles plus tard, se trouve formulée une tentative d'explication de la construction, faisant état d'une conception totalement différente de celle rapportée par Hérodote. Alors que celui-ci décrit une élévation des lourds monolithes « à l'aide de machines faites de morceaux de bois courts », son successeur exclut la possibilité d'un emploi de machines de levage et n'envisage le transport des blocs que par l'intermédiaire de rampes, sans préciser le véhicule qui les empruntait.

Cette contradiction sur les moyens, les descriptions sommaires correspondantes faites par les deux historiens de l'Antiquité ont provoqué, durant ces deux derniers siècles, la formation de deux courants principaux d'idées sur l'édification des pyramides : l'un adoptant le principe d'une utilisation de machines de levage, l'autre soutenant le seul emploi de traîneaux véhiculant les lourds monolithes sur des rampes.

En 1984, l'hypothèse d'un gigantesque escalier hydraulique composé d'écluses, proposé par M. Minguez, est venue troubler ces deux théories différentes.

Nous analyserons, de façon non exhaustive, les principaux procédés proposés. Ceux intégrant la roue, le cabestan et la poulie rotative seront considérés comme des curiosités anachroniques ; elles feront l'objet d'une courte description : comme il a été expliqué précédemment, il n'existe pas d'indices sérieux permettant d'accréditer le principe d'une utilisation de ces organes de manœuvre ou de transmission, durant le IIIe millénaire avant J.-C.

Ainsi, dans la catégorie de ces machines anachroniques, figure notamment la proposition d'A. Choisy. Archéologue et ingénieur, il prétendit, en 1904, que les bâtisseurs de pyramides utilisaient des

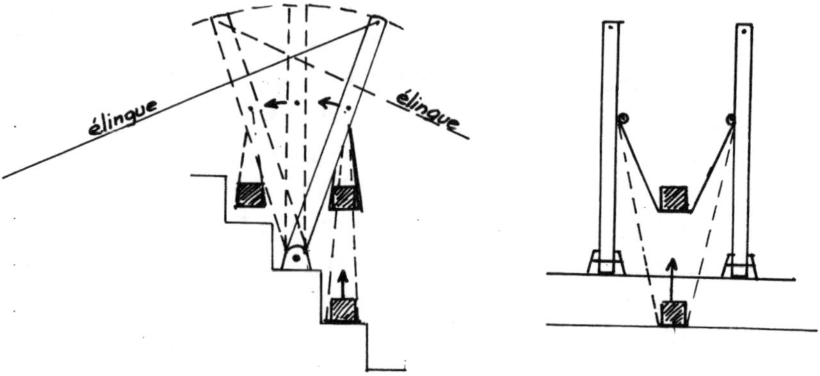

Les sapines de H. Strubb-Roessler

Comme d'autres inventions de ses prédécesseurs, les sapines de Hermann Strubb-Roessler utilisent la poulie rotative, qui n'était pas connue des Égyptiens de l'Ancien Empire.

Le chadouf de Croon

est une machine simple qui rencontre ses limites d'utilisation notamment lorsqu'il s'agit de soulever des monolithes de l'ordre de 30 tonnes.

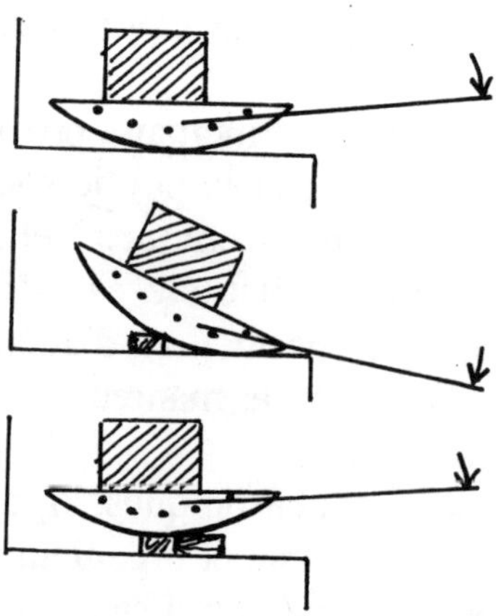

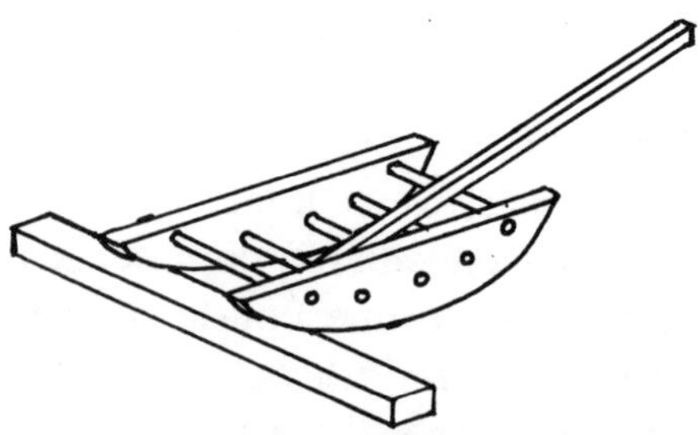

L'ascenseur oscillant de Legrain-Choisy : une machine satisfaisante pour l'esprit mais pratiquement inutilisable sur les gradins de la pyramide de Kheops.

« chèvres », engins de levage constitués d'un ou deux montants obliques assemblés. Au droit de cet assemblage, en partie supérieure, aurait été suspendue une moufle supportant, à un étage inférieur, une autre moufle, toutes deux équipées de poulies démultipliant l'effort de traction exercé sur la corde.

U. Hölsher, architecte allemand, remarqua en 1912, au cours de fouilles, la présence d'encoches et de cavités sur certains blocs. Ces logements, positionnés sur la partie supérieure et à l'arrière des monolithes, ne lui paraissant pas être les points d'appui d'éventuels leviers de manœuvre, il en déduisit qu'ils avaient pu servir de points d'ancrage. Aussi conçut-il l'idée d'échafaudage en sapines, dont les montants seraient encastrés dans les cavités précitées. Ces échafaudages, équipés des poulies et accessoires nécessaires, devaient également permettre la levée de lourds monolithes.

Une autre hypothèse, faisant intervenir des sapines, poulies et cabestans, fut défendue par H. Strubb-Roessler, en 1952. Dans son procédé, les deux montants des sapines pivotaient sur un axe en pied et étaient équipés, en partie supérieure, des poulies destinées à élever la charge, la traction étant produite par un cabestan situé au niveau du sol d'assise de la pyramide. Dans ce système, le mouvement d'élévation vertical du monolithe se trouvait complété d'un mouvement de rotation des sapines vers les gradins de la pyramide, suivi logiquement d'une descente de la charge à l'endroit voulu.

Le système de J.-P. Adam, proposé en 1975, complétait la technologie de la « chèvre » d'A. Choisy : la manœuvre manuelle était facilitée grâce à un cabestan, fixé au pied du montant de cette chèvre, en lieu et place de la poulie de renvoi. Ainsi se substituait à la traction de la corde par un groupe d'hommes une force exercée par le cabestan.

De tels assemblages sont aussi anachroniques qu'inadaptés. Si on peut imaginer l'enchevêtrement des cordages d'élingage et de traction résultant de la multiplication de telles machines, on en conçoit plus difficilement un fonctionnement correct. Il semble en effet très aléatoire, compte tenu des distances, de coordonner correctement depuis les gradins les plus élevés, réceptionnant les monolithes, les mouvements de levée ou de descente de ceux-ci : le cabestan imprimant les forces de traction au sol serait actionné à plus de 200 mètres des mâts de levage.

En outre, l'utilisation des sapines, comme celle des chèvres, met en jeu une coordination de mouvements alternatifs d'arrimage, d'élévation et de dépose des blocs de pierre, successivement accomplis d'une machine vers une autre machine située à un niveau plus élevé. Un calcul du nombre de ces machines et des temps d'exécution n'a pas été produit. Or ces éléments sont essentiels pour apprécier la faisabilité de telles technologies. N'oublions pas que la « demeure d'éternité » du pharaon devait être dans la pratique achevée pendant son « espérance de règne ». Un délai d'exécution de l'ordre de vingt ans, pour la construction de la Grande Pyramide, serait considéré comme une donnée raisonnable, en l'état de nos connaissances actuelles. Le temps d'exécution aurait-il été tenu si l'on avait utilisé ces machines, dont les techniques, trop « avancées » pour l'Égypte de l'Ancien Empire, furent exploitées par les Grecs et les Romains, seize siècles plus tard ? Le problème reste posé.

En fait, ces divers procédés s'inspirent, fortement, de la conception de certaines machines de traction décrites dans *Les Dix Livres d'architecture* (livre 10), de Vitruve. La description qui en est faite par cet éminent ingénieur militaire de César suffit à nous en convaincre : « Il existe une autre machine assez ingénieuse et qui est fort commode pour lever les charges en peu de temps ; mais il faut beaucoup d'adresse pour s'en servir. Elle consiste en une longue pièce de bois que l'on dresse debout et que l'on fixe dans cette position, en la retenant des quatre côtés avec des haubans. Au haut de cette pièce de bois, un peu en dessous de l'endroit où des haubans sont attachés, on cloue deux goupilles auxquelles on attache une chape avec des cordes. On appuie la chape par une règle longue de 2 pieds environ, large de 6 doigts et épaisse de 4. Les chapes ont chacune dans leur largeur 3 rangs de poulies, de sorte qu'il y a 3 câbles, attachés au haut de la machine, qui viennent passer du dedans au dehors sous les 3 poulies qui sont au haut de la chape inférieure et, retournant à la chape supérieure, passent de dehors en dedans sur les poulies du bas : de là, descendant à la chape inférieure, des câbles [...] Dans le bas de la machine, on place une troisième chape que les Grecs appellent *epagon* et nous *artemon*. Cette chape, qui est attachée au pied de la machine, a 3 poulies sur lesquelles passent les 3 câbles qui sont tirés par des hommes. Ainsi 3 rangs d'hommes peuvent tirer et élever promptement les charges sans cabestan. »

Comme nous l'avons déjà signalé, de tels systèmes, couramment utilisés au Ier siècle avant J.-C. pour soulever des charges de plusieurs tonnes, se composent d'organes totalement anachroniques, si on prétend les faire fonctionner vingt-six siècles plus tôt.

Parmi les conceptions qui auraient pu apporter une solution à la mise en œuvre d'énormes monolithes sur les pyramides, figure la proposition de L. Croon, ingénieur allemand. S'inspirant du principe du *chadouf*, appareil à bascule utilisé, notamment, par les Égyptiens pour puiser l'eau des puits, L. Croon envisage une machine simple à levier, composée d'un mât dressé verticalement, équipé à son sommet d'un axe horizontal. Sur ce dernier pivote, dans un plan vertical, une poutre présentant de part et d'autre de l'axe des longueurs inégales. Le bras le plus court de la poutre supporte le bloc de pierre, tandis que sur le plus long sont suspendues des cordes, distantes de la largeur d'un gradin, auxquelles des groupes d'hommes peuvent se suspendre. Ils font ainsi contrepoids à la pierre arrimée en extrémité du petit bras de levier et permettent son élévation jusqu'au niveau du gradin supérieur. Le bloc de pierre est ensuite « roulé » (à l'aide de rondins sous sa base) sur un plancher amovible qui relie le mât du *chadouf* à l'assise ainsi atteinte. La même opération est répétée successivement de gradin en gradin, à l'aide d'autres *chadoufs* ancrés sur les assises supérieures.

De cette façon se trouve respectée la procédure opérationnelle précédemment décrite par Hérodote.

Une telle technique permet d'élever des charges de l'ordre de 2,5 tonnes, avec une douzaine d'hommes agissant de tout leur poids en se suspendant aux cordes du plus grand bras de levier. On peut même dépasser les 4,5 tonnes si la traction exercée sur chaque corde correspond au poids d'un groupe de 4 hommes. Il y a là une idée exploitable, séduisante sur le plan théorique. Elle répond en outre aux connaissances pratiques des Égyptiens bâtisseurs des premières pyramides. Cependant l'emploi de cette machine simple présente des limites. En effet, qu'advient-il lorsqu'il s'agit de soulever des blocs de l'ordre de 30 tonnes à plus de 40 mètres au-dessus du terrain naturel ? Nous pouvons estimer qu'il faut alors, suivant la conception du *chadouf*, un bras de levier théorique de près de 10 mètres actionné par plus de 72 hommes suspendus par groupes de 4 aux cordes espacées d'environ 0,52 mètre (une coudée), cet espacement étant conditionné par la largeur moyenne des gradins.

La poutre en bois correspondante, pour résister aux contraintes relatives aux charges en présence, doit avoir une section moyenne de 0,40 m x 0,30 m, pour un poids de l'ordre d'une tonne. Lorsque le bloc de 30 tonnes aura été déposé sur son platelage de madrier et sera détaché, le bras de levier le plus long retombera sous son propre poids. Il faudra alors le relever pour le positionner dans l'attente d'une nouvelle manœuvre de levage. C'est alors que le rapport de 10, existant entre les parties du levier situées de part et d'autre de l'axe, agira en sens inverse : il sera en effet nécessaire de développer une force verticale de plus de 4,5 tonnes vers le bas, en extrémité du petit bras de levier, pour ramener la poutre dans la position souhaitée. Comment, pratiquement, mettre en œuvre une telle force ?

Il apparaît une impossibilité de réarmement du levier dans le cas du soulèvement de fortes charges. Et ce n'est pas le seul obstacle à l'utilisation d'une telle machine. L'encombrement du monolithe de 30 tonnes pose un autre problème. Par exemple, l'une des poutres-dalles de couverture de la chambre royale de la Grande Pyramide, mesurant approximativement 6,30 m x 1,57 m x 1,25 m, a été élevée à près de 49 mètres de haut. Si elle était prise en charge par des *chadoufs*, elle devrait être déposée et reprise d'assise en assise, sur les bords des gradins, dont l'emmarchement moyen est de l'ordre de 0,52 mètre. L'équilibre d'un tel monolithe n'aurait pu être obtenu, sa plus faible dimension étant plus de deux fois supérieure à celle de l'emmarchement moyen.

Enfin, abstraction faite des difficultés précédentes, en admettant la viabilité d'un tel système, il faudrait parallèlement déterminer le nombre de *chadoufs* et le nombre d'hommes indispensables au respect du délai d'exécution total de la pyramide de Kheops. Ces moyens restant à définir, il n'est pas évident qu'ils puissent apporter une réponse satisfaisante, dans le temps imparti pour cette construction.

Une autre conception doit être signalée au chapitre des machines simples de levage. Il s'agit de l'ascenseur oscillant dit de « Choisy-Legrain », mais qui pourrait plus justement s'appeler ascenseur oscillant de W. F. Petrie. En effet, il fut le premier à imaginer le fonctionnement de cet engin, avant Choisy et Legrain.

Lors de fouilles, les archéologues découvrirent, dans des dépôts de fondation, mêlés à des lots d'outils divers, de curieux objets miniatures, composés de deux portions de disques, égales, rendues symétriquement solidaires par des entretoises horizontales. L'ensemble ressemble à une sorte de berceau à bascule. W. F. Petrie, égyptologue anglais de la fin du XIXe siècle, mentionnait déjà, dans son ouvrage intitulé *Arts et Métiers de l'ancienne Égypte* : « Pour les petits blocs, on se servait d'une espèce de bascule en bois, dont a retrouvé de nombreux modèles parmi les coffres d'outils dans les dépôts de fondation [...] les blocs de grandes dimensions étant probablement levés par balancement [...] C'est probablement de la sorte qu'on est parvenu à élever dans la pyramide de Khufu les 56 poutres de granite qui pèsent chacune au-delà des 50 tonnes [Khufu = Kheops]. »

Choisy et Legrain exploitèrent les mouvements simples de cet engin rudimentaire, pour en faire le véhicule de transport vertical privilégié utilisé dans la construction des pyramides, sans se préoccuper, semble-t-il, de certains facteurs qui sont déterminants dans cette entreprise. Il s'agit notamment :

— du moyen de transport des blocs depuis la rive ouest du Nil jusqu'au pied de l'édifice en construction ;

— du chargement de ces blocs sur l'ascenseur oscillant ;

— de l'encombrement de cet engin à bascule, chargé d'un monolithe de 30 tonnes, par rapport à la largeur d'un gradin (0,52 m) : rappelons que la plus petite dimension d'un monolithe constituant le plafond de la chambre royale est de 1,25 mètre, ce qui exclut, dans ce cas et pour d'autres volumes, la manœuvre éventuelle de l'ascenseur oscillant. L'élévation de monolithes moins pesants par oscillations de l'engin basculant sur un emmarchement étroit reste tout aussi problématique ;

— de l'importance de la force et du bras de levier nécessaires pour imprimer les mouvements de bascule ;

— des temps unitaires et du temps global nécessaires à ces différents mouvements pour élever les blocs depuis le sol jusqu'aux différents gradins ;

— du moyen d'acheminement et de mise en place du bloc de pierre élevé par l'ascenseur oscillant depuis le bord d'assise jusqu'à son emplacement définitif.

Il ne nous paraît évidemment pas probable, compte tenu des impossibilités et indéterminations précitées, que ce curieux engin semi-circulaire ait réellement servi à élever des monolithes.

L. Croon, après étude de l'emploi possible de cet ascenseur oscillant pour l'édification de la pyramide de Kheops, finit par écarter aussi ce procédé : un calcul du temps d'exécution le conduisit à déterminer qu'il aurait fallu 3 500 engins de ce genre, fonctionnant simultanément, pour assurer la mise en œuvre de 355 m^3 de pierre par jour (débit moyen imposé par un délai global de réalisation proche de vingt années).

En résumé, cet inventaire, non exhaustif, des principales machines proposées pour expliquer la réalisation des structures de la pyramide de Kheops, ne permet pas d'y trouver l'une de ces « machines, faites de morceaux de bois courts », dont Hérodote décrivait l'utilisation. Trop d'anachronismes, d'impossibilités techniques, de doutes, se dégagent de l'analyse des procédés imaginés pour que l'on continue de croire à leur existence et à leur efficacité d'emploi dès le XXVIe siècle avant J.-C.

Et pourtant, ce constat d'échec ne paraît pas suffisant pour repousser l'idée du fonctionnement d'engins rudimentaires, aptes à élever d'énormes monolithes. Le génie des constructeurs égyptiens ne devait pas seulement s'exprimer dans l'utilisation ordonnée de dizaines de milliers d'ouvriers. Leur intelligence et leur pragmatisme les avaient guidés vers un autre défi, celui de l'utilisation de machines simples qu'ils pouvaient avoir associées, astucieusement, au sein d'une puissante synergie. Une part de vérité se trouve donc contenue dans la relation technique d'Hérodote.

Fallait-il, pour cela, négliger les différentes hypothèses échafaudées à partir du principe de l'utilisation des « rampes de terre » évoquées par Diodore de Sicile ? La proposition de « terrasses », construites en sel et en nitre, ce qui expliquerait qu'elles se soient dissoutes en disparaissant dans les eaux du Nil en crue, constitue, certes, une affabulation, que cet historien de l'Antiquité avait d'ailleurs rejetée.

Pour autant, pouvait-on raisonnablement exclure totalement l'idée d'un emploi de ces rampes de terre ? Ces ouvrages, aux proportions gigantesques, à l'image de la Grande Pyramide (comptant près de 2 500 000 m^3 de pierre, sur une hauteur totale de 147 m environ), auraient constitué, selon lui, les cheminements d'accès nécessaires aux différents niveaux des superstructures du monument funéraire. Diodore, déjà cité, s'interroge cependant, logiquement, sur l'absence de vestiges, qui lui paraît troublante. Face au gigantisme de l'œuvre de pierre et à la difficulté de la réalisation pratique qu'il pressent, il évoque, indirectement, la démesure des moyens utilisés. Lorsqu'il contemple le massif cyclopéen de la pyramide, il imagine, parallèlement, les énormes quantités de terre qu'il aurait été nécessaire d'élever provisoirement jusqu'à son sommet : des millions de mètres cubes. Où sont-ils passés, ces volumes provisoires de construction indispensables à la confection des voies d'acheminement des monolithes ? Les élément de réponse restent douteux : « [...] les mêmes mains qui avaient élevé ces terrasses les ont détruites et ont replacé les terres dans la situation où elles étaient antérieurement. » Aux abords des pyramides, il n'apparaît « aucune trace » de terre dont la cohésion suffisante pourrait laisser supposer qu'elle ait servi de matériau de remblai pour ces « terrasses ». Des sables éoliens, impropres à l'édification de rampes de grande hauteur, couvrent l'étendue du plateau de Gizeh. Pour vérifier l'affirmation de Diodore, il faudrait admettre qu'un autre site, géologiquement plus propice, aurait servi de lieu d'emprunt d'une terre de bonne cohésion et de lieu de dépôt de celle-ci, en retour, après démolition des rampes. Dans ce cas, l'immensité de la tâche à réaliser, à titre provisoire, ces millions de mètres cubes de terre à déplacer dans un sens et dans un autre et les distances à parcourir, nécessitent de s'interroger sur les moyens et les délais d'exécution de ces rampes de terre.

Aussi, la réflexion empreinte de réserve de Diodore de Sicile devrait nous inciter à une curiosité tout aussi prudente. En soulevant le problème de leur mise en œuvre et de leur évacuation après utilisation, l'historien grec venait de toucher du doigt ce qui est l'un des seuils de crédibilité de la théorie des rampes : la manipulation provisoire de ces remblais gigantesques et leur effacement « merveilleux » restent inexplicables. Tout autant que le délai qui aurait été nécessaire pour effectuer de tels mouvements de terre. On pourrait imaginer, dans cette hypothèse, l'impatience du pharaon qui aurait vu sa « demeure d'éternité » s'édifier au rythme lent des interminables levées de terre successives. Bien que dieu vivant, il ignorait le temps de son passage sur terre et n'aurait sans doute pas accepté le risque d'une telle entreprise.

Et pourtant... des rampes en brique... les archéologues en ont découvert les vestiges en plusieurs endroits. Quelle fut la limite de leur utilisation réelle ? Sur de tels ouvrages, quel véhicule de transport pouvait être mis en mouvement, et par quel moyen ?

À ce jour, les réponses à ces questions sont invariablement apportées par les fresques. Comme il a déjà été signalé, sur plusieurs sites, dans différents tombeaux, sont nettement gravés ou dessinés des traîneaux supportant de lourdes charges.

Parmi les diverses représentations, celle du bas-relief ornant un mur de bordure de la chaussée conduisant à la pyramide d'Ounas mérite une plus grande attention : on y voit, en effet, un chaland dont le pont est chargé de deux traîneaux supportant chacun une colonne palmiforme monolithique. Il s'agit donc du transport, sur le Nil, de blocs de pierre ouvragés, depuis le lieu de leur taille jusqu'au chantier de construction. Ainsi peut-on logiquement déduire que chaque monolithe, déjà équarri ou sculpté, devait être « chargé » et arrimé sur son traîneau, les moyens astucieux de son chargement restant à imaginer. De la sorte, le même véhicule transportait son pesant fardeau, sans autre opération de manutention de celui-ci, sur les embarcations et sur les voies terrestres qui le conduisaient à l'endroit précis de sa mise en place. Les constructeurs évitaient ainsi des transferts intermédiaires du volume de pierre, coûteux en moyens et en temps d'exécution. Comment le monolithe était-il déchargé et ajusté définitivement ? C'est un des problèmes que nous avons traités. Lorsqu'il s'agit de manipuler, d'abouter, assez précisément, des monolithes de dizaines de tonnes à partir d'un traîneau, les solutions techniques sont, en effet, loin d'être évidentes.

Ces réflexions préalables prennent toute leur signification lorsqu'on évalue les moyens rudimentaires de mise en œuvre des bâtisseurs égyptiens du IIIe millénaire avant J.-C.

De toutes les représentations graphiques de traîneaux transportant de lourdes charges, celle du tombeau de Djouti-Hetep, à Deir el-Bercheh, demeure la plus riche en enseignements et l'une des plus spectaculaires par l'importance du défi immortalisé. La fresque figure une statue colossale, présumée être celle de Sesostris, pharaon de la XIIe dynastie, siégeant sur un trône. Le monolithe en pierre, dont le poids peut être estimé à une soixantaine de tonnes, est arrimé sur un traîneau en bois tiré par quatre équipages totalisant 172 hommes. Debout sur les genoux du colosse, un homme, faisant vraisemblablement office de coordonnateur, semble donner le rythme des mouvements de traction, rythme répercuté au sol par un homme qui frappe un instrument à percussion. Tandis qu'un

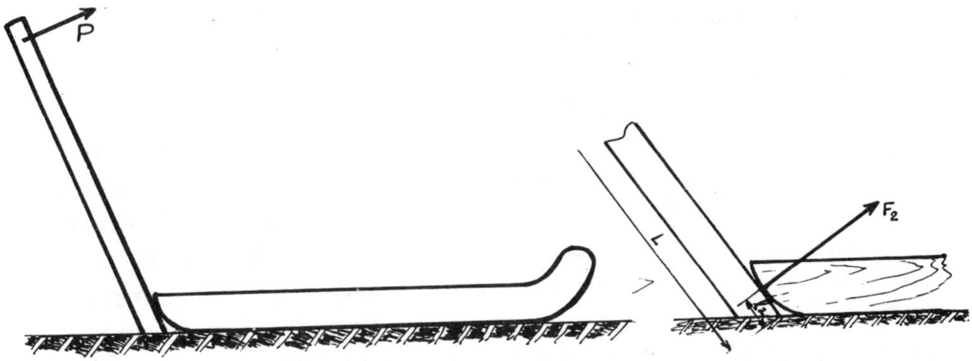

Levier de poussée sur l'extrémité arrière des patins du traîneau.

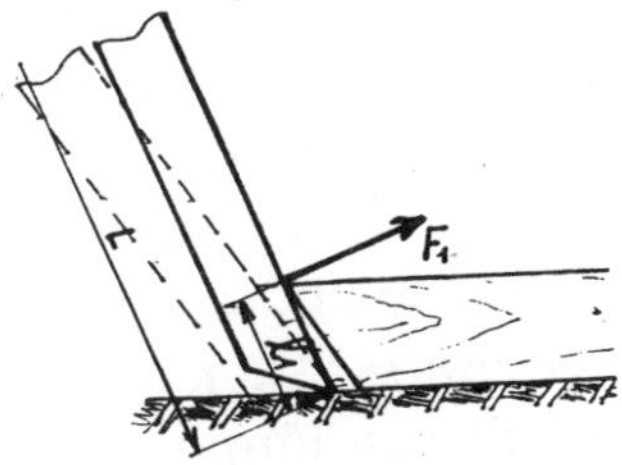

La taille, à environ 45°, des extrémités arrière du traîneau, facilite astucieusement le rapprochement du point d'appui du levier par rapport au point d'application de la poussée.

Traîneau

autre ouvrier, à l'avant du traîneau, déverse devant les patins courbes du véhicule un liquide sans doute destiné à lubrifier leur surface de glissement : de l'eau devait permettre d'humidifier la surface glissante d'une argile.

Au bas de la fresque, un groupe de porteurs d'eau se trouve prêt à approvisionner le préposé à la lubrification. Un autre groupe de trois ouvriers suit en transportant une grosse poutre de bois. On peut supposer que cette pièce de bois servait de levier de poussée sur l'extrémité arrière des patins du traîneau, pour aider au redémarrage de celui-ci après un repos ou lors d'un arrêt forcé provoqué par un obstacle. Cette hypothèse se trouve confortée par le profil, à environ 45°, des extrémités arrière des patins.

Ce dernier détail de conception mérite d'être signalé. Il facilite astucieusement le rapprochement du point d'appui du levier par rapport au point d'application de sa poussée, ce qui accroît proportionnellement celle-ci. Il présente, en outre, un second avantage, non négligeable : le blocage du traîneau dans le cas où celui-ci amorcerait un glissement arrière lors de l'ascension d'une rampe suffisamment pentue.

Cette insistance sur un détail de construction, qui peut paraître anodin, est loin d'être gratuite. Nous avons eu l'occasion de mettre en évidence tout son bien-fondé dans la manœuvre particulière du transport et du déchargement des volumes de pierre. Guidés par un pragmatisme maintes fois vérifié, les bâtisseurs égyptiens ont ainsi défini certaines caractéristiques de leurs matériels de chantier. Ainsi, ce traîneau livre, peu à peu, tous les secrets de ses dispositions fonctionnelles. Car c'est, vraisemblablement, après des mises au point successives, imposées par les besoins à satisfaire, que les constructeurs égyptiens de l'Antiquité ont abouti à la définition finale de ces traîneaux, représentés sur les fresques et bas-reliefs.

N'est-il pas admirable de constater que la conception achevée de ce véhicule du IIIe millénaire avant J.-C. ne diffère pratiquement pas de celle des traîneaux en bois encore utilisés, au siècle dernier, sur nos montagnes enneigées. « Les anciens — disait Eugène Delacroix — sont arrivés par degrés au comble de la perfection, non pas tout d'un coup, non pas en se disant qu'il fallait absolument étonner les esprits, mais en montant par degrés et presque sans s'en douter à cette perfection qui a été le fruit du génie appuyé sur la tradition. »

Avant de proposer une solution pour l'acheminement des

énormes monolithes de Kheops, il importe d'interroger encore les vestiges, ceux des rampes encore visibles, bâties de main de maître par les ingénieux constructeurs des pharaons. Il faut aussi s'intéresser à ces « voies sacrées », imaginées par bon nombre d'historiens et d'archéologues, sur lesquelles des files d'hommes, organisées en équipages, pouvaient avoir halé ces pesants volumes depuis les carrières d'extraction jusqu'au sommet de la Grande Pyramide. Sur d'immenses digues de terre ou de brique élevées provisoirement, des ouvriers n'auraient-ils pas payé de leur sueur et de leur sang des prouesses dignes de Thot[5], le merveilleux magicien ?

« Les archéologues Petrie, Borchardt, Hölscher, Croon, Engelbach, Wheeler, Lauer, l'architecte Chevrier (architecte des monuments de Louxor), sont tous d'accord sur ce point : les Égyptiens utilisèrent, tant pour la construction des pyramides que pour celle des temples, des rampes en brique crue. L'usage des rampes est également attestée pour les travaux de carrière. » Ainsi s'exprime G. Goyon, archéologue, dans son étude *Le Secret des bâtisseurs des grandes pyramides*, dans laquelle il développe l'idée originale d'une rampe enveloppante.

Les vestiges de rampes laissés par les constructeurs des pharaons sont en effet multiples et leur utilisation ne peut être contestée.

Sur la face orientale de la pyramide de Meïdoum, W. F. Petrie avait observé, à la hauteur du deuxième degré, une échancrure qui pouvait représenter l'extrémité d'un ouvrage provisoire démoli après achèvement du monument. Une recherche effectuée suivant l'axe de cette échancrure, perpendiculairement à la face de la pyramide, permit d'aboutir à la découverte de deux tronçons de voie, situés à plus de 300 mètres en direction de la vallée. D'après les relevés effectués, ces vestiges de chaussée présentaient une pente de l'ordre de 10 %.

À l'entrée du Fayoum, la pyramide de Licht, bien qu'en mauvais état, laisse apparaître, sur ses gradins de pierre, des amorces de

5. Dieu des sciences représenté par un homme à tête d'ibis, Thot, dieu du verbe divin et de l'écriture, « cœur d'Horus », « langue de Ptah », était considéré comme le dieu ayant la connaissance du pouvoir magique. Dans la métropole où il fut le plus vénéré, Hermopolis, le temple qui lui est consacré était censé contenir des cryptes secrètes renfermant des papyrus sacro-saints, écrits de la main même du dieu Thot (D.C.E.).

Les rampes en briques crues de la pyramide de Licht

Sur au moins trois faces de la pyramide de Licht, apparaissent nettement des vestiges de rampes en briques d'argile séchée qui restent accrochée aux gradins de pierre.

Le cheminement de deux rampes parallèles, recouvertes par le sable du désert, est encore perceptible du haut de la pyramide de Licht. Leur direction coïncide avec l'un des vestiges de rampes en brique accrochées au flanc de cette pyramide. Ces rampes sont orientées vers un îlot rocheux qui apparaît partiellement recouvert de sable au loin dans le désert.

rampes en brique crue qui s'alignent avec des traces de rampes visibles aux abords même de la pyramide. Ainsi, l'extrémité de rampe en brique, encore accrochée au coin sud-ouest de cette pyramide, se trouve dans le prolongement du tracé de deux rampes parallèles, visibles à proximité, en direction de l'ouest, dans le désert.

D'autres tronçons de rampes en brique crue furent mis à jour sur le plateau de Gizeh, au sud de la pyramide de Khephren.

De multiples portions de rampes provisoires, faites du même matériau, ont aussi été décelées sur d'autres sites : 6 dans la cour du temple solaire d'Abou Gourab, une sur la face du premier pylône inachevé du temple de Karnak, etc.

Il est essentiel de noter que les vestiges de rampes découverts aux abords des pyramides mettent généralement en évidence un axe de circulation perpendiculaire à l'un des côtés de l'édifice funéraire.

Exploitant ce renseignement, W. Flinder Petrie proposa la construction d'une rampe orthogonalement appuyée sur toute une face de la Grande Pyramide ; ce terrassement serait élevé à l'aide du matériau de remblai existant sur le site.

G. Goyon a calculé qu'une telle rampe, dont la pente ne devait pas dépasser 5,6 % (pour limiter la force de traction), s'établirait sur une longueur d'environ 3 300 mètres dans sa phase ultime de construction : celle-ci correspondant à la mise en place du pyramidion au sommet de la Grande Pyramide, à environ 147 mètres de hauteur. Édifiée logiquement depuis la face est du monument en direction de la rive ouest du Nil, elle recouvrirait totalement les tombes des quatre épouses de Kheops et celles de ses fils et filles. Le volume considérable du matériau de remblai qui aurait composé ce terrassement gigantesque l'aurait rendu irréalisable dans le délai de construction admis pour la pyramide de Kheops.

Comme W. F. Petrie, L. Borchardt, ingénieur allemand, inspiré par les vestiges de rampes de la pyramide de Meïdoum, envisagea un ouvrage en terre, perpendiculaire à un côté de cette pyramide. D'une largeur réduite au croisement de deux traîneaux avec leurs équipages, lorsqu'il aurait atteint le sommet du monument ce remblai pouvait, d'après L. Borchardt, se limiter à une longueur de 318 mètres. G. Goyon constata, à juste titre, qu'une telle rampe présenterait une pente de l'ordre de 40 %, prohibitive

chadouf = ? voir pg n° - - - 215

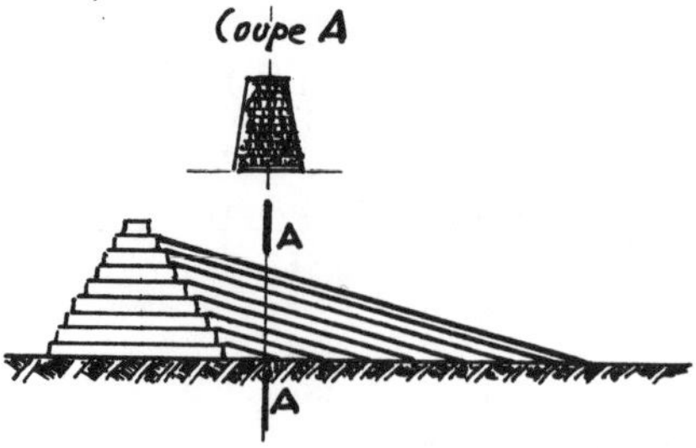

Rampe perpendiculaire de L. Croon, en briques, rehaussée, en fonction de l'élévation de la pyramide, par exhaussements successifs de sa structure et de son revêtement. Sa pente de 20 % la rend impraticable pour des traîneaux halés par des hommes. Croon propose d'achever le sommet de l'ouvrage avec des *chadoufs*.

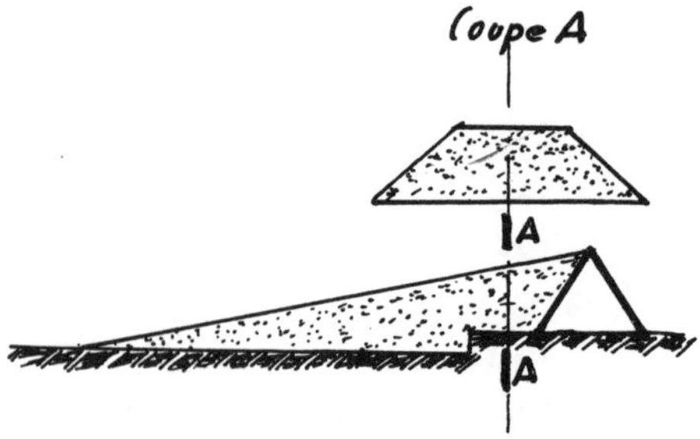

Rampe perpendiculaire de W. F. Petrie, constituée d'un remblai de sable, dont la largeur en pied est supérieure à celle de la base de la pyramide. Le volume du remblai nécessaire, pour une pente voisine de 5 %, atteint une valeur prohibitive.

Voir p 231

Rampe de U. Hölscher, de direction parallèle à l'une des faces de la pyramide, faite de massifs de briques accrochés aux gradins. Cette rampe pose le problème de la pente croissante avec la hauteur, du fait de la diminution de largeur des assises. De plus les équipages ne peuvent évoluer convenablement à chaque changement de direction.

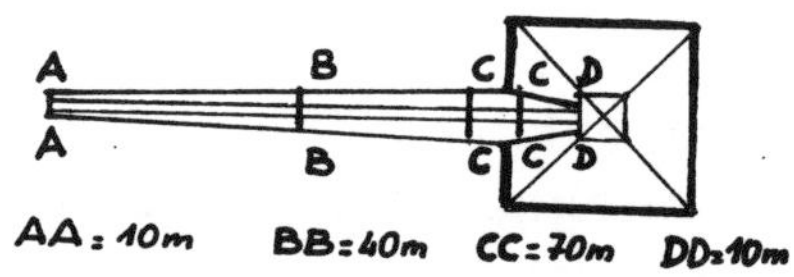

Rampe perpendiculaire de J.-P. Lauer, à section variable, en briques, comportant une voie de halage de largeur constante égale à 10 mètres : plus économique que celle de Flinder Petrie, sa pente de l'ordre de 39 % la rend impraticable à des traîneaux halés par des équipages.

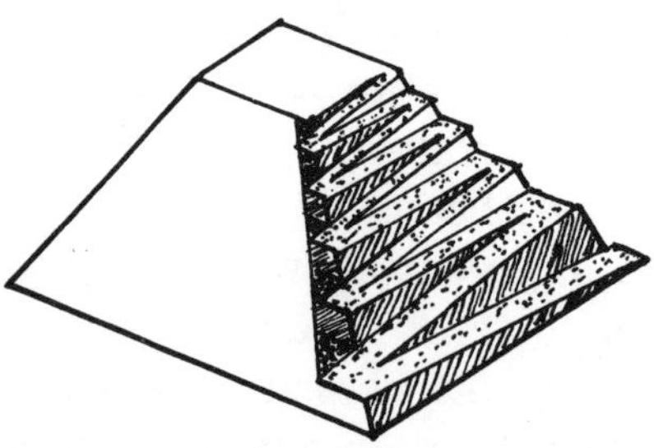

Rampe de J.-P. Adam, de direction également parallèle à l'une des faces de la pyramide. Elle se trouve matérialisée par la structure même des assises, qui sont façonnées provisoirement en forme de rampe sur cette face. Cette rampe présente, en outre, les mêmes graves inconvénients que la rampe de Hölscher.

Voir p 235

Rampe enveloppante de G. Goyon, en brique, de 14 mètres de largeur utile, de pente modérée (inférieure à 8 %). Dans l'hypothèse de lourds monolithes (30 t), cette rampe ne résoud pas le problème de l'évolution des équipages à chaque virage à angle droit. Sa stabilité est également problématique.

lorsqu'est envisagé le halage de traîneaux chargés de dizaines de tonnes. S'il eût fallu la construire avec une pente raisonnable (inférieure à 6 %), nous avons estimé que sa longueur aurait été supérieure à 3 000 mètres. Son volume aurait alors dépassé les 20 000 000 de m^3 de remblais. Le mouvement provisoire d'une telle quantité de terre, huit fois supérieure au volume de la Grande Pyramide, apparaît également déraisonnable au regard des moyens et du temps d'exécution supposés pour ce monument.

Indépendamment des forces de frottement qui s'exercent sous les patins d'un traîneau, il est intéressant de rappeler que la force de traction nécessaire à son halage sur une rampe est proportionnelle au sinus de l'angle d'inclinaison de celle-ci sur l'horizontale. En conséquence, le calcul démontre que cette force est au moins sept fois plus élevée lorsque l'on augmente la pente de 5 % à 40 %.

Cette particularité mathématique ne devait pas inquiéter L. Croon, pas plus que l'invraisemblance de réalisation d'un ouvrage provisoire dont le volume représente un chiffre astronomique. Après avoir antérieurement défendu la théorie des *chadoufs,* au détriment de celle des rampes, il finit par proposer, lui aussi, le système d'une rampe perpendiculaire à l'une des faces de la pyramide. Il apporta cependant une économie de volume dans la conception de son ouvrage. Construite en brique crue, cette rampe, de pente constante égale à 20 %, aurait été élevée par accrétions successives de même épaisseur. Elle aurait comporté à son sommet une chaussée d'une largeur constante, égale à 8 mètres, tout au long de ces augmentations de volume.

Il est certain que la pente importante adoptée et l'angle d'inclinaison, voisin de 70°, des flancs de la rampe traduisent une diminution énorme de son volume : nous n'en sommes plus qu'à une quantité de l'ordre de 2 000 000 de m^3, proche du volume de la pyramide de Kheops.

Avec cette conception, L. Croon prévoyait, pour chaque couche, la confection d'une chaussée de glissement des traîneaux. Cela fit dire, à juste titre, à J.-Ph. Lauer que c'est « [...] un système illogique d'exhaussement et d'allongement des rampes, consistant à recharger et à refaire à chaque nouvelle assise, non seulement la chaussée, mais aussi les faces de tout le talus ». On peut imaginer, de plus, les arrêts de chantier successifs imposés par une telle conception.

À ce gaspillage de moyens matériels, la rampe imaginée par L. Croon aurait ajouté une difficulté non négligeable pour les équipages des traîneaux : la contrainte de développer une force près de quatre fois supérieure à celle mettant en mouvement le même traîneau sur une rampe présentant 5 % de pente.

Malgré les difficultés inhérentes à son principe, la conception d'une rampe unique, appuyée perpendiculairement à l'une des faces de la pyramide, fut aussi adoptée par J.-Ph. Lauer. Mais, à l'opposé de l'évolution de la rampe de Croon, qui connaît une augmentation de la largeur moyenne de sa section à chaque exhaussement, la rampe de Lauer marque une diminution de cette largeur à chaque rehausse. Pour ce faire, il donne à la première assise de rampe une largeur de plus de 70 mètres, suffisante pour permettre un rétrécissement progressif à mesure de son élévation, jusqu'à atteindre la largeur finale de 10 mètres à son sommet, autorisant le croisement des derniers traîneaux accédant aux dernières assises de la pyramide. D'après le croquis à l'échelle proposé par J.-Ph. Lauer, G. Goyon remarque, opportunément, la trop forte pente de 39 % qu'il qualifie, à juste titre, d'« impraticable ». En effet, comme nous l'avons déjà signalé pour la rampe de L. Borchardt, une telle inclinaison nécessiterait une force de traction environ sept fois supérieure à celle développée sur une rampe à 5 %. Concrètement, pour haler un monolithe de 30 tonnes, il serait indispensable de faire appel aux efforts conjugués de plus de 900 hommes répartis sur 4 files de 250 mètres de longueur.

Par ailleurs, la rampe de J.-Ph. Lauer poserait un problème à l'approche du sommet de la pyramide : les assises rétrécies des derniers degrés n'autoriseraient plus l'évolution de l'équipe de halage qui atteindrait le sommet. J.-Ph. Lauer propose alors l'édification d'une plate-forme en brique crue, à une dizaine de mètres en dessous du pyramidion. Cette terrasse provisoire, prolongeant l'assise considérée, devrait constituer, pour les haleurs, un recul suffisant pour tirer les traîneaux chargés, grâce à des rondins encastrés horizontalement juste au-dessus du bord de plate-forme. Il envisage, par ailleurs, de procéder à un renvoi du câble de traction pour permettre à une équipe de manœuvres d'opérer un halage parallèle du traîneau en redescendant sur la rampe, toujours grâce à un système improvisé de poulie fixe. Cette dernière conception imposerait d'augmenter de près de 50 % la force nécessaire au halage direct du traîneau. En effet, comme nous l'avons déjà signalé, une poulie fixe engendre une force de frottement telle que la force de traction simple se trouve multipliée exponentiellement. Cette augmentation sensible de la force de traction ne pourrait faciliter la tâche, tout en posant le problème de l'ancrage des rondins faisant office de poulies fixes.

Une telle rampe, comme les autres, révèle aussi ses défaillances et ses limites.

En résumé, qu'il s'agisse de rampes élaborées à l'aide de remblais de terre ou édifiées en maçonneries de brique crue, la mise en œuvre de tels ouvrages provisoires, perpendiculairement aux faces de la pyramide, sur toute la hauteur de celle-ci, poserait plusieurs problèmes d'exécution. Il faut en effet considérer les moyens, mais aussi les délais de réalisation.

Sur des pentes dont l'inclinaison est voisine de 40 %, le halage de traîneaux chargés de monolithes pesant de l'ordre de 3 tonnes — pour envisager le cas des blocs ordinaires de la pyramide de Kheops — nécessiterait un équipage de traction fort d'au moins 80 hommes. Pour cette estimation, il a été admis un coefficient de frottement de 0,34 entre les patins en bois du traîneau et l'argile humide constituant la chaussée de glissement. Cette valeur, qui sera systématiquement retenue dans la suite des calculs, résulte d'une expérience simple effectuée sur un modèle réduit [6]. Ces conditions expérimentales de glissement apparaissent idéales, comparées à la réalité du chantier de construction. En effet, une chaussée en terre ou en brique présente des déformations non négligeables de son revêtement lorsqu'elle se trouve sollicitée par le passage de multiples traîneaux lourdement chargés se succédant à grande cadence. Cependant, parce qu'il faut bien adopter une base de calcul, faute de données réelles, nous retiendrons ce coefficient issu de l'expérience précitée, en se souvenant néanmoins de son caractère optimiste.

Ainsi, l'équipage affecté au halage d'un traîneau pesant 3 tonnes, sur une rampe de 40 % de pente, devrait, dans ces conditions, développer une force d'environ 2 tonnes. En répartissant la traction sur 2 files de 40 hommes (chacun exerçant 25 kg de trac-

6. Suivant annexe 2.

tion), ceux-ci avanceraient sur une longueur de l'ordre de 50 mètres devant le traîneau. On imagine alors la difficulté et même l'impossiblité d'évolution d'un tel équipage, lors de la réalisation d'assises de moins de 50 mètres de côté (celles situées notamment au-delà d'une altitude de 84 mètres, dans le cas de la Grande Pyramide). Comment, dans ces conditions, résoudre ce problème de distance d'évolution ? Enfin, la pente considérée favoriserait le glissement arrière du traîneau chargé, d'autant plus qu'elle aurait été lubrifiée. Une fausse manœuvre, et ce serait le déboulé du véhicule et de son monolithe. Une telle éventualité aurait été grave de conséquences pour les équipages suivants, occupés, à un niveau inférieur, à tirer leur propre chargement.

Les obstacles et les risques présentés par une telle rampe apparaissent donc relativement importants. Il en est de même de son délai d'exécution.

Combien de « lunes » faudrait-il pour rehausser, par couches successives, ces voies provisoires imposant le déplacement de millions de mètres cubes de matériau ? Pour la Grande Pyramide, envisageons, raisonnablement, la réalisation d'une rampe ayant une pente de 5 %, autorisant alors la traction de charges de l'ordre de 20 à 40 tonnes. En pareil cas, si la brique crue est utilisée, cet ouvrage nécessiterait un volume proche de 10 000 000 m^3 (beaucoup plus s'il s'agissait de terre). Le matériau serait mis en place par accrétions successives, d'une assise à une autre, nécessitant des ruptures correspondantes de l'approvisionnement en monolithes.

Le pharaon Kheops et son architecte auraient-ils prévu d'intégrer les arrêts de chantier répétés, générés par les exhaussements périodiques de ces ouvrages transitoires ? Car, pour préserver une pente constante de la voie de glissement des traîneaux, l'augmentation de hauteur de la rampe aurait dû être pratiquée, dès l'achèvement de chaque assise, sur les 3 kilomètres de longueur de cette voie de cheminement. La chaîne de transport des pierres de construction aurait ainsi été interrompue à chaque rehaussement de la rampe.

La réalisation d'une rampe de ce type constituerait de nos jours un chantier gigantesque, dont le volume de matériau à utiliser serait comparable à celui du barrage-digue de Serre-Ponçon (14 000 000 de m^3). Imaginons ce qu'aurait été le temps de construction d'un tel ouvrage en utilisant des moyens rudimentaires : des pelles, des brancards, des traîneaux...

Enfin, après la pose des dernières pierres constituant le sommet de la pyramide, il aurait fallu procéder à la démolition de cette gigantesque rampe provisoire : quels délais auraient nécessité les non moins énormes travaux d'évacuation ? L'achèvement de ceux-ci aurait pu conditionner la réalisation future d'autres constructions funéraires (pyramides voisines, *mastabas* des nobles, temples, etc.).

En conclusion, l'hypothèse d'une rampe, élevée perpendiculairement à l'une des faces de la pyramide, sur toute sa hauteur, ne paraît pas crédible. En dehors de certaines impossibilités ergonomiques de déplacement des équipages et des traîneaux sur une telle rampe, la réalisation de celle-ci et sa démolition auraient conduit à des délais supplémentaires prohibitifs, allongeant considérablement le temps d'exécution de la pyramide.

Kheops, pas plus que les autres pharaons, n'aurait pu accepter de ses maîtres d'œuvre une organisation du chantier aussi aléatoire, aboutissant à une trop longue échéance de livraison. Au défi nouveau posé par le gigantisme du projet, devaient répondre l'efficacité des moyens et la rapidité d'exécution. Et le délai de vingt ans, rapporté par Hérodote pour l'édification de la Grande Pyramide, apparaît bien trop court si l'on admet la construction provisoire de l'une de ces rampes monumentales. C'est aussi le facteur temps qui incite au rejet de l'hypothèse d'utilisation de ces ouvrages provisoires.

Faut-il donc ignorer pour autant tous les vestiges connus des rampes de brique crue, encore visibles sur les sites des pyramides et temples, malgré leur utilisation incontestable ? En répondant logiquement non, on comprend l'obstination avec laquelle d'autres chercheurs ont tenté de justifier l'emploi de plans inclinés dans la technique d'élévation des lourds monolithes.

U. Hölscher fut le premier à proposer une rampe à directions alternées, se développant parallèlement à l'une des faces de la pyramide et constituée de massifs en brique crue.

Ce type de rampe, adossée au monument, aurait permis une économie substantielle de matériaux. En outre, ses travaux de prolongement n'auraient pas arrêté les rotations de traîneaux approvisionnant les dernières assises en construction. Cependant, la pente d'une telle rampe varie en fonction de la largeur de l'assise de la pyramide au niveau considéré. Ainsi, en s'élevant, les dimensions des assises se rétrécissent et imposent des pentes trop importantes, incompatibles avec la traction de volumes de pierre importants. De plus, les brusques changements de direction successifs posent le problème, déjà évoqué, de la distance de manœuvre des attelages. La technique susceptible d'être utilisée pour permettre aux équipes de halage et aux traîneaux chargés d'effectuer des virages en « épingle à cheveux » n'est pas explicitée. Enfin, la procédure de pose du revêtement de parement des faces de la pyramide reste également une inconnue.

Le même principe de rampe à directions alternées, repris par J.-P. Adam, soulève les mêmes obstacles et indéterminations que le procédé de Hölscher.

L'archéologue anglais N. F. Wheeler imagine 4 rampes hélicoïdales enveloppantes, s'élevant chacune, en colimaçon, à partir d'un angle de la pyramide, en s'appuyant sur les gradins déjà construits. Le principe étant séduisant, une maquette représentant la pyramide de Mykerinos fut construite pour le musée des Sciences de Boston. Une telle technique limiterait les travaux de construction de rampe en utilisant, comme dans le procédé de Hölscher, le volume existant des gradins déjà construits. De plus, 4 voies permettraient d'assurer une cadence de rotation des traîneaux supérieure à celle des précédentes propositions. Pourtant, l'application pratique de cette idée astucieuse se trouve battue en brèche, sur plusieurs points notamment signalés par les égyptologues et autres techniciens. I.E.S. Edwards lui reproche, principalement, la faible largeur des voies, limitée à 3 mètres : la manœuvre de traction de traîneaux s'avère impossible lorsqu'ils sont chargés de lourds monolithes, avec des équipages dépassant largement la centaine d'hommes, sur la pente de 8 % proposée.

Par ailleurs, comme on peut effectivement le constater, des blocs de granite constituaient une partie du parement de la pyramide de Mykerinos[7] : le tiers inférieur du monument, vraisemblablement.

---

7. Au cours des siècles, les pilleurs de monuments n'ont pas eu grand mal à déchausser les dalles de calcaire fin qui avaient été rapportées et ajustées pour parer d'un revêtement lisse, étincelant, les faces des grandes pyramides du plateau de Gizeh. Actuellement, seul un couronnement en dalles de pierre s'accroche encore, partiellement, au faîte du gigantesque « escalier » de Khephren. Il est fort probable que le scellement défaillant d'un tel revêtement calcaire rapporté n'a pas échappé aux constructeurs. À cette époque, déjà, ils ont pu se rendre compte qu'il suffisait de coins et de leviers pour déliter les dalles calcaires des monuments

Cette disposition de construction offre des particularités qui méritent une explication de détail : il en va de la crédibilité même des rampes « hélicoïdales ». En effet, un examen attentif de ces monolithes de revêtement permet de déceler, sur leur partie supérieure, servant d'assise au gradin du dessus, un bossage continu, parallèle à l'arête visible. Ces blocs de granite ont leur face de parement déjà dressée suivant l'angle d'inclinaison des côtés de la pyramide. Ils ont été parfaitement enclavés les uns sur les autres, grâce à l'emboîtement des bossages précités dans des rainures correspondantes pratiquées sous les blocs de l'assise supérieure. Un tel appareillage de volumes de pierre pesant plus d'une tonne fut logiquement réalisé par élévation, assise par assise : les lois d'équilibre statique sont incontournables. Cette conception impose obligatoirement que les blocs de revêtement soient mis en place préalablement à l'exécution des rampes « hélicoïdales » ; sinon comment envisager la pose de ces monolithes, si ces rampes étaient appuyées contre les gradins de la pyramide de Mykerinos ? Disposer le pesant revêtement de haut en bas, au fur et à mesure de la destruction des rampes, serait une proposition où seule la lévitation pourrait pallier l'absence de toute technique possible. Les constructeurs égyptiens maîtrisaient-ils, aussi, ces forces surnaturelles qui les auraient affranchis de la pesanteur ?

Il apparaît, dès lors, inévitable que les rampes enveloppantes, préconisées par N. F. Wheeler, fussent prolongées successivement après achèvement de chaque assise et de son revêtement correspondant.

Cet ordonnancement logique et irréversible de l'exécution aurait impliqué que ces rampes ne fussent pas ancrées sur les gradins, mais adossées au parement achevé des faces du monument. Alors, comment concevoir la stabilité de la maçonnerie en brique crue

---

achevés, à moins que quelque pillard audacieux ne leur en ait fait la démonstration. Cela expliquerait la parade adoptée pour la pyramide de Mykerinos : utiliser, sur une hauteur jugée suffisante, des blocs de parement pesants, en granite, déjà taillés avec un angle correspondant à celui des faces de la pyramide et enchâssés dans la maçonnerie même des assises. De plus, et c'est un élément significatif confirmant ce souci d'interdire l'extraction de ces blocs de parement, ceux-ci présentent, le long de leur arête supérieure visible, un bossage pratiquement continu destiné à bloquer les monolithes constituant le revêtement de l'assise supérieure.

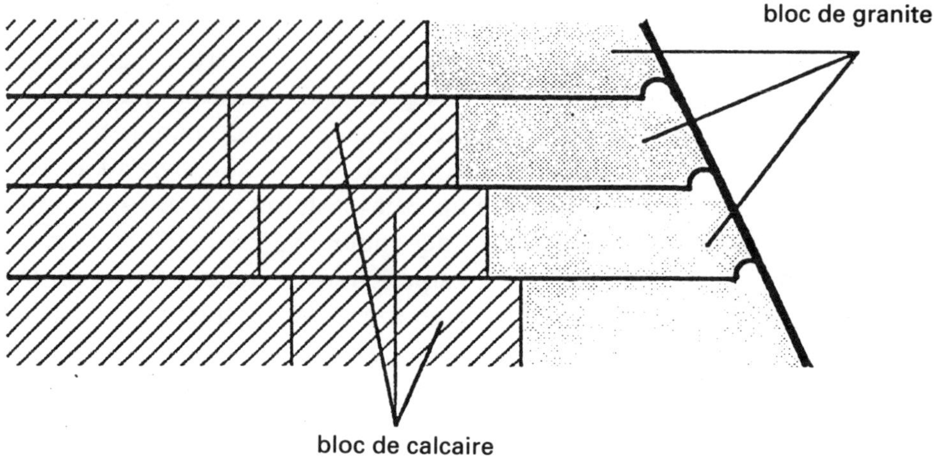

Revêtement de blocs de granite
de la pyramide de Mykerinos
laissant apparaître les bossages
du blocage du revêtement

constituant le corps de rampe, si elle prenait appui sur un plan, relativement lisse, incliné d'environ 52° par rapport à l'horizontale ? Il y a là un autre défi lancé aux lois de la statique et de la mécanique des matériaux. Nous verrons, notamment, que cette hypothèse conduit, physiquement, à un plan de rupture pouvant provoquer l'effondrement des rampes enveloppantes.

Ignorant vraisemblablement ce risque, l'archéologue G. Goyon adopta également le principe de la rampe hélicoïdale adossée à la pyramide. À la différence de N. F. Wheeler, il proposa une seule rampe enveloppante, supportant une voie de circulation suffisamment dimensionnée pour autoriser le croisement des équipages des traîneaux montants et descendants. La largeur de 15 mètres adoptée résultait de ses investigations pratiquées sur les vestiges de la chaussée monumentale de Kheops, reliant le temple d'accueil de la vallée au temple de culte : la dimension de cette voie lui est apparue se situer entre 14,68 mètres et 15,75 mètres en son sommet. De même, toujours en s'inspirant des caractéristiques de cet ouvrage de liaison, il s'impose une pente moyenne longitudinale de 5 %, n'excédant pas 7,5 %, qu'il considère comme une limite supérieure. Au-delà de 10 %, G. Goyon remarque qu' « il est difficile de tracter un fardeau sans de très grands efforts et sans danger en cas de recul ». Ce danger existerait, en réalité, pour une pente beaucoup plus forte, proche de 35 % (pour un cœfficient de frottement correspondant au glissement du bois sur une pierre polie et lubrifiée d'argile humide).

La rampe qu'il propose ne permet cependant pas de multiplier les possibilités de rotation des traîneaux, possibilités offertes par le procédé de N. F. Wheeler : ce dernier avait, en effet, prévu 3 rampes pour monter les monolithes et une rampe pour redescendre les traîneaux délestés de leur charge. Par contre, la rampe unique, préconisée par l'archéologue français, large de 15 mètres à son sommet, rend plus vraisemblable une évolution des traîneaux et de leurs équipages, grâce au dimensionnement de sa chaussée : les deux voies, montante et descendante, présentent, en effet, une largeur propre compatible avec le développement ergonomique de l'activité de traction et de manœuvre ; l'effectif des équipages, dont chaque homme pouvait tirer avec une force moyenne de 25 kg, aurait dépassé 620 hommes, répartis suivant 4 files, dans le cas du halage d'un bloc de 40 tonnes, et 460 hommes pour celui d'une pierre de 30 tonnes.

Le plafond de la chambre funéraire royale de la pyramide de Kheops, situé à une altitude proche de 50 mètres, est constitué de monolithes de cette importance. Il faut alors imaginer, comme sur la fresque de Deir el-Bercheh, le déploiement de 4 files de 115 haleurs, ce qui nécessite un espace de manœuvre d'environ 5 mètres de large et une longueur de traction de l'ordre de 120 mètres. Un tel équipage aurait pu effectivement évoluer en ligne droite sur la chaussée proposée par G. Goyon, alors que cela apparaîtrait pratiquement impossible sur les voies larges de 3 mètres proposées par N. F. Wheeler. De plus, sur celles-ci, le moindre dérapage transversal du traîneau se serait produit avec une marge de sécurité presque nulle. Un tel risque n'aurait vraisemblablement pas été pris lorsqu'on imagine la catastrophe qu'aurait provoquée le basculement et la chute d'un bloc d'une trentaine de tonnes, balayant en avalanche hommes et matériaux d'échafaudage des rampes.

Quel que soit le type de plan incliné hélicoïdal considéré, une interrogation subsiste : M. Minguez, technicien de génie civil, dans son ouvrage *Les Pyramides d'Égypte*, se demande comment des équipages de traîneaux, aussi encombrants que ceux véhiculant ces énormes blocs, pouvaient négocier les virages inhérents aux changements de direction des rampes enveloppantes. Je n'y vois qu'une seule réponse plausible : faire progresser le traîneau à l'aide de leviers de démarrage agissant à l'arrière des patins. Cela est techniquement possible et impose une progression lente, par avancées successives, de l'ordre du décimètre. Il faudrait ainsi parcourir la centaine de mètres sur laquelle s'étend une file de halage. Des leviers de démarrage actionnés par une poussée vers l'avant pourraient, en outre, s'appuyer sur une dizaine de tenons dépassant des faces latérales des patins. Une telle manœuvre nécessiterait plusieurs jours d'effort pour franchir chaque virage avant de reprendre la traction en ligne droite, sur la face suivante de la pyramide. Cet avancement exceptionnellement lent pour un bloc aussi lourd apparaît rédhibitoire.

Un autre problème inhérent à ce type de rampe existe. M. Minguez détermine, par un calcul simple de descente de charge, pratiqué sur une hauteur de rampe limitée à 20 mètres, que le poids de cet ouvrage de brique représente une contrainte voisine de 7,5 kg/cm² à sa base. Cette pression trop importante, notamment si elle se reporte partiellement sur les rampes inférieures, génère des risques d'effondrement. Il est en effet certain que la résistance à l'écrasement des briques crues séchées, fabriquées artisanalement, reste aléatoire : le comportement de ce matériau se trouve fortement influencé par les éléments climatiques et le contact de l'eau. Qu'adviendrait-il si, d'aventure, une pluie ou une lubrification abondante venait imbiber l'argile des briques ? Enfin, comme le précise M. Minguez, la contrainte d'écrasement précitée ne prend pas en compte les pressions dynamiques exercées par les passages répétés de traîneaux chargés de plusieurs tonnes de pierre et des équipages. Le poids propre de ces rampes et les surcharges auxquelles elles sont soumises répercutent donc des pressions dans la brique. Si ces dernières sont supérieures à la contrainte limite de résistance à l'écrasement de ce matériau, celui-ci perd sa cohésion. Se produisent alors, dans les lits inférieurs de la maçonnerie, des lignes de rupture pouvant provoquer des effondrements partiels et des gonflements des parois extérieures résultant des poussées et du fluage internes.

À ce risque latent, mettant en jeu la limite de résistance mécanique de la brique crue, s'ajouterait un défi aux lois de la statique. Car l'appui d'une maçonnerie de ce genre contre un parement en pierre lisse, incliné de 52° sur l'horizontale, représente un danger certain : cette maçonnerie d'argile crue, adossée à la pierre polie fortement inclinée, reste soumise à des risques de glissement, avec ou sans l'aide de l'eau humidifiant l'interface de contact des deux matériaux. Le parement de pierre polie constituerait alors un véritable toboggan pour le passage proposé.

Rampes perpendiculaires, à directions alternées, ou rampes enveloppantes ?... Quel que soit le procédé envisagé, ces chaussées ascendantes, mises en œuvre provisoirement pour acheminer jusqu'au sommet de la pyramide traîneaux et équipages, sont loin de répondre au problème posé. Une telle technique, appliquée à l'édification de grandes pyramides, aboutirait à la réalisation d'ouvrages provisoires gigantesques, sans commune mesure avec la taille des vestiges de rampes jusqu'alors découverts à proximité de ces monuments funéraires. En bref, les impossibilités d'ordre physique, mettant en jeu les lois élémentaires de l'équilibre statique ou mécanique des solides, ainsi que les obstacles d'ordre fonctionnel, font douter de la fiabilité même de ces ouvrages.

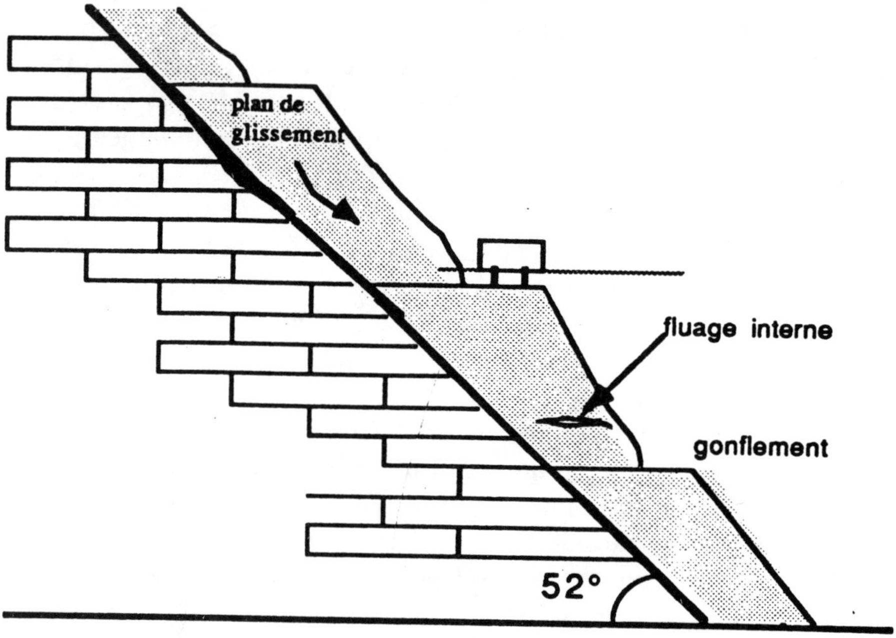

Plan de glissement des rampes de brique crue adossées au parement de la pyramide

Néanmoins, il serait irréaliste de nier l'utilisation restreinte de ces rampes en brique crue, encore ponctuellement accrochées à la pierre de la pyramide de Licht ou présentes sur d'autres sites. De là cette conviction profonde que Diodore de Sicile avait aussi exprimé une part de vérité en ce qui concerne la construction probable de la Grande Pyramide.

À cette quasi-certitude se juxtapose l'idée, tout aussi pugnace, de l'utilisation de « machines faites de morceaux de bois courts » développée par Hérodote.

« Tout problème authentique est justiciable d'une technique et toute technique consiste à résoudre des problèmes déterminés », pensait Gabriel Marcel [8]. C'est dans ce sens même que doit être étudié l'intriguant problème de l'élévation et de l'appareillage des monolithes de plusieurs dizaines de tonnes, en supposant qu'Hérodote et Diodore de Sicile ne s'étaient pas beaucoup éloignés des réalités techniques dans leurs écrits. N'avaient-ils pas, tout simplement, recueilli des informations partielles et peut-être complémentaires ?

L'un pouvait avoir rapporté des éléments imprécis sur le principe de machines produisant la force d'élévation des monolithes, tandis que l'autre, quatre siècles plus tard, obtenait des renseignements partiels sur leur acheminement. Nous verrons combien une telle supposition peut, en effet, se révéler porteuse d'une espérance raisonnable.

Il reste à analyser, dans le détail, la dernière proposition faite par M. Minguez, dans son ouvrage intitulé *Les Pyramides d'Égypte — Le Secret de leur construction.*

Ignorant totalement les procédés évoqués par les deux historiens de l'Antiquité, nouvelle dans sa conception de principe, cette étude rejette donc l'hypothèse de l'utilisation de machines de levage pour élever les lourds monolithes. De même, l'emploi de rampes et de traîneaux, destinés à acheminer la pierre de construction sur la pyramide, est exclu par l'auteur. Il affirme ainsi : « De l'existence des rampes verticales, il n'existe aucune preuve, ce qui, en termes d'archéologie, signifie qu'aucun vestige n'en a jamais été retrouvé, du moins au voisinage des pyramides. » Mais il ajoute plus précisément : « Sans doute en a-t-on utilisé de semblables à Tourah et à

8. Gabriel Marcel, *Être et Avoir*, Aubier, 1935, p. 149.

Ma'sarah, mais uniquement pour des travaux de carrière. » Il conclut enfin son analyse des différents procédés de levage décrits précédemment : « Tout comme les "courtes pièces de bois" d'Hérodote, les terrasses de Diodore de Sicile ont placé les archéologues dans une impasse[9]. » Cette négation radicale des conceptions jusqu'alors soutenues par des archéologues historiens, architectes et ingénieurs, ne prend pas non plus en compte certains indices tangibles maintes fois signalés. Balayés ces multiples vestiges de rampes découverts dans un axe perpendiculaire à certaines faces des pyramides de Meïdoum et de Khephren ; balayés également les divers encastrements en maçonnerie de brique crue, encore visibles sur la pierre des faces est et ouest de la pyramide de Licht, pour ne citer que ces exemples. Ces restes de rampes méritent-ils l'oubli définitif, après avoir connu l'effacement provisoire dans les sables du désert ?

En niant l'existence « des rampes verticales [...] au voisinage des pyramides », M. Minguez risque, ainsi, d'introduire un doute sur des réalités palpables. Même s'il explique plus loin qu'il entend par « rampes verticales » les rampes volumineuses conduisant au sommet de la pyramide, cette précision ne suffit cependant pas à dissiper l'ambiguité quant à l'utilisation de rampes pour la construction des pyramides. C'est pourquoi il me paraît nécessaire de rappeler encore que la seule pyramide de Licht laisse toujours apparaître, encastrés sur ses flancs de pierre considérablement dégradés, au moins trois sommets de rampe, en briques faites d'un mélange d'argile crue et de paille. Les vestiges de ces abouts de rampes, s'élevant approximativement à une dizaine de mètres de la base de la pyramide, trouvent leur prolongement vers le désert ou vers la vallée du Nil ; c'est ce que j'ai pu constater moi-même. Il est fort probable que de tels ouvrages, de faible hauteur, ont servi au transport des monolithes de construction pour ce tombeau. Cependant, une question reste toujours posée : comment étaient-ils ensuite acheminés plus haut ?

Faisant table rase de ces précieux indices et des théories qui s'y rapportent, M. Minguez base sa conception sur l'utilisation du principe d'Archimède. L'idée lui est venue d'appliquer ce principe à l'élévation des blocs, à l'aide de caissons flottants ou de chalands

9. *Les Pyramides d'Égypte — Le Secret de leur construction,* Manuel MINGUEZ, Paris, Éditions Tallandier, 1985.

sous lesquels ils auraient été arrimés. Ces volumes de flottaison, convenablement dimensionnés, permettent ainsi de soulever des charges conséquentes : la poussée d'Archimède s'exerçant, à la fois, sur le caisson flottant et sur la totalité du volume de pierre immergé.

L'application d'une telle idée pour élever des monolithes jusqu'au sommet de la Grande Pyramide le conduit à imaginer, dans un premier temps, une série d'écluses totalisant 25 sas. Ceux-ci doivent permettre de franchir graduellement la dénivelée de 44 mètres existant entre le Nil et le niveau d'assise, situé 4 mètres au-dessus de la base de la pyramide. Ces sas identiques, à l'exception du premier (au bord du Nil), sont dimensionnés pour recevoir chacun des trains de 56 embarcations arrimées les unes aux autres.

Pour permettre le développement pratique d'une telle conception, il faut construire le « gigantesque escalier hydraulique », ainsi nommé par l'auteur.

L'ouvrage comprend, en plus de ces 25 sas, 2 réservoirs de stockage d'eau construits près du premier sas ainsi qu'au niveau de la quatrième assise de la pyramide.

En faisant abstraction des réalités techniques d'exécution et de manœuvre, rien ne s'oppose au bon fonctionnement théorique de cette conception. M. Minguez propose de poursuivre l'élévation des monolithes, graduellement, toujours à l'aide d'écluses chevauchant le côté est de la Grande Pyramide, jusqu'à atteindre le niveau du pyramidion : 36 sas supplémentaires sont ainsi adaptés au volume du monument, « les pentes de la pyramide se refermant, les sas se rétrécissant [...] ». Cette dernière série d'écluses, « à géométrie variable », permettrait donc, de proche en proche, de franchir les 140 assises surmontant le vingt-cinquième sas et de déposer le pyramidion, dernier élément coiffant l'édifice funéraire.

Cependant, bien des questions préoccupantes surgissent lors de l'examen de détail du fonctionnement possible de cet ouvrage provisoire, spectaculaire par l'originalité de sa conception et l'importance des moyens utilisés. Monter de l'eau, par milliers de mètres cubes (nous allons le voir), jusqu'au sommet de la Grande Pyramide, avec les moyens de l'époque pharaonique, apparaît d'emblée une gageure.

L'eau, d'où vient-elle ? Comment la distribuer jusqu'au sommet de la pyramide ? Car l'élévation des embarcations d'une écluse à

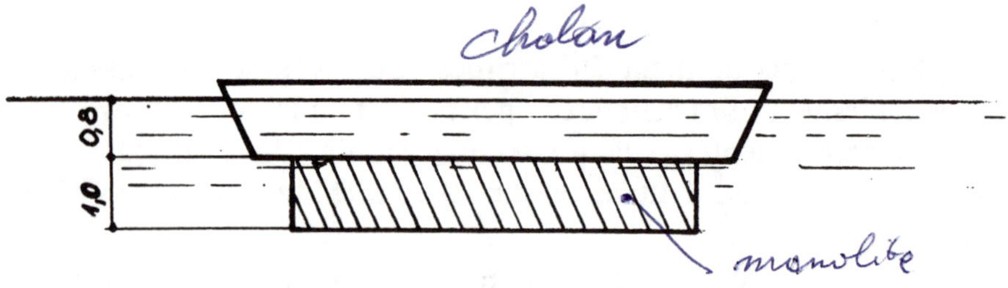

Caisson flottant et volume de pierre immergé

Le « gigantesque escalier hydraulique » proposé par M. Minguez

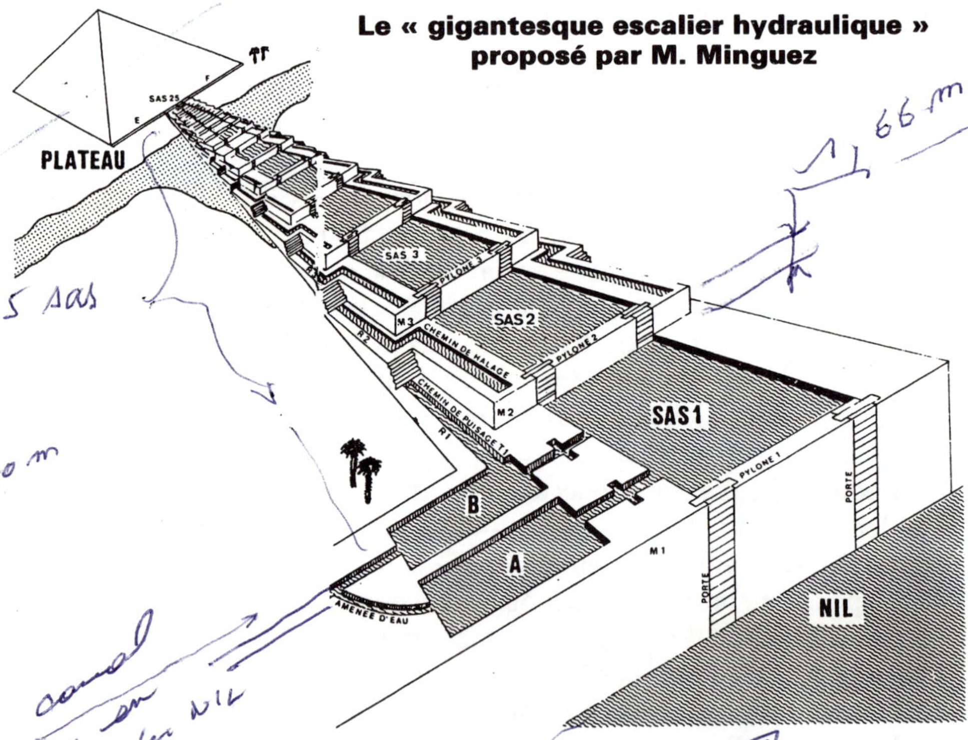

Dessin tiré de l'ouvrage de M. Minguez : *Les Pyramides d'Égypte, le secret de leur construction,* Tallandier, 1985.

une autre ne peut se concevoir sans l'élévation correspondante d'une certaine quantité d'eau.

L'auteur a prévu un canal d'amenée, captant l'eau du Nil, 12 km en amont du grand « escalier hydraulique ». D'une section de 2 m², ce petit chenal devrait alimenter, avec un débit suffisant de 230 litres/seconde, les deux bassins situés à proximité du premier sas, en communication possible avec celui-ci. L'un des bassins constitue, plus particulièrement, la source d'alimentation des écluses. À ce stade, il faut préciser que M. Minguez a adopté pour la réalisation de la Grande Pyramide un délai supposé égal à vingt ans ; ce qui implique le transport et la mise en place journalière de 270 monolithes arrimés sous leur chaland. La capacité de chaque sas (56 embarcations) nécessite, en conséquence, l'ascension quotidienne de 5 trains de chalands chargés, correspondant à 5 remplissages en eau des sas. À chaque éclusée, c'est une hauteur de 1,66 mètre qui est franchie.

Les mises à niveau, indispensables au passage des embarcations d'un sas à un autre, sont tributaires du transfert descendant d'une quantité d'eau, de sorte que pour les 5 éclusées journalières, c'est un volume d'eau de 2 765 m³ qu'il faut compenser pour la remise à niveau des différents sas. Et cette énorme quantité d'eau à approvisionner quotidiennement jusqu'au vingt-cinquième sas ne permet de franchir que la seule différence de niveau d'une quarantaine de mètres entre le Nil et la base de la pyramide. L'auteur propose une astuce : grâce à des chemins de puisage parallèles au chemin de halage des sas, il imagine 35 manutentionnaires par sas, équipés de seaux, montant l'eau d'un chemin de puisage à l'autre, par hauteur de 1,66 mètre, à raison d'un seau de 10 litres toutes les dix secondes, jour et nuit (en prévoyant une rotation de 3 équipes de 35 hommes). Ce temps de dix secondes pour remplir un seau et le vider apparaît court car il ne prend pas en compte les temps d'arrêt indispensables : un homme ne peut pas travailler, à ce rythme-là, pendant huit heures sans repos intermédiaire.

Poursuivons le cheminement des blocs flottants du vingt-cinquième sas, où ils attendent pour s'élever au vingt-sixième, puis vingt-septième sas et ainsi de suite au long d'« un deuxième escalier de géant ». L'auteur nous dit : « Pour cela, nous procédions de la même manière que pour la construction du système d'écluses amenant jusqu'au plateau les eaux du Nil. » La chose n'est pourtant pas aussi simple ! Les sas imaginés, adossés à la face est de la pyramide, se succèdent alors avec une différence de niveau variant entre 3 et 4 mètres (correspondant à 4 assises), incompatible avec la manœuvre directe précédemment exposée : en effet les 35 hommes déversant leur seau dans le chemin de puisage supérieur ne suffisent plus, puisque la hauteur d'élévation de l'eau est passée de 1,66 mètre à 4 mètres.

Mais le processus apparaît encore plus irréaliste, en ce qui concerne la « quête de l'eau ». Il est proposé de créer, successivement, de véritables lacs artificiels étanches sur la surface d'emprise de chaque assise et sur une hauteur de 2 mètres, afin de permettre aux embarcations chargées d'évoluer pour déposer leur monolithe. À titre d'exemple, la création partielle d'un plan d'eau de ce genre, sur un tiers de la superficie de la cinquième assise de Kheops (surface partielle minimale nécessaire à l'évolution et au stockage des chalands), nécessiterait un approvisionnement en eau de plus de 30 000 m^3. Et ce volume époustouflant ne prend pas en compte les déperditions d'étanchéité certaines et l'évaporation inévitable, sur cette surface liquide dont la dimension serait proche de 5 hectares. Il faudrait ensuite assurer le transfert vers l'assise supérieure de ce qu'il resterait de cette énorme quantité d'eau, avant achèvement de l'assise en cours. L'auteur n'en parle pas. À moins qu'il n'envisage un nouvel approvisionnement de ce précieux liquide.

Ainsi, à la difficulté d'élever, quotidiennement, un minimum de 2 765 m^3 d'eau, volume indispensable au fonctionnement du premier « gigantesque escalier hydraulique », s'ajoute l'impérative nécessité de véhiculer, parallèlement, par un moyen qui reste à définir, des milliers de mètres cubes d'eau pour constituer les lacs artificiels de chaque nouvelle assise. Car ce ne sont pas les « banquettes de puisage », dimensionnées pour élever journellement 2 765 m^3, qui pourraient répondre, aussi, à un si fantastique transfert des eaux du Nil.

On perçoit, alors, que le problème essentiel de l'élévation de l'eau, depuis le niveau zéro du fleuve jusqu'à la cote 185, proche du pyramidion de Kheops (environ 1 km plus loin), ne reçoit pas de solution entière et satisfaisante, suivant la conception théorique imaginée par M. Minguez.

Qu'en est-il de la réalisation pratique, à partir des technologies afférentes qu'il propose de mettre en œuvre ?

Pour réaliser la structure des sas, il choisit une technique encore utilisée à notre époque dans le domaine des travaux publics : lorsqu'on veut assurer un soutènement de terre en talus, autorisant un drainage de celle-ci, et éviter de bâtir un mur maçonné, plus coûteux, on recourt à la réalisation de gabions. On bâtit à cet endroit un appareillage de pierres naturelles, non hourdées au mortier, à l'intérieur d'une enveloppe parallélépipédique en grillage, destinée à assurer la cohésion et le réglage superficiel. Le grillage, constitué généralement par du fil d'acier galvanisé, serait remplacé, à l'époque pharaonique, par des tiges d'osier. Un mortier de glaise permettrait d'obturer les vides entre les pierres. En outre, pour assurer l'étanchéité des sas, l'auteur précise : « À l'intérieur de chacun d'eux, des dallages parfaitement appareillés, comme savaient en réaliser les Égyptiens du troisième millénaire, permettront d'éviter les déperditions d'eau. » Le caractère aléatoire d'une telle étanchéité est évident : il résulte, en effet, du seul ajustement des dalles de parement des parois horizontales et verticales des sas et des chemins de puisage. Un dallage de ce genre, même parfaitement abouté et jointoyé au mortier, n'a jamais constitué une paroi suffisamment étanche à l'eau. Cela est d'autant plus vrai lorsque cette maçonnerie se trouve soumise à un régime alterné d'immersion et d'émersion répétées 5 fois par jour (à chaque éclusée), et aux ardeurs du soleil. Dans de telles conditions, les parois verticales des écluses ne résisteraient pas longtemps aux agressions alternées, de l'eau, de l'air et du soleil. La pierre du dallage et l'argile, ou tout autre matériau des joints, seraient vite détériorés, fissurés, en des points souvent difficiles à localiser. Des fuites et des déperditions d'eau incontrôlables en résulteraient inévitablement dans tous les sas.

À ces défaillances, inhérentes au système d'étanchéité envisagé, il y a lieu d'ajouter les pertes d'eau par « pompage », dues à l'évaporation se produisant de façon pratiquement continue sur la surface des plans d'eau, sous les effets conjugués du soleil et des mouvements d'air (brises, vents). En effet, ce ne sont pas les 5 000 litres d'huile que l'auteur a prévu de répandre à la surface de l'eau qui s'opposeraient à cette évaporation. Le film d'huile qui en résulterait serait rapidement détruit au gré des mouvements des embarcations : les coques en seraient très vite imbibées.

L'étanchéité provisoire des bassins à aménager sur chaque assise présenterait également un caractère plus qu'aléatoire : comment imaginer traiter parfaitement l'imperméabilisation des joints des pierres d'assise, sur une surface de plusieurs hectares ? Les tonnes de terre argileuse qui seraient élevées dans ce but, depuis les berges du Nil, ne suffiraient pas à se garantir de multiples pertes d'eau par infiltration. En effet, si un joint argileux entre deux pierres n'a jamais pu constituer une continuité suffisante pour garantir une étanchéité à l'eau, qu'advient-il, lorsque ces pierres sont, de plus, ébranlées par des chocs ? Car c'est ce qui se produirait lors de la mise en place définitive des blocs flottants arrimés sous les chalands ; la chute et les ripages inévitables de ces volumes, sur l'assise immergée, en vue de leur ajustement, déstabiliseraient les joints et les monolithes de celle-ci. Inéluctablement, des renards [10] se produiraient, provoquant des fuites incontrôlables dans l'énorme masse d'eau des lacs artificiels.

Sur ce point, on peut d'ailleurs s'interroger sur la méthode qui aurait permis le largage des blocs de dizaines de tonnes à l'endroit précis de leur utilisation. Les cordes d'amarrage auraient-elles été coupées ? Auquel cas, ne risqueraient-elles pas de rester coincées sous le monolithe ? Comment éviter le basculement de celui-ci lors de son désarrimage ? De quelle façon assurer son ajustement et sa mise en œuvre finale sous l'eau ?

Une fois de plus, de lourdes hypothèques pèsent sur la fiabilité des technologies proposées : la réalisation pratique de ces plans d'eau artificiels destinés au transport des volumes de pierre, l'appareillage précis de ceux-ci dans l'élément liquide, apparaissent comme autant de projets hasardeux.

Les observations précédentes, loin d'être exhaustives, conduisent à examiner, de plus près, les quantités de matériaux et le délai d'exécution pour réaliser ces gigantesques plans d'eau.

L'ensemble du gabionnage nécessaire à la confection des écluses et des lacs artificiels, édifiés successivement sur chaque assise, nécessiterait un volume de pierraille estimé à plus de 60 000 m^3. M. Minguez précise que ce matériau serait extrait, sur une épaisseur de 0,50 mètre, lors du terrasssement de préparation. Il prévoit dans ce sens un décapage du terrain, pratiqué sur toute la surface d'assise de la pyramide et de la chaussée de liaison, entre les temples haut et

10. Fissuration inattendue qui se produit dans un bassin ou un barrage.

bas. Il en résulterait environ 41 000 m^3 de déblais, quantité nettement insuffisante.

Cette proposition semble, d'ailleurs, ne pas prendre en compte sa remarque faite antérieurement[11] : « À noter que la pyramide étant construite sur un socle rocheux, on s'abstiendra de tout araser. » C'est là l'hypothèse d'une banquette calcaire, adoptée par plusieurs archéologues, reprise par Borchardt dans sa représentation en coupe de la Grande Pyramide : une terrasse naturelle se trouve, effectivement, englobée dans la base du monument.

Quoi qu'il en soit, il faudrait, après achèvement du tombeau de Kheops, dégager plus de 60 000 m^3 de matériaux divers ayant servi à l'édification de ces plans d'eau provisoires. Cette opération d'évacuation serait un préalable indispensable à la réalisation définitive de la chaussée assurant la liaison entre le temple funéraire proche du tombeau et le temple d'accueil. Car cette voie fut précisément implantée à l'emplacement même où M. Minguez propose l'édification du « grand escalier hydraulique » provisoire. Hérodote disait à propos de la construction de la voie de liaison définitive : « Le temps pendant lequel le peuple fut soumis à d'exténuants labeurs aurait été de dix ans pour l'établissement de la chaussée par où l'on traînait les pierres, ouvrage qui à mon avis n'est guère moindre que la pyramide [...]. » À la lecture du récit de l'historien grec, il semble logique et évident que les bâtisseurs des pharaons aient d'abord construit la chaussée pour transporter les monolithes destinés à l'édification de la Grande Pyramide. Cet ordonnancement ne peut être envisagé dans le cas d'un « escalier hydraulique » destiné à la réalisation première du monument funéraire. La chaussée ne pouvait être réalisée qu'après la démolition des écluses provisoires.

En résumé, il s'ajouterait au délai d'érection de la pyramide de

11. Dans son ouvrage *Les Pyramides d'Égypte — Le Secret de leur construction*, M. MINGUEZ propose, en p. 143, de conserver les « parties saines » du socle rocheux, tandis qu'en p. 149 il se livre à un calcul de décapage sur 0,50 m de profondeur au droit de la base de la pyramide et sur 20 m autour, soit 250 m x 250 m x 0,50 m = 31 250 m^3 de pierraille. Ce calcul prend en compte une emprise intégrant la surface de base de la pyramide (230 m x 230 m). De ce fait, la conservation d'un socle rocheux intact, au droit de la pyramide de Kheops, paraît être remise en cause.

Kheops et de sa chaussée les temps de construction et de démolition des ouvrages provisoires constituant les écluses et les réservoirs d'appoint. Cette contrainte importante ne doit pas être oubliée dans le calcul global du délai de réalisation du complexe funéraire.

Il reste, enfin, un problème « insoluble » d'ordre pratique, intéressant directement les transferts d'eau. Les sas d'écluses sont équipés de deux ouvertures de communication permettant aux embarcations de passer de l'un à l'autre des compartiments. Ces ouvertures sont obturées, d'après M. Minguez, « au moyen de poutres coulissant dans les rainures » ménagées verticalement sur les parois verticales des bajoyers. Ce détail d'exécution et de fonctionnement ainsi précisé, comment serait assurée l'étanchéité des joints entre les poutres de bois empilées horizontalement ? De même comment éviter les infiltrations entre les rainures de la maçonnerie et les extrémités de poutres ? Un débit de fuite non négligeable, pour ne pas dire important, devrait être pris en considération au droit de ces rudimentaires portes d'écluses fonctionnant, rappelons-le, cinq fois par jour. Il y a là une conception théorique fort aléatoire qui mériterait un développement plus détaillé au niveau de l'exécution.

En outre, un autre souci majeur surgit lorsqu'on veut imaginer la manœuvre indispensable de ces « portes à poutres horizontales ». On peut penser que les poutres étaient introduites ou extraites, une à une, en les faisant coulisser dans leurs rainures. L'auteur ne nous explique pas comment on aurait pu pratiquer un tel exercice. Le risque de coincement des extrémités des poutres se serait révélé inévitable, celles-ci pouvant difficilement être manœuvrées en parfaite position horizontale. D'autant que, pour assurer une bonne étanchéité à l'eau, les abouts de poutre auraient dû être ajustés avec le minimum de jeu dans leur logement vertical. Comment ne pas craindre, alors, le gonflement, la déformation du bois imbibé d'eau et la difficulté de coulissement des poutres dans leurs rainures d'appui ?

Originale, séduisante dans son principe d'utilisation de la poussée d'Archimède, la conception inventée par M. Minguez méritait une analyse de détail. Je m'y suis attardé parce que je ne connais pas d'étude critique relative à la proposition innovante de ce « grand escalier hydraulique ». En ne retenant que l'essentiel, ces millions de litres d'eau à élever, à l'aide de seaux, depuis le Nil jusque sur la Grande Pyramide, cette impossibilité de garantir l'étanchéité des écluses et des plans d'eau avec les moyens de l'époque, l'incertitude d'une mise en place contrôlée des monolithes immergés, me font sérieusement douter de la faisabilité, de la viabilité et du fonctionnement de ces multiples écluses destinées à élever les monolithes de Kheops.

ANNEXES

Calculs justificatifs de la synergie de mise en œuvre de Kheops

ANNEXE 1

RAPPEL DE CERTAINES MESURES PHYSIQUES ET FORMULES

I. Unité de longueur couramment utilisée

Coudée égyptienne = 0,523 m

II. Densités

Granite : 2,4 t/m³
Chêne : 0,75 t/m³
Sapin, pin : 0,45 t/m³

III. Contraintes admissibles pour le bois de construction (d'après classement NF B 52 001)

Bois de construction
Contraintes admissibles (kg/cm³)
Cas du bois naturel, sec à l'air, à 15 % d'humidité
(pour charpentes courantes, permanentes et abritées)

MODES DE SOLLICITATION	CATÉGORIE I		CATÉGORIE II		CATÉGORIE III	
	Chêne	Résineux	Chêne	Résineux	Chêne	Résineux
Compression axiale	110	100	100	90	80	70
Flexion	120	110	110	100	85	75
Traction parallèle aux fibres	130	120	120	110	90	80
Cisaillement longitudinal	15	12	15	12	12	10
Compression transversale	30	15	30	15	(1)	(1)

(1) En compression transversale, n'utiliser que les catégories I et II

Bois de construction

Contraintes admissibles pour bois naturel au degré d'humidité supérieur à 15 %

HUMIDITÉ DES BOIS	JUSQU'À 17 %	AU-DELÀ de 17 % jusqu'à 20 % inclus	AU-DELÀ de 20 % jusqu'à 25 % inclus	AU-DELÀ de 25 % jusqu'à 30 % inclus	AU-DELÀ de 30 % bois au contact de l'eau
Nature de la construction	Local clos et couvert (charpentes de combles de bâtiments)	Local couvert mais largement ouvert (hangars, entrepôts...)	Constructions non convertes non abritées (pylônes, cintres, échafaudages...)	Constructions exposées à la pluie, ou en milieu très humide	Constructions hydrauliques ou au contact de l'eau
Coefficient de réduction sur les contraintes admissibles pour les bois à 15 % d'humidité	1	0,8	0,7	0,6	0,5

IV. Forces transmises par un câble enroulé autour d'un solide fixe

Soit ωo un angle d'enroulement de la corde autour du solide fixe, on a

$T_2 e^{-f\omega o} < T_1 < T_2 e^{f\omega o}$

f: coefficient de frottement de la corde sur le solide

ωo et ω: angles en radians et

e: nombre de Neper (2,71828...)

À la limite ou pendant le glissement, on a

$T_1 = T_2 e^{f\omega}$ ou $T_1 = T_2 e^{-f\omega}$ suivant le sens du glissement

ANNEXE 2

DÉTERMINATION EXPÉRIMENTALE DES COEFFICIENTS DE FROTTEMENT STATIQUE
(à la limite du glissement)

I. Traîneau en bois sur parement, en pierre, de la pyramide

1. Matériaux en contact au glissement

— Bois du traîneau : surface rabotée
— Parement plan poli en calcaire
— Argile humidifiée (argile à poterie)

2. Mode opératoire

Le traîneau chargé est placé sur la plaque de pierre calcaire polie. Celle-ci est inclinée progressivement depuis l'horizontale jusqu'au début de glissement du traîneau.

3. Résultats moyens

$fp = tg\,\varnothing = \frac{h}{a}$ = coefficient de frottement

Surfaces sèches en contact (sans lubrifiant)	$tg\,\varphi = fp \quad = 0{,}49$
Surfaces lubrifiées d'argile très humidifiée	$tg\,\varphi = fpL = 0{,}34$

II. Cordage sur poulie fixe de surface polie en bois ou en pierre

1. Matériaux en contact au glissement

— Cordelette ∅ 3,5 mm
— Cylindre à surface polie en granite
— Huile végétale

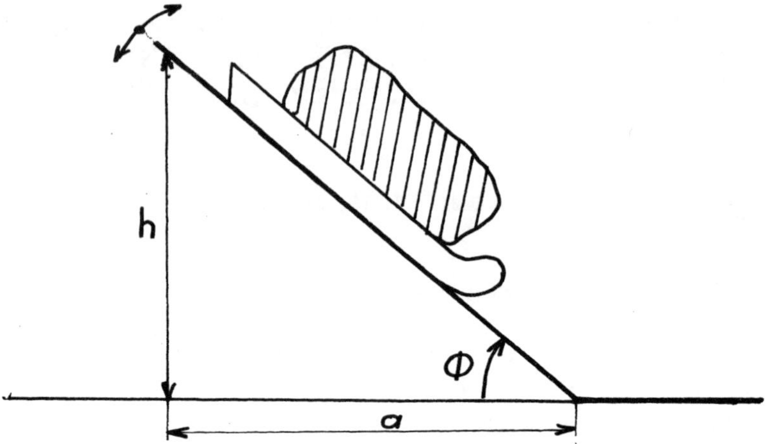

1. Traîneau en bois sur parement, en pierre, de la pyramide

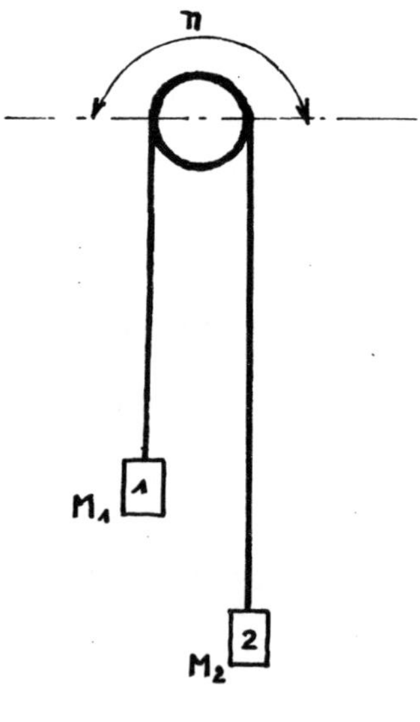

2. Cordage sur poulie fixe

2. Mode opératoire

La cordelette, passant « à cheval » sur le cylindre, porte deux récipients de même poids. Des quantités d'eau sont versées dans l'un et l'autre des récipients. Pour un certain poids d'eau $M_2 > M_1$, le récipient 2 amorce un glissement vers le bas. On pèse M_1 et M_2.

3. Résultats moyens

$$fc = \frac{1}{\pi} \operatorname{Log} \frac{M_2}{M_1}$$

Surfaces sèches en contact (sans lubrifiant)	fc	0,25
Surfaces lubrifiées d'huile minérale	fcL	0,21

ANNEXE 3

CARACTÉRISTIQUES ESSENTIELLES DE KHEOPS
Coupe nord/sud
(Valeurs arrondies à l'unité proche)

— Nombre d'assises estimé (le sommet de Kheops n'existe plus) : 216

— Angle d'inclinaison des faces par rapport à l'horizontale : 51° 52' (arrondi à 52° dans les calculs)

— Hauteurs moyennes des assises :
1re assise : 1,50 m
2e assise : 1,25 m
3e assise et 4e assise : 1,20 m à 1,10 m
Les assises suivantes s'échelonnent à des hauteurs comprises entre 1 m et 0,55 m vers le sommet, d'où l'estimation pour celles-ci d'une hauteur théorique moyenne adoptée dans les calculs :

$$\frac{147 - 5}{212} = 0{,}669 \simeq 0{,}67 \text{ m}$$

— Distance théorique moyenne d'une assise à une autre, suivant la pente :

$$\frac{0{,}67 \text{ m}}{\sin 52^\circ} = 0{,}85 \text{ m}$$

— Altitude du plafond de la chambre royale (chambre haute) : 48,85 m, soit le 1/3 de la hauteur totale du monument

— Dimensions de la chambre royale : 10,47 m × 5,24 m × 5,85 m
soit 20 c × 10 c × 11,18 c

— Longueur de la grande galerie : 39,25 m

— Volume total de la pyramide achevée : 2 592 000 m^3

Volumes et poids de certains monolithes caractéristiques (estimations)

Chevrons de protection de la chambre royale
4,40 m × 2,10 m × 1,15 m = 10,63 m^3 soit 10,63 × 2,4 = 25,5 t

Poutres de couverture de la chambre royale
6,30 m × 1,57 m × 1,25 m = 12,35 m^3 soit 12,35 × 2,4 = 29,67 t

Chevrons de protection de l'entrée nord
4,00 m × 2,10 m × 1,05 m = 8,82 m^3 soit 8,82 × 2,4 = 21,2 t

Caractéristiques simplifiées de Kheops dans sa conception finale

(Coupe Nord/Sud)

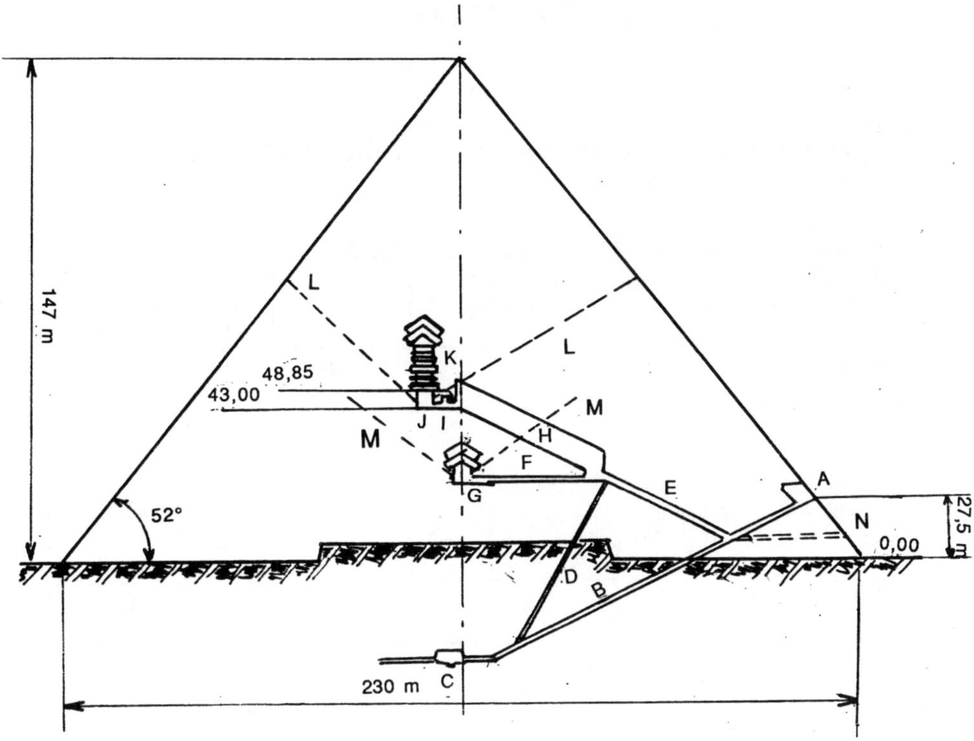

A) Entrée
B) Descenderie vers la chambre souterraine
C) Chambre souterraine
D) Puits de liaison
E) Galerie d'accès en superstructure
F) Galerie d'accès à la chambre de la Reine
G) Chambre dite «de la Reine»
H) Grande Galerie
I) Herse de protection
J) Chambre du Roi
K) Chambre de décharge
L) Conduits de ventilation achevés
M) Conduits de ventilation inachevés
N) Entrée pratiquée par le calife Al-Mamoun

ANNEXE 4

DÉTERMINATION DES MONOLITHES ET TRAÎNEAUX TYPES

CALCUL DES FORCES DE TRACTION SUR UNE FACE DE LA PYRAMIDE

I. Dimensions et poids des monolithes et traîneaux

MONOLITHES ET TRAÎNEAUX	DIMENSIONS en mètres en coudées	VOLUME m³	DENSITÉ t/m³	POIDS ARRONDI (en t)
MONOLITHE 2,5 t	0,78 × 1,05 × 1,30 1,5 × 2 × 2,5	1,065	2,4	2,5
TRAÎNEAU PORTEUR (2,5 t) Dimensions (hors tout) L × l × H 6 c × 2 c × 0,76 c 3,14 m × 1,05 m × 0,40 m	L : 3,14 6 c H : 0,40 0,76 c — 2 patins e : 0,26 0,5 c	0,653	0,6	0,392
	3 × (0,26 × 0,26 × 0,52) 3 traverses	0,105	0,6	0,063
	avec le harnachement, arrondi à			0,455 0,500
MONOLITHE 30 t	6,30 × 1,57 × 1,25 12 × 3 × 2,4	12,36	2,4	29,673 arrondi à 30
TRAÎNEAU PORTEUR (30 t) Dimensions (hors tout) L × l × H 15 c × 4 c × 2 c 7,85 m × 2,09 m × 1,05 m	L : 7,85 15 c H : 1,05 2 c — 2 patins e : 0,52 1 c	8,572	0,6	5,143
	5 × (1,05 × 0,52 × 0,40) 5 traverses	1,092	0,6	0,655
	avec le hanarchement, arrondi à			5,798 6,00

NOTA — Le monolithe de 2,5 t a été retenu comme un volume moyen entre les différents volumes des blocs constituant le gros œuvre de Kheops (les plus gros se situant à la base et les plus petits au sommet).

— Le monolithe de 30 t représente un volume proche de celui des poutres du linteau à chevrons de l'entrée ou des poutres de plafond de la chambre royale.

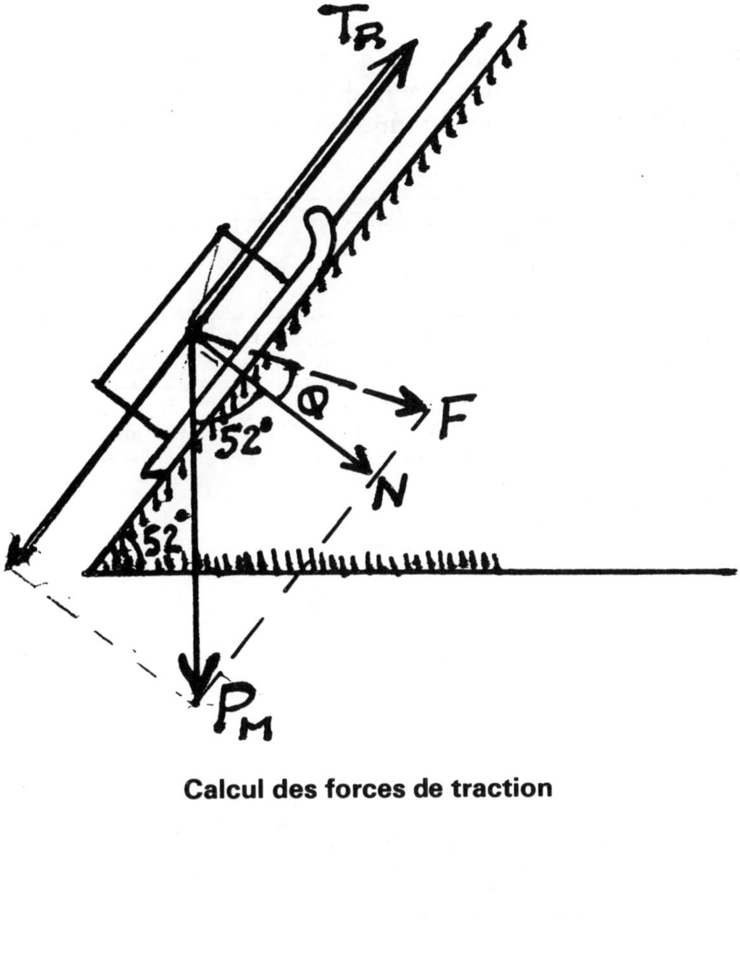

Calcul des forces de traction

II. Calcul des forces de traction des traîneaux sur une face de la pyramide

Soit P_M le poids total en charge (traîneau + monolithe). La force de traction à appliquer en tenant compte des forces de frottement est :

$T_R = P_M (\sin 52^\circ + fpL \times \cos 52^\circ)$ $\boxed{T_R = 0{,}997\ P_M}$

52° : angle d'inclinaison des faces de la pyramide
avec fpL : coefficient de frottement des patins du traîneau sur la pierre polie lubrifiée par de l'argile humidifiée : fpL : 0,34 (annexe 2)

	POIDS TOTAL EN CHARGE P_M (en t)	FORMULE DÉVELOPPÉE	FORCE DE TRACTION T_R (en t)
Traîneau chargé du monolithe de 2,5 t	3	3 t (sin 52° + cos 52° × fpL) 3 t (0,788 + 0,616 × 0,34) = 2,99 arrondi à	3,00
Traîneau chargé du monolithe de 30 t	36	36 (sin 52° + cos 52° × fpL) 36 (0,788 + 0,616 × 0,34) = 35, 90 arrondi à	36,00

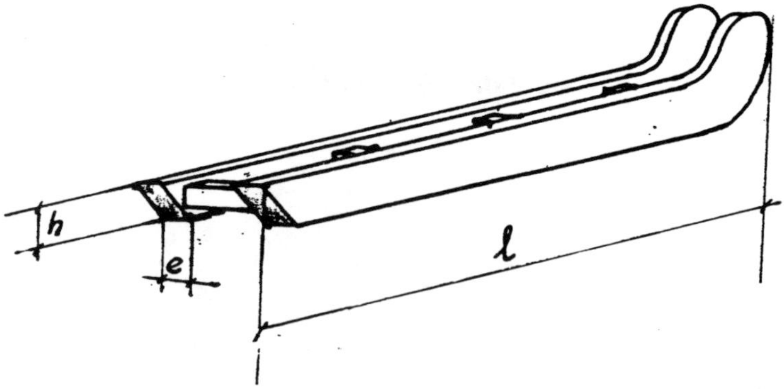

Traîneau

ANNEXE 5

CALCUL DE LA FORCE LIMITE DE GLISSEMENT ARRIÈRE DU TRAÎNEAU ET DE SON MONOLITHE ÉQUILIBRE DES TRAÎNEAUX

I. Principe

Le traîneau M chargé du monolithe est retenu sur la face de la pyramide, lors de la suppression de l'effort de traction T du levier, $T_R = 0$ (lorsqu'il est relevé), grâce à l'effet du contrepoids produit par le traîneau E chargé d'un équipage et grâce aux forces de frottement du câble de rappel reliant les deux traîneaux et passant sur les poulies fixes P_1 et P_2 et sur le bord d'assise.

II. Calcul de la force limite s'opposant au glissement arrière de M

La force de glissement arrière du traîneau M et de son monolithe sous le seul effet de la pesanteur (sans force de contrepoids) est de :

$T_M = P_M (\sin 52^\circ - fpL \cos 52^\circ)$
d'où $T_M = 0{,}578\ P_M$

fpL : coefficient de frottement bois-pierre sur surface lubrifiée (fpL : 0,34)

La force résistante développée par le traîneau et son équipage E en limite de glissement vers le haut est :

$T_E = P_E (\sin 52^\circ + fpL \cos 52^\circ)$
d'où $T_E = 0{,}997\ P_E$

En limite de glissement arrière du traîneau M, la force résultante T_G développée pour vaincre l'effet du contrepoids E et des forces de frottement sur les poulies fixes est de :

$T_G > T_E\, e^{(fcL \times \beta)}$ avec fcL : 0,21 (annexe 2)

β : somme des angles d'enroulement du câble sur les 4 poulies fixes (en radians, annexe 1); dans le cas présent :

$\beta : \frac{2 \times 50^\circ \times \pi}{180} + 2 \times \frac{\pi}{2} = 4{,}88$ rad d'où $T_G \geqslant 2{,}79\ T_E$

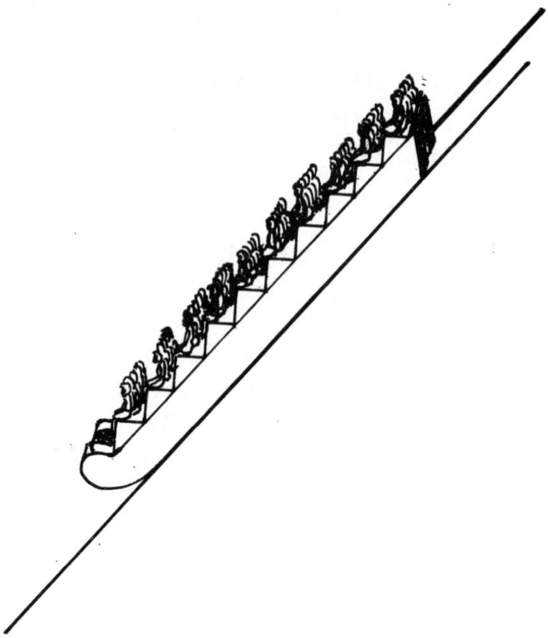

Le traîneau contrepoids et son platelage en gradins

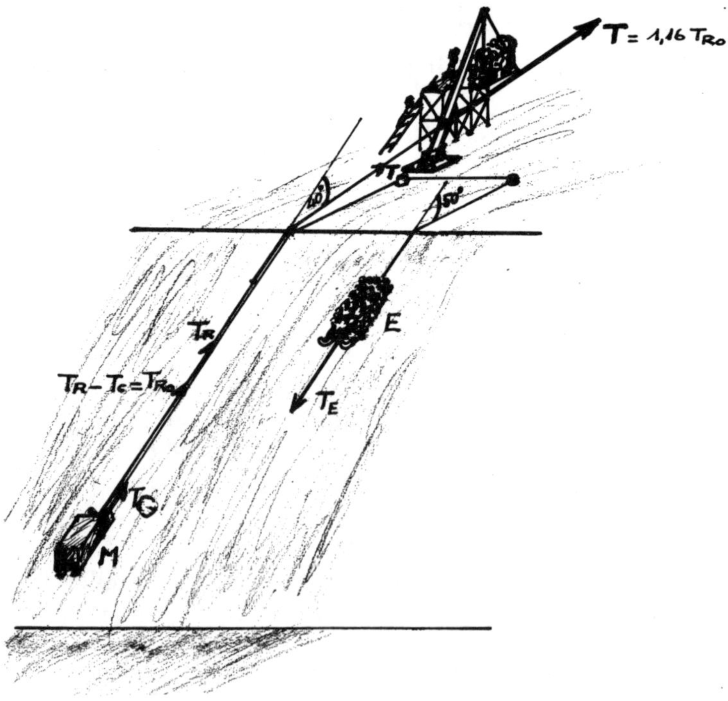

Il y a donc début de glissement arrière du traîneau M lorsque :

$$\boxed{T_M = T_G = 2{,}79\ T_E}$$

ou $0{,}578\ P_M = 2{,}79 \times 0{,}997\ P_E$
$0{,}578\ P_M = 2{,}78\ P_E$ $\boxed{\text{d'où } P_E = 0{,}208\ P_M}$

III. Vérification de l'équilibre des deux traîneaux

	Poids propre du traîneau contrepoids (en t)	Poids nécessaire : P_E du traîneau contrepoids et de son équipage	Équipage minimum du traîneau contrepoids
MONOLITHE 2,5 t ou P_M : 3 t	0,500	0,623	2 hommes
MONOLITHE 30 t ou P_M : 36 t	6	7,484	22 hommes

En résumé, l'équilibre est aisément réalisable pour un traîneau contrepoids relativement peu chargé en descente.

En pratique, ce traîneau contrepoids portera un effectif nettement supérieur aux équipages minimaux ci-dessus déterminés, afin de participer, non seulement à l'équilibre lors du réarmement du levier, mais aussi à la force de traction du traîneau M et de son monolithe.

ANNEXE 6

DÉPERDITION DE LA FORCE DE TRACTION DU LEVIER PAR FROTTEMENT SUR LE BORD D'ASSISE

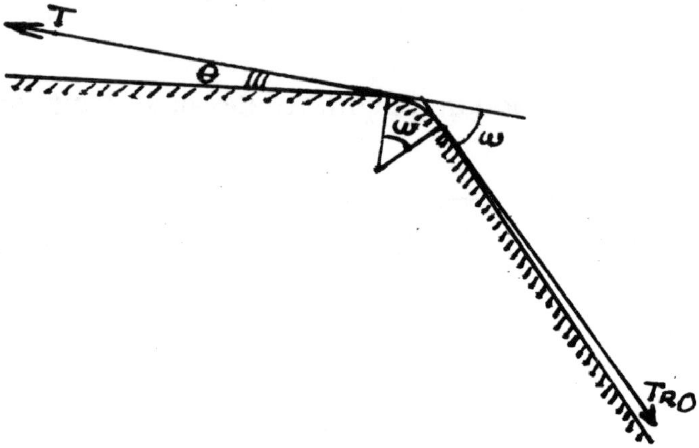

Forces de traction

La force de frottement du câble de traction sur le bord d'assise conduit à une force de traction du levier T supérieure à la force de traction T_{RO} du traîneau sur la pente, suivant la formule applicable à un câble enroulé sur une poulie fixe. Au commencement du glissement du traîneau tiré vers le haut, on a donc :

$$T = T_{RO}\, e^{fcL \times \omega}$$

fcL : coefficient de frottement
ω : angle d'enroulement en radians

on a fcL = 0,21 suivant annexe 2
ω = 40° = 0,70 rad (c'est un angle moyen d'enroulement déduit de différentes positions du levier)
e = 2,718 (nombre de Neper)

d'où :

$$T = 1{,}16\, T_{RO} \text{ ou } T_{RO} = \frac{T}{1{,}16}$$

ANNEXE 7

CALCUL DE LA FORCE DE TRACTION DU LEVIER MANŒUVRÉ PAR UNE FORCE DE PESANTEUR VERTICALE

I. Principe

— Le levier du deuxième genre OE, actionné par la force de pesanteur P, produit une force de traction T appliquée sur le câble AF.
— Suivant l'inclinaison du levier, cette force varie ainsi que sa composante T_1 perpendiculaire au levier.
— De même varie la composante P_1 de P.

II. Expression de T en fonction de P et de l'inclinaison du levier

T s'exprime en fonction de P, du rapport du bras de levier $r = \frac{H}{h}$ et des angles γ et φ

$T_1 = T \sin$ $\qquad$ $P_1 = P \cos \gamma$

$$\frac{T_1}{P_1} = \frac{H}{h} = \frac{T \sin \varphi}{P \cos \gamma}$$

① $$\boxed{P = T \times \frac{h}{H} \times \frac{\sin \varphi}{\cos \gamma} = \frac{T}{r} \times \frac{\sin \varphi}{\cos \gamma}}$$

Soit l la longueur de tirage du câble lorsque le levier pivote depuis sa position verticale :
Dans le triangle OAF :

② $$\boxed{\cos \gamma = \frac{l^2 + 2\,la}{2\,hd}}$$ avec $a = \sqrt{h^2 + d^2}$

③ $$\boxed{\cos \varphi = \frac{2\,h^2 + l^2 + 2\,la}{2\,h\,(a + l)}}$$

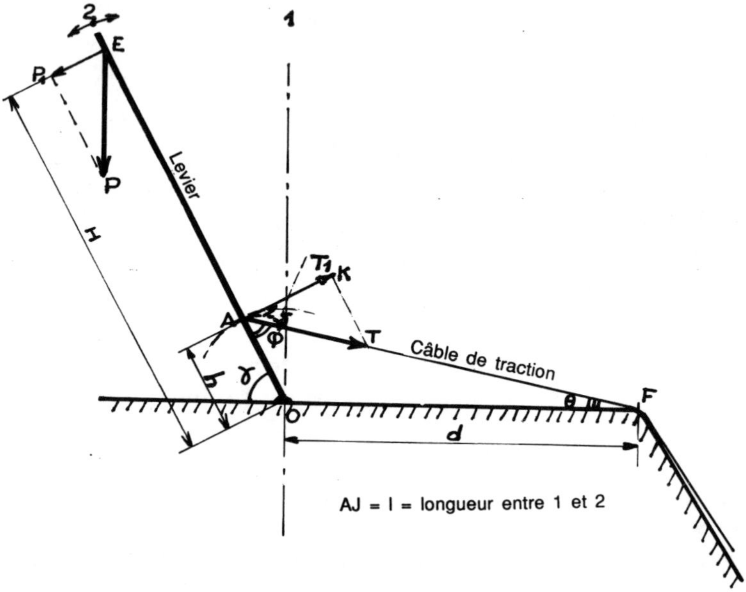

Calcul de la force de traction du levier manœuvré par une force de pesanteur verticale

Ces trois formules permettent de déterminer les valeurs de P, quel que soit l'angle d'inclinaison du levier dans le deuxième quadrant du demi-cercle de rotation.

La force de traction T du levier s'exprime en fonction de la force de traction T_{RO} du traîneau, en tenant compte de la force de frottement sur le bord d'assise de la pyramide (annexe 6). Ce qui conduit à l'expression de P :

④ $$\boxed{P = \frac{1{,}16\ T_{RO}}{r} \times \frac{\sin \varphi}{\cos \gamma}}$$

III. Calcul de la charge P à exercer sur le levier, réduite du fait de la traction du traîneau contrepoids :

1. Expression de P en fonction de P_M, P_E, r et γ

La force de traction du traîneau contrepoids E et de son équipage en descente :

$$T_E = P_E (\sin 52^o - fpL \cos 52^o) = 0,\ 578\ P_E$$

La force résultante T_G de contrepoids, exercée par ce traîneau en descente, après action des forces de frottement sur les 4 poulies fixes (annexe 1), est, suivant les hypothèses de l'annexe 6 :

$$T_G = T_E \times e^{-(fcL \times \beta)} = 0,\ 578\ P_E \times e^{-0{,}21 \times 4{,}88} =$$

$$T_G = \frac{0{,}578}{2{,}79} P_E = 0{,}207\ P_E$$

La force de traction T_R du traîneau M doit donc être réduite de cette force résultante T_G de contrepoids. On a alors : $T_{RO} = T_R - T_G$.

D'après l'annexe 4 :

$$T_{RO} = 0{,}997\ P_M - 0{,}207\ P_E$$

La formule ④ donne en remplaçant T_{RO} :

⑤ $$P = \frac{1{,}157\ P_M - 0{,}240\ P_E}{r} \times \frac{\sin \varphi}{\cos \gamma}$$

2. Calcul de P suivant P_M, P_E, r et γ

a) Les monolithes types

Rappelons les monolithes et traîneaux types mentionnés en annexe 4 soit

$$P_M = 2{,}5 + 0{,}5 = 3 \text{ t}$$
$$\text{et } P_M = 30 + 6 = 36 \text{ t}$$

b) Les traîneaux et équipages du contrepoids

Les dimensions et le poids propre du traîneau contrepoids chargé d'un équipage seront les mêmes que ceux du traîneau chargé du monolithe (cf. annexe 4). Cette hypothèse est apparue logique, car le traîneau qui a déchargé son monolithe sur une assise doit être redescendu avec son équipage qui a aidé à la mise en œuvre du bloc. Ces traîneaux sont équipés, en descente, d'un platelage en gradins permettant aux équipages de se tenir assis sur la pente abrupte de la pyramide.

Pour élever le bloc de **2,5 t, le traîneau contrepoids d'un poids propre de 0,5 t aura un équipage de 12 hommes ; son poids total en charge sera : $P_E = 1{,}34$ t (1 homme = 70 kg).**
Pour élever le bloc de **30 t, le traîneau contrepoids d'un poids propre de 6 t aura un équipage de 50 hommes ; son poids total en charge sera : $P_E = 9{,}5$ t.**

c) Les caractéristiques des leviers retenus

1er cas : monolithe de 2,5 t
Longueur totale : 13 coudées
Longueur exploitable en levier : 12 coudées

$$r = \frac{12}{3} = 4$$

2e cas : monolithe de 30 t
Longueur totale : 25 coudées
Longueur exploitable en levier : 24 coudées

$$r = \frac{24}{2} = 12$$

Dans le choix de ces dimensions, ont été pris en compte, évidemment, le rendement des leviers (force développée et longueur de tirage du câble), mais aussi les poids propres de ces machines qui doivent être manœuvrées lors du relevage des bras de levier, à chaque cycle de traction.

En conséquence, en intégrant ces différentes valeurs, la formule ⑤ s'écrit, en fonction des deux cas considérés :

1er cas : monolithe de 2,5 t : $P = 0{,}79^{*} \dfrac{\sin \varphi}{\cos \gamma}$ ⑥

2e cas : monolithe de 30 t : $P = 3{,}28^{*} \dfrac{\sin \varphi}{\cos \gamma}$ ⑦

*arrondi à la décimale supérieure

3. Détermination de l'inclinaison initiale de halage du levier : γo

En faisant varier l'inclinaison γ du levier, depuis une position de traction proche de la verticale jusqu'à sa position finale à l'horizontale, le poids vertical P, appliqué à l'extrémité supérieure du levier, doit théoriquement décroître jusqu'à la valeur 0.

Dans le déroulement pratique d'un cycle de traction, celui-ci commence ainsi : le levier est relevé à la verticale, le câble de traction du traîneau est lié au bras du levier après avoir été tendu manuellement. Un début de rotation du bras est opéré, jusqu'à tendre au maximum le câble et jusqu'à ce qu'il offre une résistance. C'est alors que la charge verticale P doit être appliquée en chargeant le platelage de la (ou des) nacelle(s) d'un effectif d'hommes qui corresponde à la valeur de P.

Il a été considéré qu'une inclinaison du bras du levier de 72° par rapport à l'horizontale correspondrait à la rotation nécessaire de celui-ci pour tendre le câble (soit un angle de rotation de 18° par rapport à la verticale). Cette inclinaison de mise en tension du câble de halage a aussi été retenue :
— d'une part, pour obtenir une longueur de tirage suffisante lors de l'abaissement du levier sur l'horizontale;
— d'autre part, pour mobiliser un poids vertical de démarrage en rotation du levier qui ne soit pas trop important au regard du dimensionnement possible des leviers et des platelages des nacelles.
D'autres variantes pourraient être proposées dans ce sens en faisant varier les différents éléments de la synergie (notamment le poids des monolithes).

4. Longueur de halage à chaque cycle :

Suivant l'annexe 3, la distance moyenne théorique d'une assise à une autre (pour les assises situées au-dessus de la 4e) suivant la pente, est de 0,85 m.

1er cas : monolithe de 2,5 t
C'est cette distance qui a été adoptée, arbitrairement, comme la longueur minimale de halage à chaque cycle de fonctionnement des leviers tirant des charges courantes. Ainsi, dans le cas de la traction de monolithes de 2,5 t, l'angle γ_0 d'inclinaison du levier, avant chargement de la nacelle, et basculement, fixé à 72° sur l'horizontale, permet, d'après la formule ② précédente, de calculer :

pour $\gamma_0 = 72°$ $l_0 = 0{,}90$ coudée : longueur de câble supplémentaire tirée par le levier de sa position verticale à l'inclinaison à 72°

pour $\gamma = 0$ $l_1 = 2{,}78$ coudées : longueur de câble tirée par le levier de sa position verticale à sa position horizontale

La distance de halage résultante *l* pour le traîneau et le bloc de 2,5 t est de :
$l = l_1 - l_0 = 2{,}78$ c $- 0{,}90$ c $= 1{,}88$ coudée, soit **0,98 m > 0, 85 m**

Dans ce cas, chaque manœuvre du levier permet d'élever le traîneau et son monolithe sur une distance supérieure à la distance moyenne qui sépare deux assises, suivant la pente.

2e cas : monolithe de 30 t
Lorsqu'il s'agit de tirer le monolithe de 30 t, les caractéristiques des leviers, définies précédemment (longueur utile : 24 coudées, h : 2 coudées), appliquées à la formule ②, donnent :

pour $\gamma_0 = 72°$ $l_0 = 0{,}6$ coudée
pour $\gamma = 0$ $l_1 = 1{,}9$ coudée

d'où $l = l_1 - l_0 = 1{,}9$ c $- 0{,}6$ c $= 1{,}3$ coudée soit **0,68 m**

La distance de halage des plus gros monolithes sera donc inférieure à la distance entre deux assises, suivant la pente. Cette limite est imposée par la taille des leviers correspondants qui doivent pouvoir être relevés par une équipe restreinte (une dizaine d'hommes).
Le nombre de monolithes de grande taille se limitant aux structures d'encadrement ou de protection des vides fonctionnels, positionnés en superstructure du monument, cette plus faible longueur de tirage

n'influence pas, nous le verrons, le temps global d'exécution de la pyramide. Ce dernier est en effet principalement conditionné par l'énorme quantité de monolithes courants (de l'ordre de 2,5 t) à mettre en œuvre.

5. Calcul théorique des poids P et des équipages correspondants

L'application des formules ⑥ et ⑦ met en évidence la variation proportionnelle de P par rapport à l'angle γ. On vérifie donc que l'angle d'inclinaison γo initial adopté, égal à 72°, implique la mobilisation de la plus grande force de pesanteur P.

Cependant nous donnerons les variations théoriques de la force P, ainsi que les effectifs des équipages correspondants qui la produisent, pour les différentes inclinaisons. Si un doute venait à subsister, pratiquement, sur la suffisante mise en tension du câble de halage, dans le mouvement du bras de levier depuis sa position verticale jusqu'à l'inclinaison à 72°, ou bien si une manœuvre intermédiaire ou partielle s'avérait nécessaire, nous connaîtrions ainsi l'ordre de grandeur de la force P verticale à mettre en œuvre pour l'inclinaison retenue.

Le tableau, ci-après, donne les valeurs de P déduites des formules précitées, dans les deux cas retenus (monolithe de 2,5 t et monolithe de 30 t).

1er cas : monolithe de 2,5 t — calcul de $P = 0,79 \dfrac{\sin \varphi}{\cos \gamma}$

Données de base en coudées : levier : H = 12 c – h = 3 c – r = 4
Distance du levier au bord d'assise : d = 20 c

INCLI-NAISON LEVIER : γ	CALCUL DE *l* Formule ②		CALCUL DE Φ Formule ③	CALCUL DE P Formule ④	DÉTERMINATION (1) DE L'ÉQUIPAGE PRODUISANT LA FORCE P (70 kg/homme)	DIMENSIONS du platelage de nacelle recevant l'équipage maximal (2)	
	en coudées	en mètres	en degrés	en tonnes		en coudées	en mètres
72°	0,90	0,47	64,17°	2,301	33 hommes	4,5 × 4,5	2,35 × 2,35 (36 hommes)
60°	1,44	0,75	52,95°	1,261	18 hommes	—	—
45°	2,00	1,05	39,47°	0,710	10 hommes	—	—
30°	2,43	1,27	29,16°	0,444	7 hommes	—	—
0°	2,78	1,45	0°	—	—	—	—

2e cas : monolithe de 30 t – calcul de $P = 3{,}28 \dfrac{\sin \varphi}{\cos \gamma}$

réparti sur 3 leviers identiques

Données de base en coudées : levier : H = 24 c, h = 2 c, r = 12

Distance du levier au bord d'assise = 20 c

INCLINAISON LEVIER : γ	CALCUL DE l Formule ②		CALCUL DE Φ Formule ③	CALCUL DE P Formule ④	DÉTERMINATION (1) DE L'ÉQUIPAGE PRODUISANT LA FORCE P (70 kg/homme)	DIMENSIONS du platelage de nacelle recevant l'équipage maximal (2)	
	en coudées	en mètres	en degrés	en tonnes		en coudées	en mètres
72°	0,61	0,32	66,80°	9,76	3 × 47 hommes	5 × 5	2,62 × 2,62
60°	0,97	0,51	55,80°	5,43	3 × 39 hommes		
45°	1,36	0,71	41,24°	3,06	3 × 15 hommes	3 × 3	1,57 × 1, 57
30°	1,66	0,87	27,38°	1,74	3 × 9 hommes		
0°	1,90	0,99	0°	–	–		

(1) Cette détermination théorique devrait être approchée pratiquement avec une approximation de l'ordre de 5 % en plus ou en moins pour tenir compte des poids propres des leviers et nacelles et du frottement de rotation au droit de l'axe du levier.

(2) Ce dimensionnement est arbitraire dans la mesure où plusieurs nacelles peuvent être suspendues au même levier.

6. Dimensionnement des nacelles

Place type minimale :

Les nacelles, de surface carrée, sont dimensionnées pour une place d'homme positionné sur la diagonale d'un carré de 0,35 m × 0,35 m de côté (diagonale égale à 0,50 m). C'est la place type minimale.

Ainsi la nacelle de 16 hommes qui a une dimension de 3 c × 3 c (1,57 m × 1,57 m) offre une place de 0,39 m × 0,39 m soit en diagonale : 0,55 m.

La nacelle de 49 hommes, de 5 c × 5 c (2,62 m × 2,62 m), intègre des places de 0,37 m × 0,37 m, soit en diagonale : 0,53 m.

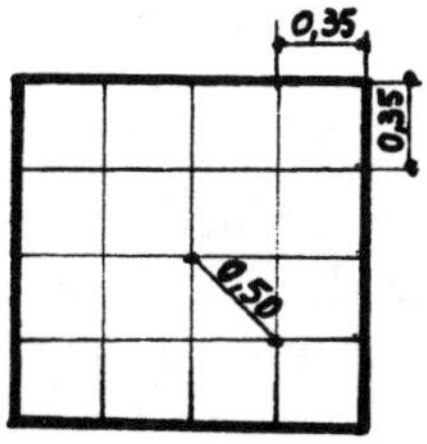

Dimensionnement des nacelles
Place type minimum

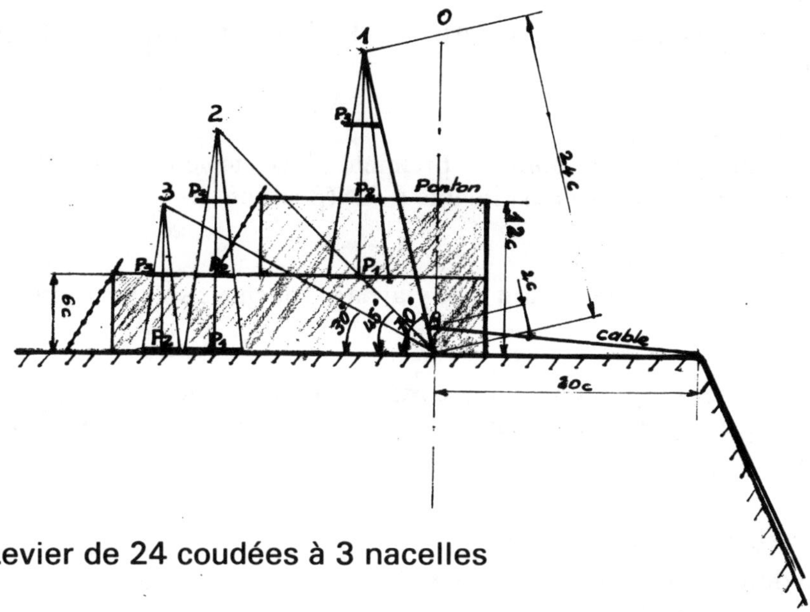

Levier de 24 coudées à 3 nacelles

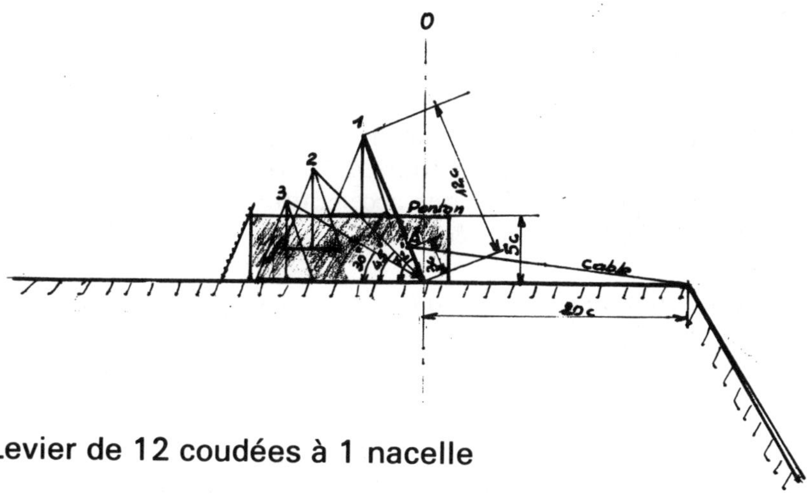

Levier de 12 coudées à 1 nacelle

7. Positionnement des nacelles et manœuvre des leviers

a) Levier de 12 coudées
Une seule nacelle, dont le platelage peut accueillir 36 hommes, est suspendue à 6 coudées (3,14 m) au-dessous de l'extrémité du levier. Elle est accessible à partir d'un ponton élevé à une hauteur de 5 coudées (2,62 m).

Phase 0 :
Le levier est calé en position verticale : le câble est dénoué, tendu et renoué en A.

Phase 1 :
À partir du ponton, 33 hommes prennent place sur le platelage de la nacelle alors que le levier est incliné à 72° (position 1).

Phase 2 :
Le levier s'abaisse en rotation et le platelage touche le sol (position 3).

Phase 3 :
7 à 8 hommes se suspendent aux cordages de suspension du platelage et abaissent le levier à l'horizontale. Le câble est dénoué pour être retendu.

b) Levier de 24 coudées
Étant donné la hauteur de l'extrémité du levier (environ 23 coudées ou 12 m) au-dessus de l'assise, il faudrait un véritable échafaudage pour accéder à la nacelle devant accueillir 47 hommes : celle-ci serait, en effet, positionnée au niveau le plus élevé pour générer la course maximum du levier.

Par ailleurs, étant donné cette hauteur et le poids de plus en plus surabondant des 47 hommes au cours de la rotation vers le bas du levier, ce dernier peut acquérir une accélération préjudiciable, voire dangereuse pour les hommes d'équipage.

C'est pourquoi il a été envisagé une mise en charge progressive et à différents niveaux grâce à 3 platelages ayant les mêmes suspentes. De la sorte, lorsque le bras du levier est incliné à 72°, en position de démarrage :
P_1 est à 6 coudées (3,14 m) au-dessus de l'assise
P_2 est à 12 coudées (6,28 m) au-dessus de l'assise
P_3 est à 17 coudées (8,89 m) au-dessus de l'assise

Les platelages P_1 et P_2 sont accessibles à partir d'un ponton à 2 niveaux.

Les dimensions et capacités de ces platelages sont les suivantes :
P_1 : 4,5 c × 4,5 c soit 2,35 m × 2,35 m – capacité 36 hommes
P_2: 3 c × 3 c soit 1,57 m × 1,57 m – capacité 16 hommes
P_3 : mêmes dimensions et capacité que P_2 (platelage débordant des suspentes)

La manœuvre du levier s'opère donc ainsi :

Phase 0 :
Dito levier de 12 coudées.

Phase 1 :
À partir du ponton à deux étages :
11 hommes embarquent sur le platelage 2,
36 hommes embarquent sur le platelage 1,
alors que le levier est incliné à 72° (position 1).

Phase 2 :
Le levier s'abaisse en rotation et P_1 touche le sol tandis que le bras du levier s'immobilise en position 2 (45°). Cette immobilisation est due au fait que, dans cette position, il faudrait le poids de 15 hommes pour poursuivre la rotation, alors que 11 hommes seulement chargent P_2.

Phase 3 :
Alors que 5 hommes supplémentaires embarquent sur P_2 et que le bras commence à s'abaisser, les derniers hommes qui maintenaient le levier immobile sur P_1 évacuent celui-ci.

Phase 4 :
Le levier continue sa rotation et P_2 se pose sur l'assise. P_3 est alors approximativement au niveau du ponton le plus bas. Depuis ce dernier, 9 hommes prennent place sur P_3, tandis que les hommes évacuent P_2 et que le levier amorce sa dernière rotation. Le bras de levier est ainsi amené à l'horizontale. Le câble est dénoué pour être retendu.

ANNEXE 8

DIMENSIONNEMENT DES LEVIERS VÉRIFICATION DES CONTRAINTES

Levier de 12 coudées utiles (6,27 m) : monolithe de 2,5 tonnes

Conception et matériaux
bras : constitué d'une poutre en bois de cèdre
axe : cylindre en bois d'acacia

1. Efforts sur le levier

Les efforts appliqués sur le levier sont déterminés en annexe 7.III.4
Effort maximum en flexion pour $\gamma = 72°$ (position de traction initiale)
Forces perpendiculaires appliquées :
P_1 : $P \cos \gamma = P \cos 72°$
T_1 : $T \sin \varphi = \sin 64,17°$
R : Réaction sur l'axe O
d'où $P_1 = 2,301 \times 0,309 = \boxed{0,711 \text{ t}}$
$T = 1,16\ T_{RO}$ (annexe 6)
or $T_{RO} = 0,997\ P_M - 0,207\ P_E$ (annexe 7.III.1)
D'où
$T = 1,157\ P_M - 0,240\ P_E = 3 \times 1,157 - 0,240 \times 1,34$
$T = 3,149$ t
d'où $T_1 = 3,149 \times \sin 64,17° = 2,834$ t
et $R = 2,834 - 0,711 = 2,123$ t

Forces axiales :
$P_2 = P \sin 72° = 2,301 \times 0,951 = 2,188$ t
$T_2 = T \cos \varphi = 3,149 \times \cos 64,17° = 1,372$ t

La compression axiale résultante dans la partie AO du levier et sur l'axe de rotation est de $Fc = 2,188 + 1,372 = 3,560$ t

Le moment maximal dans la section A du levier est de $M_A = P_1 \times EA$
$M_A = 9 \times 0,523 \times 711 \text{ kg} = 3.347 \text{ kgm}$

Force résultante sur l'axe $\overrightarrow{Ro} = \overrightarrow{R} + \overrightarrow{Fc}$ d'où $/\overrightarrow{Ro}/ = \sqrt{Fc^2 + R^2} =$
$\sqrt{(3,56)^2 + (2,123)^2} = \boxed{4,15 \text{ t}}$

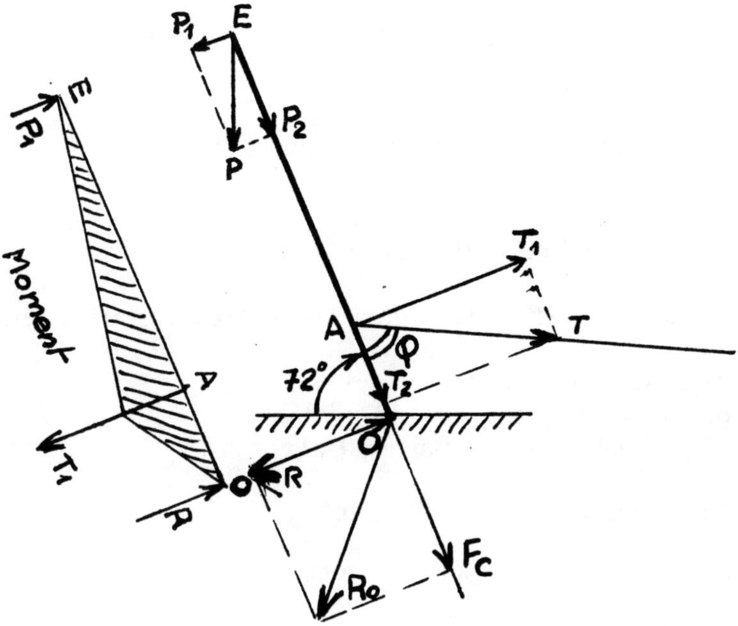

2. Détermination des sections et vérification des contraintes

a) Bras de levier

Section maximum : 0,40 m × 0,30 m

Flexion simple :

$$\Gamma_s = \frac{M_A}{\frac{I}{v}} = \frac{M_A}{\frac{bh^2}{6}} = \frac{3347 \times 10^2}{\frac{30 \times 40^2}{6}} = 41{,}8 \text{ kg/cm}^2$$

Flambement

Élancement $\lambda = \frac{l_f}{\iota}$ avec $l_f = 2\,l$ et $\iota = \sqrt{\frac{I}{A}} = \sqrt{\frac{bh^3}{12\,bh}}$

d'où $\iota = \sqrt{\frac{40^2}{12}} = 0{,}1155$

et $\lambda = \frac{12{,}55}{0{,}1155} = 108{,}7 < 120$ élancement admissible

d'où flexion composée :

$$\Gamma_c = \frac{\Gamma_f}{\Gamma'} \times \frac{N}{KA} + \frac{M}{\frac{I}{v}}$$

pour $\lambda = 109$ $\quad k = 0{,}26$

$\Gamma_f = 100$ kg/cm² (résineux catégorie II)

$\Gamma' = 90$ kg/cm² (contrainte de compression axiale)

$A = 40 \times 30 = 1\,200$ cm²

En appliquant le coefficient réducteur de section C = 0,70 pour h = 40, la formule précédente s'écrit :

$$\Gamma = \frac{100}{90} \times \frac{3560}{0,26 \times 1200} + \frac{3347 \times 10^2}{0,70 \times \frac{30 \times 40^2}{6}} = 12,68 + 59,76$$

d'où $\Gamma = 72,44$ kg/cm² < 100 kg/cm²

La résistance aux contraintes compression/flexion est donc vérifiée.

Relevage possible du levier :
Poids propre du bras de levier : 13 coudées =
13 × 0,523 × 0,40 × 0,30 × 0,6 t = 0,49 t

Poids de la nacelle estimé à 0,10 t

Poids total du levier + nacelle = 0,59 t = p

10 à 12 hommes peuvent assurer le relevage de ce levier qui peut avoir une section variable, diminuant de l'axe vers son extrémité.

b) Axe de rotation ∅ = 0,20 m

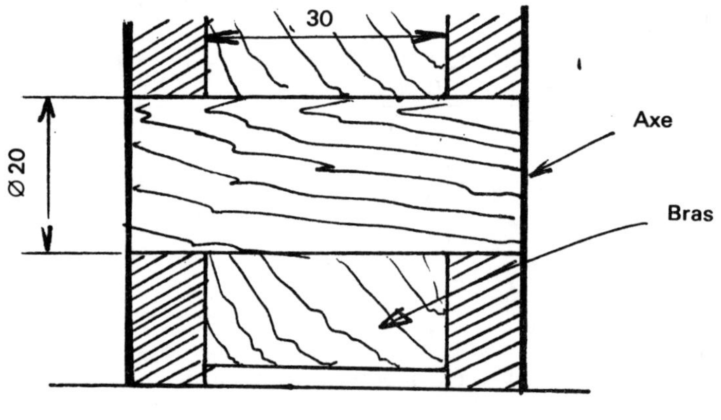

Force appliquée $F_A = R_O + p = 4150 + 590 = 4740$ kg

En considérant le cas défavorable de l'axe sur appuis simples et d'une charge concentrée au milieu A de l'axe

$M_A = 4740 \times \frac{0,30}{2} = 771$ kgm

Pour un axe de ∅ 20 cm (s = 176,7 cm²) en bois d'acacia (dur) : la contrainte limite transversale de flexion admissible est :
$\Gamma_f = 110 \text{ kg/cm}^2$
la contrainte limite de compression transversale admissible est :
$\Gamma_c = 20 \text{ kg/cm}^2$

Vérification des contraintes
— Flexion

$$\Gamma_s = \frac{M_A}{\frac{I}{v}} = \frac{M_A}{\frac{\Pi \times D^3}{32}} = \frac{711 \times 10^2}{\frac{3,14 \times 20^3}{32}} = 99 < 110 \text{ kg/cm}^2$$

dans le cas le plus défavorable d'une charge concentrée et d'un axe sur deux appuis

— Cisaillement dû à l'effort tranchant
en prenant $\Gamma_c = 15 \text{ kg/cm}^2$ et $F_A = 4740$ kg

$$\Gamma_c = \frac{4740}{2 \times 314} = 7,55 \text{ kg/cm}^2 < 20 \text{ kg/cm}^2$$

3. Conclusion

Les leviers de section 40 cm × 30 cm, axe de ∅ 20 cm, sont aptes à élever des monolithes de 2,5 t.

ANNEXE 9

CALCUL DES TEMPS D'EXÉCUTION DE KHEOPS

I. Bases de calcul

— Hauteur de la pyramide à l'origine : 147 m
— Nombre d'assises évalué à : 216
— Longueur d'un côté de la pyramide : 230 m

Les 4 premières assises représentent une hauteur approximative de 5 m. Elles seront traitées à part. De ce fait, la hauteur moyenne des autres assises sera de

$$hm = \frac{147 - 5}{212} = 0{,}67 \text{ m}$$

Il sera considéré le levier de halage tirant un bloc de 2,5 t sur une face de la pyramide.

Le bloc de 2,5 t sera considéré comme le bloc moyen constituant l'ensemble de la pyramide. Cette simplification est nécessaire car il existe des blocs plus lourds dans les assises basses de la pyramide (notamment les 4 premières) et des blocs moins pesants dans les assises supérieures du monument.

Le monolithe type aura donc un volume de 1 m^3.

La longueur de traction obtenue à chaque manœuvre complète d'un levier sera de 0,98 m (suivant annexe 7.III.4), d'où une hauteur d'élévation verticale correspondante en traction :
$h_T = 0{,}98 \times \sin 52^\circ = 0{,}98 \times 0{,}738 = 0{,}77$ m.

II. Procédure

1. Il sera calculé le volume Vn de l'assise n.

2. Ce volume représentant le nombre de monolithes de 1 m^3, il sera calculé le temps Tn de construction de l'assise n en fonction de la hauteur Hn de cette assise, de la hauteur correspondante de traction

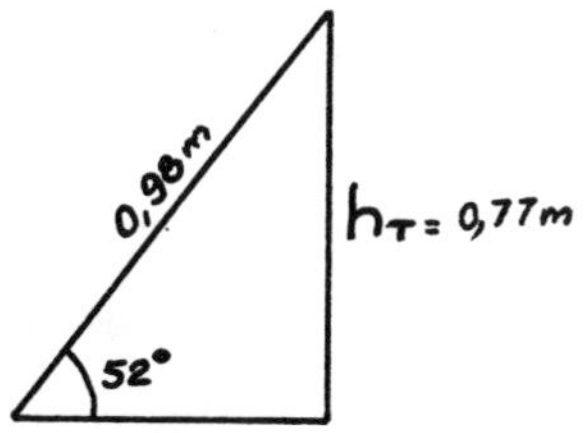

hT = hauteur de traction
correspondant à la longueur
de traction de 0,98 m

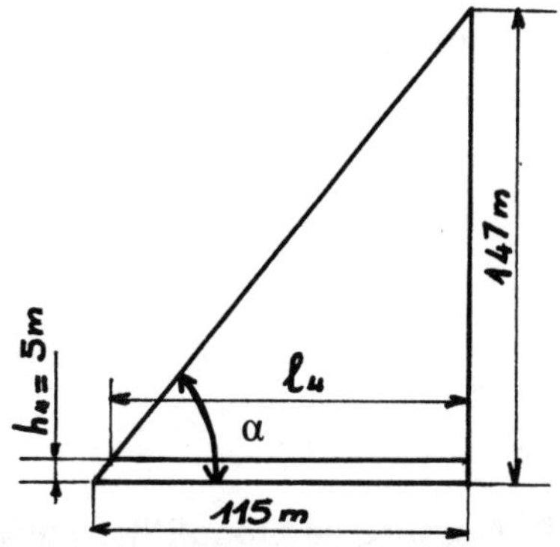

Dimensions théoriques de Kheops
les 4 premières assises totalisent 5 m

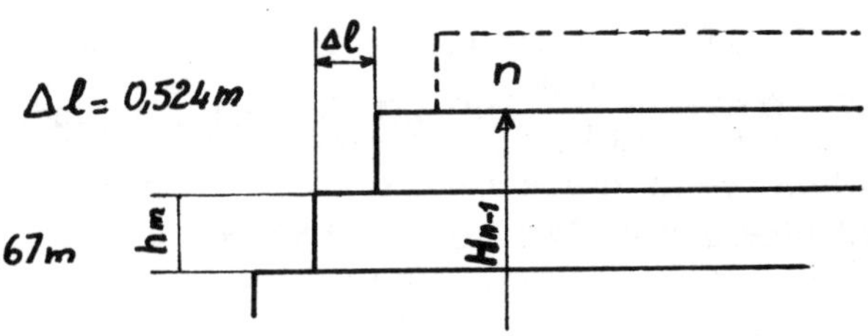

Dimensions moyennes d'un gradin

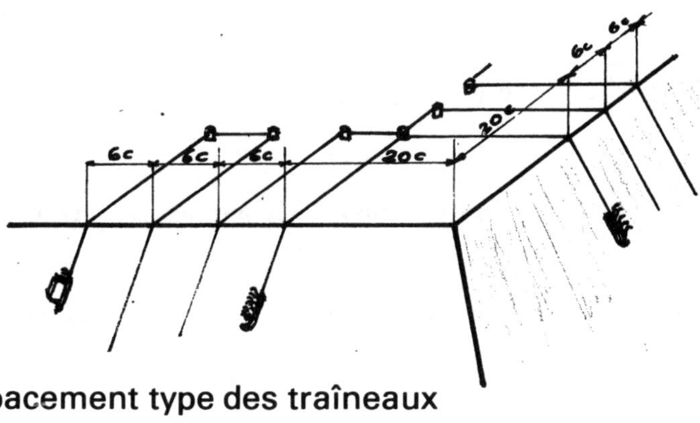

Espacement type des traîneaux

h_T, du nombre de leviers de halage Mn disposés sur l'assise n et du temps unitaire to correspondant à un cycle complet de ces leviers. L'altitude Hn de l'assise peut être exprimée par :
$H_n = 5 + (n - 4)\ 0{,}67$ m et
$H_{n-1} = (n - 5)\ 0{,}67$ m

III. Calculs

1. Nombre de monolithes par assise située au-dessus de la 4e assise

La demi-longueur l_4 de la 4e assise est de :
$\frac{l_4}{115} = \frac{142}{147}$ d'où $l_4 = 111{,}09$ d'où la longueur du côté de la 4e assise
$L_4 = 222{,}18$ m

Au-dessus de cette assise, pour les 211 autres, la profondeur d'un gradin, $\Delta l = 0{,}67 \times \frac{111{,}09}{142} = 0{,}524$, **équivaut à 1 coudée**
d'où le volume en m³ d'une assise quelconque n = :
$Vn = [222{,}18 - 2 \times 0{,}524 \times (n - 4)]^2 \times 0{,}67$

Cette formule exprimée en m³ représente en réalité un nombre de monolithes de 1 m³ de volume. Elle peut donc être conservée et simplifiée :

$$Vn = (208 - n)^2 \times 0{,}73586 \qquad \boxed{1}$$

2. Calcul du nombre de leviers de halage M_n par assise suivant leur espacement

Ce nombre s'adaptera à la dimension des côtés de chaque assise. On retiendra un espacement de 12 coudées (6,28 m) entre 2 traîneaux supportant un monolithe, ce qui revient à dire qu'il existera une distance de sécurité de 6 coudées (3,14 m) entre les axes de cheminement de 2 traîneaux consécutifs (traîneau chargé d'un monolithe montant et traîneau contrepoids chargé d'un équipage). Un éloignement de 20 coudées (10,46 m) sera laissé entre le premier (ou le dernier) levier et le coin d'assise, cela pour permettre l'évolution des leviers de coin qui travailleront dans des directions perpendiculaires.

Enfin, il apparaît que le nombre de leviers sera aussi conditionné, sur les plus hautes assises, par leur possibilité de manœuvre, sans gêne, lorsque les bords opposés d'une même assise seront proches. Il faudra alors utiliser des formules différentes de détermination du nombre de leviers.

On envisagera donc plusieurs cas :

— **Entre les assises 5 et 172**, des leviers peuvent opérer sur les 4 faces de la pyramide et la formule applicable pour la détermination de Mn s'établit comme suit :
$Ln = L_4 - 2(n - 4)\,\Delta l$; comme $\Delta l = 1$ coudée
que $L_4 = 222{,}18$ m ou 424,8 coudées
on a en simplifiant : $\boxed{Ln = 433 - 2n \text{ (en coudées)}}$

$$\text{et } Mn = \left(\frac{Ln - 2 \times 20}{12} + 1\right) \times 4$$

$$\boxed{Mn = \frac{405 - 2n}{3}} \qquad \boxed{2}$$

— **Dès l'assise 173**, située à environ 29 m du sommet de la pyramide et mesurant environ 45 m de côté, il est plus judicieux et plus rentable, compte tenu de l'éloignement de 20 coudées (10,46 m) des leviers aux bords d'assise et de la dimension de ces leviers, 12 coudées (6,28 m, suivant annexe 7.III.2), de disposer ceux-ci suivant deux bords opposés d'assise, en excluant l'utilisation des deux autres bords d'assise (pour des raisons de développement du mouvement des leviers). Ainsi, les leviers d'un bord d'assise seront légèrement décalés par rapport à ceux du bord opposé, pour permettre une rotation sans risque.

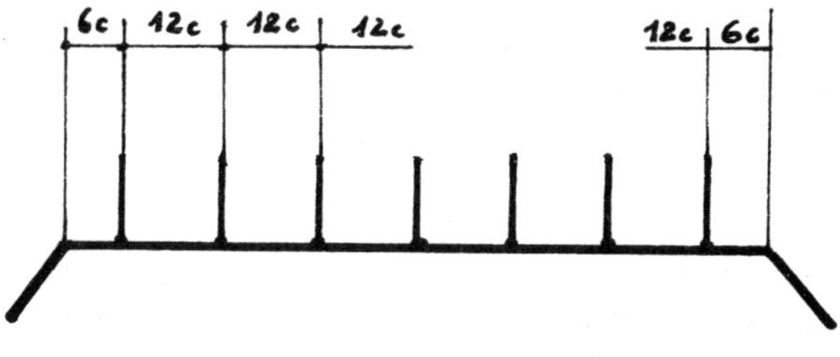

Cette disposition est possible avec les mêmes leviers **jusqu'à l'assise 189** située à 18 m du sommet et mesurant environ 28,30 m de côté.

La formule de détermination du nombre de leviers, exprimée en coudées, est alors :

$$Mn = 2 \left(\frac{Ln - 2 \times 6}{12} + 1\right)$$ pour un éloignement du bord réduit à 6 coudées

$$Mn = 2 \left(\frac{433 - 2n - 12 + 12}{12}\right) = \frac{433 - 2\,n}{6}$$

équivalent à : $\boxed{Mn = 72 - \frac{n}{3}}$ [3]

— **De l'assise 190 à l'assise 205** située à environ 140 m d'altitude et mesurant environ 11,50 m de côté, il sera encore utilisé des leviers de 6 coudées, suivant une seule rangée, car le recul du levier et son rabattement permettent toujours l'accès des traîneaux portant des blocs de 2,5 t.

La formule du nombre de ces leviers sera alors :

$$Mn = \frac{433 - 2\,n}{12} + 1$$

équivalent à :

$$\boxed{Mn = 37 - \frac{n}{6}}$$ [4]

— **De l'assise 206 à l'assise 212**, un échafaudage en bois édifié sur une face de la pyramide autorisera l'accès de blocs de 2,5 t et le rabattement d'un ou deux leviers correspondants. En effet, l'assise 212 mesure 4,20 m de côté, ce qui permet l'action d'un levier se rabattant sur un échafaudage.

Un à deux leviers peuvent ainsi opérer, et la formule [4] est applicable.

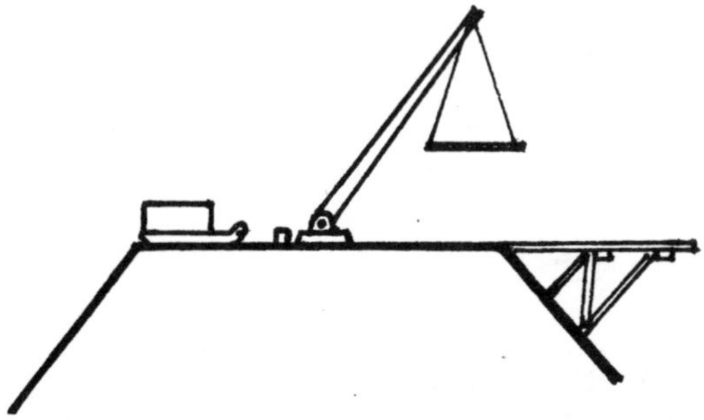

— **De l'assise 213 au pyramidion (assise 216)**, les dimensions des blocs, traîneaux et levier utilisés doivent être réduits pour s'adapter à des dimensions d'assises inférieures à 3,50 m. Un seule levier réduit à 6 coudées pourra opérer. Un échafaudage périphérique sera indispensable sur 3 côtés pour permettre au levier de se rabattre mais aussi pour autoriser le stockage et l'évolution des traîneaux et des hommes.

Pour ces 3 dernières assises, la longueur de traction du levier sera aussi réduite : une approximation par défaut de cette longueur peut être faite en adoptant la moitié de la longueur de traction du levier de 12 coudées. Cette valeur aura pour effet de doubler le temps de traction d'un monolithe.

3. Calcul du temps théorique d'exécution d'une assise courante : T_{no}

Le premier calcul ne tient pas compte des temps morts de démontage et de remontage des leviers de traction d'une assise à l'assise supérieure, ni des temps d'attache de la corde de traction sur les leviers et traîneaux, soit :
to : temps unitaire d'un cycle de levier
Mn : nombre de leviers de manœuvre de l'assise n

$$T_{no} = Vn \times \frac{H_{n-1}}{h_T} \times \frac{1}{Mn} \times to \qquad \boxed{5}$$

$$\frac{H_{n-1}}{h_T} = \frac{5 + (n - 5)\,0,67}{0,77} = \frac{0,67\,n + 1,65}{0,77} \qquad \boxed{6}$$

4. Estimation du temps du cycle de fonctionnement d'un levier de halage : to

Phases	Temps unitaires en minutes
Phase 0 Levier calé en position verticale, le câble est dénoué, tendu et renoué	0,75 min
Phase 2 À partir du ponton, 33 hommes prennent place sur le platelage de la nacelle, le levier s'abaisse en rotation et le platelage touche le sol	0,35 min
Phase 3 7 à 8 hommes se suspendent aux cordages de suspension du platelage et abaissent le levier à l'horizontale	0,20 min
Phase 4 7 à 8 hommes remontent le levier à la verticale	0,45 min
Temps total d'un cycle	**1,75 min** *

En considérant une activité ouvrière de 10 heures par jour pendant 24 jours du mois, on aboutit au
temps unitaire d'un cycle de levier :

$$\frac{\mathbf{1,75\ min}}{\mathbf{60 \times 10 \times 24}} =$$

$$\mathbf{to = \frac{7}{5,76} \times 10^{-4}\ mois} \qquad \boxed{7}$$

* Ce temps est exprimé en minutes et fractions décimales de minute pour une commodité du calcul ultérieur qui doit aboutir à un délai en année et en mois.

5. Calcul du temps réel d'exécution des assises

Il doit être ajouté au temps théorique d'exécution T_{no} (formule 5) :
— le temps unitaire d'arrimage des 2 traîneaux : l'un chargé de la pierre et l'autre chargé de l'équipage à positionner sur la face de la pyramide. Ce temps sera pris égal à 0,5 min. Il est proportionnel au nombre de monolithes de l'assise considérée Vn et inversement proportionnel au nombre de leviers de cette assise. Cela peut être vérifié dans le cas particulier théorique où tous les traîneaux sont simultanément arrimés dans le même délai de 0,5 min. On a donc en mois :

$$t_T = \frac{0{,}5 \text{ min}}{60 \times 10 \times 24} \times \frac{Vn}{Mn} = \boxed{\frac{1}{2{,}88} \times \frac{Vn}{Mn} \times 10^{-4}} \qquad [8]$$

— le temps unitaire de démontage et de remontage de chaque levier depuis l'assise n — 1 jusqu'à l'assise n : ce temps est pris égal à 3 heures. Il se répartit logiquement proportionnellement au nombre de leviers par assise et de façon inversement proportionnelle au nombre de blocs de cette assise. On a en mois :

$$t_L = \frac{3 \text{ h}}{10 \times 24} \times \frac{Mn}{Vn} = \boxed{125 \times \frac{Mn}{Vn} \times 10^{-4}} \qquad [9]$$

En résumé, le temps réel d'exécution d'une assise n est :

$T_n = to + t_T + t_L =$

$$\boxed{T_n = \frac{Vn}{Mn}\left[\frac{H_{n-1}}{h_T} \times \frac{7}{5{,}76} + \frac{1}{2{,}88} + 125\left(\frac{Mn}{Vn}\right)^2\right] \times 10^{-4}} \qquad [10]$$

En conséquence les temps d'exécution des différentes assises, déduits des formules 1 à 10 s'établissent comme suit :

a) Assises 1 à 4
Réalisées à l'aide des rampes de transition et des traîneaux, sans les leviers de traction, la rapidité d'exécution de ces 4 assises ne dépend que du nombre de traîneaux et d'hommes affectés à cette première partie de l'ouvrage qui pourrait être réalisée en 10 mois. Pour ces assises, les énormes blocs utilisés, nettement supérieurs au volume moyen de 1 m³, diminuent d'autant le nombre à mettre en œuvre. On

peut évaluer le volume de pierre de ces 4 assises (à hauteur moyenne 1,25 m et $\Delta l = 0,97$ = recul des gradins) par :

$$\sqrt{}^{4} = 1,25\ \Sigma^{4}{}_{1}\ [230 - 2\ (n - 1)\ 0,97]^{2}$$
$$= 1,25 \times 206\,298 = 257\,873\ m^{3}$$

soit pour des volumes moyens de $3m^3$: $N_1 = 85\,958$ blocs

mis en œuvre en 10 mois, cela correspond à une cadence journalière de pose de $\frac{85\,958}{10 \times 24} = 358$ blocs/jour.

Sur ces assises une telle cadence peut aisément se développer du fait des superficies qui autorisent l'évolution de plus de 150 traîneaux. En réalité, la prise en compte d'un socle rocheux en surélévation au sein de la 1re assise (admis comme hypothèse par plusieurs égyptologues) devrait réduire cette cadence à moins de 300 blocs/jour, chaque traîneau assurant le transport et la mise en œuvre de 2 monolithes.

b) Assises 5 à 216: utilisation des leviers de halage
D'après la formule 10

$$T_n = \frac{Vn}{Mn}\left[\frac{0,67\ n + 3,35}{77^{-2}} \times \frac{7}{5,76} \times \frac{1}{2,88} + 1,25\left(\frac{Mn}{Vn}\right)^{2}\right] \times 10^{-4}$$

11

c) Assises 5 à 172

En calculant $\frac{Vn}{Mn}$ dans le cas particulier où $Mn = \frac{405 - 2\ n}{3}$

$$\frac{Vn}{Mn} = \frac{(208 - n)^{2} \times 0,73\,586}{\frac{405 - 2\ n}{3}}$$ et en remplaçant dans la formule 11

on en déduit les temps d'exécution des assises 5 à 172.

d) Assises 173 à 189

En calculant $\frac{Vn}{Mn}$ dans le cas où $Mn = 72 - \frac{n}{3}$

$$\frac{Vn}{Mn} = \frac{(208 - n)^{2} \times 0,73\,586}{72 - \frac{n}{3}}$$ et en remplaçant dans la formule 11

on en déduit les temps d'exécution des assises 173 à 189.

e) Assises 190 à 212

En calculant $\frac{Vn}{Mn}$ dans le cas où $Mn = 37 - \frac{n}{6}$

$$\frac{Vn}{Mn} = \frac{(208 - n)^2 \times 0{,}73586}{37 - \frac{n}{6}}$$ et en remplaçant dans la formule [11]

on en déduit les temps d'exécution des assises 190 à 212.

f) Assises 213 à 216 (pyramidion)

Pour les raisons évoquées au paragraphe III.2, le temps calculé par la formule précédente sera multiplié par 2 pour tenir compte d'une course de traction du levier réduite de moitié (levier de 6 coudées sur les 3 dernières assises).

6. Calcul informatique du temps d'exécution de Kheops

Les différentes formules précédentes de détermination des temps d'exécution des assises 5 à 216 font l'objet d'un calcul informatique joint en annexe 10.

Les temps partiels qui en résultent, exprimés en mois, ajoutés au temps de 10 mois d'exécution des 4 premières assises, aboutissent au temps total d'exécution de la pyramide de Kheops **de 298,23 mois, soit 24,85 ans, arrondi à 25 ans.**

Ce délai d'exécution de 25 ans est supérieur au délai de 20 ans proposé par Hérodote d'Halicarnasse dans ses *Histoires.* Il reste compatible avec la relation de Diodore de Sicile qui écrivait, dans son ouvrage *La Bibliothèque historique* : « Le nombre d'hommes employés à ces constructions fut, dit-on, de 360000, et leurs travaux étaient encore inachevés au bout de 20 années de travail [...] », à propos de la construction de la Grande Pyramide de Kheops.

ANNEXE 10

CALCUL DU NOMBRE D'ANNÉES DE CONSTRUCTION DE LA PYRAMIDE DE KHEOPS

Données

Hauteur totale H	=	147 m
Longueur d'un côté L	=	230 m
Nombre d'assises N	=	216
Hauteur des 4 premières assises h4	=	5 m

Calcul

Hauteur moyenne d'une assise hmoy	=	0,66981132 m
Hauteur de traction d'un levier Ht	=	0,77186569 m
tgα	=	1,27826087 rad
dl = hmoy/tgα	=	0,52400205 m
Volume de l'assise 216	=	0,24522074 m^3

Vn : volume de l'assise n

Longueur de l'assise 4, L4	=	222,176871 m

Vn = hmoy* (L4 – 2*dl* (n – 4))ˆ2

Tn : Temps réel d'exécution des assises

$Tn = (to*H_{n-1}/ht)* Vn/Mn + t_T + t_l$

avec to : temps unitaire d'un cycle de levier
to en min = 1,75 soit to en mois = 0,00012153 mois

avec t_T : temps unitaire d'arrimage des traîneaux
t_T = 0,5 min*Vn/Mn soit tt en mois = 0,00034722* Vn/Mn

avec tl : temps unitaire de démontage/remontage d'un levier
t_L = 3h*Mn/Vn soit t_L en mois = 0,0125 *Mn/Vn

finalement Tn =
$Vn/Mn*(1,5*H_{n-1}/ht + 3,47 + 125* (Mn/Vn)\hat{}2)*1E - 4$

Récapitulation

Durée de la construction des 4 premières assises	=	10,00 mois
Durée de la construction des assises 5 à 172	=	222,02 mois
Durée de la construction des assises 173 à 189	=	27,63 mois
Durée de la construction des assises 190 à 212	=	38,43 mois
Durée de la construction des assises 213 à 216	=	0,15 mois

Soit une durée totale de construction de 298,23 mois

Nombre d'années de construction de la pyramide **24,85 ans**

Pour les assises de 5 à 172
Mn = (((L4 – 2* Δ L* (n – 4) – 2*20)/12) + 1)*4 (Longueurs en coudées)
Tn = Vn/Mn* (to*Hn – 1/ht + tt + tl* (Mn/Vn)ˆ 2)*1E – 4

n	Vn	Mn	T	T en cumulé
5	32752,41766	128	0,244377054	0,244377054
6	32442,70387	128	0,268796757	0,513173811
7	32134,4614	128	0,292719519	0,805893331
8	31827,69025	128	0,316148977	1,122042308
9	31522,39043	128	0,339088766	1,461131074
10	31218,56193	128	0,361542525	1,822673599
11	30916,20476	124	0,395882018	2,218555616
12	30615,31891	124	0,418067902	2,636623519
13	30315,90439	124	0,439763339	3,076386858
14	30017,96119	124	0,460972083	3,537358941
15	29721,48932	124	0,481697887	4,019056828
16	29426,48877	124	0,501944506	4,521001335
17	29132,95954	120	0,539102728	5,060104063
18	28840,90164	120	0,559045522	5,619149585
19	28550,31506	120	0,578504794	6,197654379
20	28261,19981	120	0,597484426	6,795138805
21	27973,55588	120	0,615988296	7,411127101
22	27687,38328	120	0,634020283	8,045147384
23	27402,682	116	0,674048977	8,719196361
24	27119,45205	116	0,691738448	9,410934809
25	26837,69342	116	0,708951804	10,11988661
26	26557,40611	116	0,725693057	10,84557967
27	26278,59013	116	0,74196622	11,58754589
28	26001,24547	116	0,757775306	12,3453212
29	25725,37214	112	0,800731956	13,14605315
30	25450,97013	112	0,816156778	13,96220993
31	25178,03945	112	0,831113418	14,79332335
32	24906,58009	112	0,845606032	15,63892938
33	24636,59206	112	0,859638776	16,49856815
34	24368,07535	112	0,873215808	17,37178396
35	24101,02996	108	0,919164513	18,29094848
36	23835,4559	108	0,9323121	19,22326058
37	23571,35316	108	0,945000026	20,1682606
38	23308,72175	108	0,957232602	21,1254932
39	23047,56166	108	0,969014138	22,09450734
40	22787,8729	108	0,980348944	23,07485629
41	22529,65546	104	1,029361474	24,10421776
42	22272,90935	104	1,040217788	25,14443555
43	22017,63456	104	1,050623618	26,19505917
44	21763,83109	104	1,060583441	27,25564261

n	Vn	Mn	T	T en cumulé
45	21511,49895	104	1,070101732	28,32574434
46	21260,63813	104	1,079182968	29,40492731
47	21011,24864	100	1,131340036	30,53626734
48	20763,33047	100	1,139889355	31,676,1567
49	20516,88363	100	1,147998101	32,8241548
50	20271,90811	100	1,15567093	33,97982573
51	20028,40392	100	1,162912497	35,14273823
52	19786,37105	100	1,169727457	36,31246568
53	19545,8095	96	1,225120262	37,53758594
54	19306,71928	96	1,231344898	38,76893084
55	19069,10038	96	1,237139698	40,00607054
56	18832,95281	96	1,242509512	41,24858005
57	18598,27656	96	1,24745919	42,49603924
58	18365,07164	96	1,25199358	43,74803282
59	18133,33804	92	1,310725703	45,05875853
60	17903,07577	92	1,314605661	46,37336419
61	17674,28482	92	1,318067455	47,69143164
62	17446,96519	92	1,321116145	49,01254779
63	17221,11689	92	1,32375679	50,33630458
64	16996,73991	92	1,325994452	51,66229903
65	16773,83426	88	1,388184192	53,05048322
66	16552,39993	88	1,389696751	54,44017997
67	16332,43693	88	1,390803879	55,83098385
68	16113,94525	88	1,391510864	57,22249471
69	15896,92489	88	1,391822997	58,61431771
70	15681,37586	88	1,391745569	60,00606328
71	15467,29816	84	1,457528862	61,46359214
72	15254,69178	84	1,456648057	62,9202402
73	15043,55672	84	1,455375763	64,37561596
74	14833,89299	84	1,453717525	65,82933349
75	14625,70058	84	1,451678883	67,28101237
76	14418,9795	84	1,449265379	68,73027775
77	14213,72974	80	1,518799474	70,24907722
78	14009,9513	80	1,515495441	71,76457266
79	13807,64419	80	1,51181526	73,27638792
80	13606,80841	80	1,50776475	74,78415267
81	13407,44394	80	1,50334973	76,2875024
82	13209,55081	80	1,498576021	77,78607842
83	13013,129	76	1,572044156	79,35812258
84	12818,17851	76	1,566282319	80,9244049
85	12624,69934	76	1,560161287	82,48456619
86	12432,6915	76	1,553687188	84,03825337
87	12242,15499	76	1,546866146	85,58511952
88	12053,0898	76	1,539704288	87,12482381
89	11865,49593	72	1,617321729	88,74214554

n	Vn	Mn	T	T en cumulé
90	11679,37339	72	1,609061748	90,35120729
91	11494,72217	72	1,600461412	91,9516687
92	11311,54228	72	1,591527186	93,54319588
93	11129,83371	72	1,582265537	95,12546142
94	10949,59647	72	1,572682931	96,69814435
95	10770,83055	68	1,654704855	98,35284921
96	10593,53596	68	1,643899272	99,99674848
97	10417,71269	68	1,632774389	101,6295229
98	10243,36074	68	1,621337052	103,2508599
99	10070,48012	68	1,609594107	104,860454
100	9899,070821	68	1,597552401	106,4580064
101	9729,132849	64	1,684284356	108,1422908
102	9560,666201	64	1,670876816	109,8131676
103	9393,670877	64	1,657173661	111,4703413
104	9228,146877	64	1,643182168	113,1135234
105	9064,094203	64	1,62890961	114,742433
106	8901,512852	64	1,614363263	116,3567963
107	8740,402826	60	1,706175273	118,0629716
108	8580,764125	60	1,690098146	119,7530697
109	8422,596747	60	1,673752251	121,426822
110	8265,900695	60	1,657145348	123,0839673
111	8110,675967	60	1,640285197	124,7242525
112	7956,922563	60	1,623179558	126,3474321
113	7804,640483	56	1,720525507	128,0679576
114	7653,829728	56	1,701696674	129,7696543
115	7504,490298	56	1,682629754	131,452284
116	7356,622192	56	1,663333063	133,1156171
117	7210,22541	56	1,643814914	134,759432
118	7065,299953	56	1,624083623	136,3835156
119	6921,84582	52	1,727528463	138,1110441
120	6779,863012	52	1,705846854	139,8168909
121	6639,315528	52	1,68396256	141,5008535
122	6500,311369	52	1,661884537	143,162738
123	6362,742534	52	1,639621738	144,8023598
124	6226,645023	52	1,61718312	146,4195429
125	6092,018837	48	1,727442007	148,1469849
126	5958,863975	48	1,702781282	149,8497662
127	5827,180438	48	1,677959176	151,5277253
128	5696,968225	48	1,652985391	153,1807107
129	5568,227337	48	1,627869628	154,8085804
130	5440,957773	48	1,602621589	156,411202
131	5315,159534	44	1,720617759	158,1318197
132	5190,832619	44	1,692817122	159,8246368
133	5067,977028	44	1,664903919	161,4895408
134	4946,592762	44	1,636888734	163,1264295

n	Vn	Mn	T	T en cumulé
135	4826,67982	44	1,608782151	164,7352116
136	4708,238203	44	1,580594754	166,3158064
137	4591,26791	40	1,707547972	168,0233544
138	4475,768942	40	1,676398386	169,6997528
139	4361,741298	40	1,645194813	171,3449476
140	4249,184978	40	1,613948896	172,9588965
141	4138,099983	40	1,582672279	174,5415687
142	4028,486312	40	1,551376605	176,0929453
143	3920,343966	36	1,688943653	177,781889
144	3813,672944	36	1,654166398	179,4360554
145	3708,473247	36	1,619406754	181,0554622
146	3604,744874	36	1,584677659	182,6401398
147	3502,487826	36	1,549992053	184,1901319
148	3401,702102	36	1,515362875	185,7054947
149	3302,387702	32	1,665871274	187,371366
150	3204,544627	32	1,627083103	188,9984491
151	3108,172876	32	1,588402043	190,5868512
152	3013,27245	32	1,549842652	192,1366938
153	2919,843348	32	1,511419489	193,6481133
154	2827,885571	32	1,473147112	195,1212604
155	2737,399118	28	1,640006668	196,7612671
156	2648,383989	28	1,596660072	198,3579272
157	2560,840185	28	1,553535662	199,9114628
158	2474,767705	28	1,510650078	201,4221129
159	2390,16655	28	1,468019961	202,8901329
160	2307,036719	28	1,425661955	204,3157948
161	2225,378213	24	1,614142808	205,9299376
162	2145,191031	24	1,565416499	207,4953541
163	2066,475174	24	1,517065812	209,0124199
164	1989,230641	24	1,469110164	210,4815301
165	1913,457432	24	1,421568976	211,9030991
166	1839,155548	24	1,374461671	213,2775607
167	1766,324988	20	1,593306933	214,8708677
168	1694,965753	20	1,5378868	216,4087545
169	1625,077842	20	1,4830571	217,8918116
170	1556,661256	20	1,428841143	219,3206527
171	1489,715994	20	1,37526224	220,695915
172	1424,242056	20	1,322343709	222,0182587

Pour les assises de 173 à 189

Mn = (((L4 − 2* Δ L* (n − 4) − 2*6)/12) + 1)*2 (Longueurs en coudées)

Tn = Vn/Mn* (to*H_{n-1}/ht + tt + tl* (Mn/Vn)^ 2)*1E − 4

n	Vn	Mn	T	T en cumulé
173	1360,239443	14	1,81430734	1,81430734
174	1297,708155	14	1,74068972	3,55499706
175	1236,64819	12	1,946090348	5,501087409
176	1177,059551	12	1,862673152	7,363760561
177	1118,942235	12	1,780550181	9,144310742
178	1062,296245	12	1,699760276	10,84407102
179	1007,121578	12	1,620342288	12,46441331
180	953,4182361	12	1,542335075	14,00674838
181	901,1862185	10	1,758871972	15,76562035
182	850,4255254	10	1,668785465	17,43440582
183	801,1361567	10	1,580531516	19,01493733
184	753,3181124	10	1,494156771	20,5090941
185	706,9713926	10	1,409707892	21,918802
186	662,0959973	10	1,327231561	23,24603356
187	618,6919263	8	1,558377186	24,80441074
188	576,7591798	8	1,460381711	26,26479245
189	536,2977578	8	1,365026429	27,62981888

27,62981888

Pour les assises de 190 à 212
Mn = ((L4 – 2* Δ L* (n – 4) – 2*6)/12) + 1 (Longueurs en coudées)
Tn = Vn/Mn* (to*H_{n-1}/ht + tt + tl* (Mn/Vn)^ 2)*1E – 4

n	Vn	Mn	T	T en cumulé
190	497,3076602	4	2,544437848	2,544437848
191	459,788887	4	2,364613904	4,909051752
192	423,7414383	4	2,190417856	7,099469607
193	389,1653139	3	2,695880072	9,795349679
194	356,0605141	3	2,479085727	12,27443541
195	324,4270387	3	2,270260655	14,54469606
196	294,2648877	3	2,069560289	16,61425635
197	265,5740611	3	1,877140135	18,49139648
198	238,354559	3	1,693155797	20,18455228
199	212,6063813	2	2,276497532	22,46104981
200	188,3295281	2	2,026510614	24,48756043
201	165,5239993	2	1,78987526	26,27743569
202	144,189795	2	1,566825143	27,84426083
203	124,326915	2	1,357594306	29,20185514
204	105,9353596	2	1,162417355	30,36427249
205	89,01512852	1	1,962638273	32,32691076
206	73,56622192	1	1,62982723	33,95673799

n	Vn	Mn	T	T en cumulé
207	59,58863975	1	1,326516394	35,28325439
208	47,08238203	1	1,053176756	36,33643114
209	36,04744874	1	0,810283503	37,14671465
210	26,48383989	1	0,598320525	37,74503517
211	18,39155548	1	0,417791823	38,162827
212	11,77059551	1	0,269255076	38,43208207

38,43208207

Pour les assises de 213 à 216
Mn = (((L4 − 2* Δ L* (n − 4) − 2*6)/12) + 1)*4 (Longueurs en coudées)
Tn = 0,5*Vn/Mn* (to*Hn − 1/ht + tt + tl* (Mn/Vn)^2)*1E − 4

n	Vn	Mn	T	T en cumulé
213	6,620959973	1	0,076722405	0,076722405
214	2,942648877	1	0,035958406	0,112680811
215	1	1	0,017800693	0,130481504
216	1	1	0,017853423	0,148334928

0,148334928

BIBLIOGRAPHIE

Abd ALLATIF, *Relation de l'Égypte*, traduit et complété de notes par Silvestre de Sacy.

G. BARBARIN, *Le Mystère de la Grande Pyramide.*

M. BERBRIER, *Les Bâtisseurs de Pharaon*, Éditions du Rocher, 1986.

F. BONNARDOT et A. LONGNON, *Le Saint Voyage de Jérusalem du seigneur d'Anglure*, 1878.

C.W. CERAM, *Des dieux, des tombeaux, des savants*, Plon.

DIODORE de Sicile, Paris, La Bibliothèque historique, 1965.

V. DOBREV, *Les Marques de la pyramide de Pepi 1er parlent aussi.*

G. DORMION et J.-P. GOIDIN, *Les Nouveaux Mystères de la Grande Pyramide*, Albin Michel, 1987.

G. GOYON, *Les Ports des pyramides et le Grand Canal de Memphis*, 1971 ; *Le Secret des bâtisseurs des grandes pyramides*, Paris, 1977.

HÉRODOTE d'Halicarnasse, *Histoires*, livre II, traduit du grec par Pierre Henry, Larcher, 1980.

C. JACQ, *Les Grands Monuments de l'Égypte ancienne*, Librairie académique Jean Perrin, 1986.

J.-P. LAUER, *Les Pyramides de Sakkarah*, 5e édition, Imprimerie de l'Institut français d'archéologie orientale, 1977 ; *Le Problème des pyramides d'Égypte*, Paris, Payot, 1948.

A. MARIETTE, *Les Mastabas de l'Ancien Empire*, publié par G. Maspero d'après un manuscrit de l'auteur, F. Vieweg Éditeur, 1889.

G. MASPERO, *L'Archéologie égyptienne*, Paris, 1887.

M. MINGUEZ, *Les Pyramides d'Égypte - Le Secret de leur construction*, Tallandier, 1985.

P. MONTET, *L'Égypte éternelle*, Marabout, 1987.

O. NEUBERT, *La Vallée des Rois*, Robert Laffont.

W. F. PETRIE, *Arts et Métiers de l'Ancienne Égypte*, traduit par J. Capart, 1912.

PLINE l'Ancien, *Histoire naturelle*, livre XII, traduit par A. Ernout, Paris, Les Belles Lettres, 1956.

G. POSENER - S. SAUNERON - J. YOYOTTE, *Dictionnaire de la civilisation égyptienne*, Fernand Hazan.

A. ROCCATI, *La Littérature historique sous l'Ancien Empire égyptien*, Paris, 1982.

M.-C. TOUCHARD, *Les Pyramides et leurs mystères*, éd. Planète, 1966.

VITRUVE, *Les Dix Livres de l'architecture*, traduit en 1984 par Claude Perrault, Paris, Errance, « Collection des Hespérides », 1986.

Musée du Louvre - Section Ancien Empire : notes sur les vestiges qui y sont exposés.

TABLE DES ILLUSTRATIONS

TABLE

ANNEXES

Editions du Rocher
28, rue Comte-Félix-Gastaldi
MONACO

Achevé d'imprimer en avril 1993
sur système Variquik
par l'imprimerie SAGIM
à Courtry

Dépôt légal : avril 1993
N° d'Édition : CNE section commerce et industrie Monaco 19023.
N° d'impression : 313

Imprimé en France